Thomas Kalkus-Promitzer

Praxishandbuch Psychosoziale Beratung

Ein Handbuch für die Ausbildung und darüber hinaus

Akademie Kalkus, Band 3

Impressum

Bibliografische Information der Deutschen Nationalbibliothek: Die Deutsche Nationalbibliothek verzeichnet diese Publikation in der Deutschen Nationalbibliografie; detaillierte bibliografische Daten sind im Internet über http://dnb.dnb.de abrufbar.

Die automatisierte Analyse des Werkes, um daraus Informationen insbesondere über Muster, Trends und Korrelationen gemäß §44b UrhG („Text und Data Mining") zu gewinnen, ist untersagt.

© 2025 Thomas Kalkus-Promitzer
Covergestaltung: DI Konrad Promitzer - https://kpdesign.at

Verlag: BoD · Books on Demand GmbH, Überseering 33, 22297 Hamburg, bod@bod.de

Druck: Libri Plureos GmbH, Friedensallee 273, 22763 Hamburg

ISBN: 978-3-7583-5096-2

Inhaltsverzeichnis

I

Warum dich dieses Buch begleiten möchte

Psychosoziale Beratung ist heute wichtiger denn je. In einer Welt, die sich ständig wandelt, in der Unsicherheiten wachsen und sowohl individuelle als auch gesellschaftliche Herausforderungen zunehmen, suchen viele Menschen nach Unterstützung. Sie wollen kein Mitleid, keine vorschnellen Ratschläge - sondern ein Gegenüber, das ihnen mit Respekt, Einfühlungsvermögen und professioneller Haltung begegnet. Ein Mensch, der ihnen hilft, ihre Themen zu sortieren, Klarheit zu gewinnen und eigene Lösungen zu entwickeln. Genau das ist die Aufgabe psychosozialer Beratung - und genau auf diesem Weg möchte ich dich mit diesem Buch begleiten.

In den letzten Jahren hat sich der Begriff „Beratung" stark ausdifferenziert. Es gibt psychologische, pädagogische, rechtliche, wirtschaftliche und gesundheitliche Beratungsformate - und eine Vielzahl an Rollenbildern: Coach, Mentor:in, Lebensberater:in, Supervisor:in, Therapeut:in. Manchmal verschwimmen die Grenzen, Begriffe werden unklar verwendet oder inflationär gebraucht. Das kann verunsichern - nicht nur Menschen, die Beratung suchen, sondern auch dich als angehende:r Berater:in.

Gerade deshalb ist es mir ein Anliegen, dir mit diesem Buch einen klaren, praxisnahen Zugang zur psychosozialen Beratung zu eröffnen. Denn sie ist ein eigenständiges Berufsfeld - mit einer besonderen Verbindung aus fachlicher Kompetenz, persönlicher Reife und menschlicher Beziehungsgestaltung. Sie bewegt sich im Spannungsfeld zwischen Unterstützung und Eigenverantwortung, zwischen Nähe und professioneller Distanz, zwischen Empathie und Struktur.

Ich schreibe dieses Buch als Berater für Berater:innen - und habe mich deshalb ganz bewusst dafür entschieden, dich in der Du-Form anzusprechen. Die kollegiale Ansprache entspricht nicht nur meiner Haltung, sondern auch dem Geist der psychosozialen Beratung, in der Augenhöhe, Begegnung und Beziehung zentrale Werte sind.

Dieses Buch richtet sich an dich, wenn du dich auf diesen spannenden Weg machst - sei es während deiner Ausbildung, beim Einstieg ins Berufsfeld oder auf dem Weg zur fachlichen Vertiefung. Es soll dir nicht nur Wissen vermitteln, sondern dich auch zum Nachdenken anregen, zur Selbstreflexion einladen und dir Mut machen, deinen ganz eigenen Stil zu entwickeln.

Denn gute Beratung entsteht nicht aus starren Konzepten, sondern aus Haltung. Sie lebt davon, dass du deinem Gegenüber offen, interessiert und urteilsfrei begegnest. Dass du bereit bist, auch deine eigenen Grenzen zu erkennen - und dich mit deinen blinden Flecken auseinanderzusetzen. Wenn du Menschen durch Krisen, Übergänge und Veränderungen begleiten möchtest, wirst du lernen müssen, mit Unsicherheiten umzugehen. Mit Ambivalenzen. Mit intensiven Gefühlen. Und vor allem: mit dir selbst.

Aus meiner langjährigen Erfahrung in Ausbildung, Beratung und Supervision weiß ich: Theorie ist wichtig - aber sie wird erst dann lebendig, wenn sie mit deinen Erfahrungen, deinem Denken und deinem Tun in Verbindung tritt. Deshalb findest du in diesem Buch nicht nur fachliche Grundlagen, sondern auch viele praxisnahe Impulse, Beispiele, Reflexionsfragen und Hinweise, wie du das Gelernte in deinen persönlichen Stil integrieren kannst. Es geht nicht darum, alles „richtig" zu machen - sondern wirksam zu sein. Authentisch. Zugewandt. Und professionell zugleich.

Ein Buch kann keine Ausbildung ersetzen - das möchte ich betonen. Beratung ist ein praktisches Tun, das im echten Kontakt mit echten Menschen geschieht. Es braucht Übung, Feedback, Begleitung, Selbsterfahrung und Supervision. Aber ein Buch kann ein wertvoller Begleiter sein. Ein Ort, zu dem du zurückkehrst, wenn du dich sortieren möchtest. Ein Impulsgeber, wenn du gerade nicht weiterweißt. Ein Werkzeugkasten, wenn du nach neuen Ideen suchst.

In diesem Sinne verstehe ich dieses Buch als Lehrbuch und Reflexionshilfe zugleich. Es basiert auf den Inhalten meiner eigenen Lehrgänge, ist aber so geschrieben, dass du es unabhängig davon verstehen und für dich nutzen kannst. Es will dir Orientierung geben, ohne dich einzuengen. Wissen vermitteln, ohne belehrend zu sein. Und dich inspirieren, ohne dir vorzuschreiben, wie du zu arbeiten hast.

Du wirst in den kommenden Kapiteln verschiedenen Denkmodellen, Haltungen und Methoden begegnen. Manche davon werden dich sofort ansprechen, andere vielleicht herausfordern. Beides ist willkommen. Denn psychosoziale Beratung ist kein starres System, sondern ein lebendiger Prozess. Und er lebt davon, dass du ihn mitgestaltest - mit Herz, Verstand und Haltung.

Ich lade dich ein, dieses Buch nicht nur zu lesen, sondern wirklich mit ihm zu arbeiten. Markiere dir Stellen, die dich berühren. Schreibe dir Gedanken auf. Sprich mit Kolleg:innen darüber. Nimm dir Zeit. Und vor allem: Vertraue darauf, dass du dich entwickeln wirst. Deine Beratungskompetenz wächst mit jeder Begegnung, jedem Gespräch und jedem Moment des Innehaltens.

Ich verwende im Text durchgehend die neutrale Form. Selbstverständlich sind dabei immer alle Geschlechter mitgemeint. Dort, wo es dem Lesefluss dient oder Sichtbarkeit schafft, verwende ich die gendergerechte Schreibweise mit Doppelpunkt (z. B. Berater:innen).

Ich wünsche dir eine erkenntnisreiche Lektüre und hoffe, dass dieses Buch dich auf deinem Weg zur psychosozialen Berater:in bereichert, inspiriert und ermutigt. Vielleicht wird es ja sogar ein Stück weit *dein* Buch.

Geleitwort von Hans-Jürgen Gaugl

Psychosoziale Beratung unterstützt und begleitet Menschen in diversen Lebenssituationen wissenschaftsbasiert durch gezielte Gespräche und persönliche Begegnung sowie supportive und aktivierende Angebote. Sie dient dazu, persönliche Potenziale der Klientinnen und Klienten zu entdecken und deren Weiterentwicklung zu fördern. Über zwischenmenschliche Begegnung und Beziehung trägt sie dazu bei, belastende und schwierige Situationen besser zu ertragen oder zu verändern und nach neuen Lösungsbewältigungsmöglichkeiten in herausfordernden Lebenslagen Ausschau zu halten. Die psychosoziale Beratung unterstützt zudem die Bewältigung des Alltags von Klientinnen und Klienten durch lösungsorientierte Ansätze: statt des als Herausforderung erlebten Problems wird die Vielzahl an Lösungsmöglichkeiten in den Fokus gerückt.

Eigentlich könnte man annehmen, dass wir Menschen uns alle in sozialen Systemen befinden, in welchen diese Begleitung bereits als fixer Bestandteil inkludiert ist: wir werden in eine Familie geboren, bauen uns einen Freundeskreis auf, gehen Beziehungen ein und treffen einander in beruflichen und außerberuflichen Gruppen. Und dennoch gibt es zahlreiche Situationen, in welchen wird das von den Beatles besungene „Let it be" im Sinne eines „nimm es einmal hin und schau, was Du daraus machen kannst" nicht erfahren beziehungsweise nicht nehmen können. Das sind die Momente, in welchen psychosoziale Beratung als Dienstleistung von unschätzbarem Wert in Anspruch genommen werden kann: in Form einer Supervision oder eines Coachings, um an unseren Kompetenzen zu arbeiten und diese zu festigen und auszubauen mit dem Mehrwert gewinnbarer Sicherheit, in Form einer Mediation, um eskalierenden Konflikten die Giftzähne zu ziehen und statt des Schlachtfeldes die damit ebenso verbundenen Chancen zu nutzen, in einer Krisenbegleitung, um wieder Boden unter den Füßen zu spüren für die nächsten Schritte, ...

Die WHO, also die Weltgesundheitsorganisation, zählt psychosoziale Beratung nicht von ungefähr zu den Gesundheitsdienstleistungen. Denn: die Inanspruchnahme dieser Leistung hilft, die Gesundheit zu erhalten. Dies gilt nicht nur für das Stressmanagement und die Burnoutprävention als einem Aspekt des Portfolios der psychosozialen Beratung. Nicht nur ein unangemessener Umgang mit Stress kann krank machen und einen direkt auf eine schwerwiegende Erkrankung in Form eines Burnouts zusteuern lassen. Jede als Herausforderung erlebte Situation bietet die Grundlage, an ihr zu wachsen oder statt dessen die mentale und in weiterer Folge auch die körperliche Gesundheit zu riskieren.

In der psychosozialen Beratung geht es daher um mehr als „nur" das eigene individuelle Lebensglück oder die Begleitung beim Auffinden der „richtigen" nächsten Entscheidung: es geht um die Erhaltung der psychischen Gesundheit. Damit Herausforderungen, Stress, Verlust, Konflikte und andere weitläufig als schlimm konnotierte Lebensstationen nicht im wahrsten Sinne des Wortes krank machen.

In Österreich wird die psychische Gesundheit auch von der Rechtsordnung als besonders schützenswertes Gut betrachtet. Es bedarf daher besondere Befähigung und Kompetenzen, um Dienstleistungen zu deren Erhalt anbieten zu dürfen. Das ist auch enorm wichtig, und: Hand aufs Herz, würden wir uns jemandem anvertrauen mit Zahnschmerzen, wenn wir nicht davon ausgehen dürften, dass es einer intensiven Ausbildung und praktischer Erfahrung bedurfte, dass die Person, bei welcher wir einen Termin ausmachen, eine Ordination betreiben darf? Psychosoziale Beratung ist daher in Österreich ein so genanntes reglementiertes Gewerbe: nur wer im Umfang eines eigenen Studiums die entsprechenden Kompetenzen erworben hat, durch einschlägige fachliche Tätigkeit unter Supervision durch eine sehr erfahrene – ausbildungsberechtigte – Person auch unter Beweis gestellt hat, die praktische Umsetzung zu beherrschen und sich mit seiner eigenen Lebensgeschichte und Haltung intensiv auseinandergesetzt hat, darf diese so wertvollen Dienstleistungen anbieten. Denn an die eigene mentale Gesundheit sollte man nur jemanden heranlassen, der dies mit der entsprechenden Erfahrung, Offenheit und Wertschätzung kann.

Das vorliegende Werk gibt einen großartigen ersten Einblick in einige der Grundlagen der psychosozialen Beratung. Wer nach der Lektüre in sich das Streben entdeckt, diesen Weg für sich selbst wie auch vielleicht in einem weiteren Schritt für andere weitergehen zu wollen, wird in der Ausbildung in psychosozialer Beratung Freude und Erfüllung finden. Wobei eine Warnung ausgesprochen sei: dieser Weg wird niemals enden, denn es gibt mehr Zugänge zu den jeweiligen Lebenssituationen, als es Menschen gibt, und auch wenn wir getragen sind von der sokratischen Haltung der Unwissenheit, so bleibt der Wunsch, den Wissensdurst in einem unendlichen Feld hilfreicher Ansätze, Interventionen und Methoden zu stillen. Wer sich auf diese Reise begibt, wird daher stets in Bewegung bleiben.

Mag. Hans-Jürgen Gaugl, MSc
Allgemein beeideter und gerichtlich zertifizierter Sachverständiger,
Eingetragener Mediator, staatlich geprüfter psychosozialer Berater,
Unternehmensberater, Lehrbeauftragter, Supervisor, Konfliktcoach,
Sachbuchautor,
Experte für Stressmanagement und Burnoutprävention, Elternberater,
zertifizierter Erwachsenenbildner
Berufszweigsprecher LSB in der WKNO
- www.lassunsreden.at

Teil 1: Grundlagen psychosozialer Beratung

Wir schaffen uns ein Fundament

Bevor wir uns mit konkreten Methoden und Interventionen beschäftigen, ist es wesentlich, die Grundlagen psychosozialer Beratung in den Blick zu nehmen. Denn jede wirksame Beratung baut auf einem stabilen Fundament auf - einer reflektierten Haltung, einem klaren Rollenverständnis und einem Verständnis für die Rahmenbedingungen, unter denen psychosoziale Beratung stattfindet. Dieser erste Teil des Buches soll dir genau dieses Fundament vermitteln und stärken.

Psychosoziale Beratung ist weit mehr als ein Gespräch unter vier Augen. Sie ist ein professioneller Begleitprozess, der Menschen in herausfordernden Lebenssituationen Orientierung, Entlastung und neue Perspektiven ermöglichen kann. Um dieser Aufgabe gerecht zu werden, braucht es mehr als Mitgefühl und Gesprächsbereitschaft - es braucht fachliche Klarheit, strukturelles Wissen und eine bewusste innere Haltung, die das Gegenüber in seiner Autonomie, Würde und Einzigartigkeit achtet.

Die Arbeit in der psychosozialen Beratung ist immer auch Beziehungsarbeit. Sie lebt vom aufrichtigen Interesse an der Lebenswelt der Klient:innen, vom Vertrauen in deren Entwicklungspotenzial und vom Mut, auch schwierige Themen anzusprechen. Die professionelle Beziehungsgestaltung ist dabei nicht nur ein Mittel zum Zweck, sondern selbst schon ein wesentlicher Wirkfaktor im Beratungsprozess.

Ein zentrales Thema in diesem Abschnitt ist daher die Grundhaltung, mit der Berater:innen ihrer Arbeit begegnen. Hier geht es um Respekt, Empathie, Wertschätzung - aber auch um Klarheit, Präsenz und die Fähigkeit, professionell zu bleiben, wo andere vielleicht in emotionales Mitleiden oder vorschnelles Handeln verfallen würden. Welche Haltung trägt und leitet mich in der Beratung? Wie gestalte ich meine Rolle klar und transparent? Und wo verlaufen die Grenzen zwischen professioneller Nähe und persönlicher Verstrickung?

Neben diesen ethisch-professionellen Fragen beleuchtet dieser Teil auch die strukturellen Rahmenbedingungen psychosozialer Beratung: Wie ist sie gesellschaftlich und rechtlich eingebettet? Welche Voraussetzungen braucht eine tragfähige Beratungsbeziehung? Und wie gestaltet sich der Ablauf eines Beratungsprozesses - von der ersten Kontaktaufnahme über die Zielklärung bis hin zum Abschluss?

Gerade zu Beginn der beraterischen Tätigkeit, aber auch immer wieder im Laufe der beruflichen Entwicklung, lohnt es sich, auf diese Grundlagen zurückzublicken. Denn sie geben Halt in unsicheren Situationen, Orientierung in komplexen Settings und die nötige Ruhe, auch inmitten emotionaler Dynamiken professionell zu agieren.

Dieser erste Teil des Buches lädt dich ein, innezuhalten, dein Selbstverständnis als Berater:in zu reflektieren und dir ein bewusstes Fundament zu schaffen - für alles, was im weiteren Verlauf deiner beraterischen Tätigkeit auf diesem Fundament aufbauen darf. Ob du noch am Anfang deiner Laufbahn stehst oder bereits über langjährige Erfahrung verfügst: Die Rückkehr zu den Grundlagen ist keine Wiederholung, sondern ein bewusster Schritt zur Vertiefung und Verankerung der eigenen Professionalität.

Was ist psychosoziale Beratung?

Psychosoziale Beratung ist ein eigenständiges professionelles Arbeitsfeld, das sich auf die Begleitung, Unterstützung und Förderung von Menschen in belastenden, konflikthaften oder herausfordernden Lebenssituationen konzentriert. Sie versteht sich als niederschwelliges, nicht-pathologisierendes Angebot für Personen, die in bestimmten Lebensphasen Orientierung, Klärung oder Hilfe zur Selbsthilfe suchen, ohne notwendigerweise psychisch krank oder behandlungsbedürftig zu sein.

Die psychosoziale Beratung bewegt sich dabei im Spannungsfeld zwischen innerem Erleben und äußerer Lebensrealität. Sie berücksichtigt sowohl individuelle als auch soziale, emotionale und existenzielle Aspekte menschlicher Erfahrung. Ob es um Beziehungskrisen, familiäre Konflikte, berufliche Überlastung, Sinnkrisen, Verluste oder persönliche Umbrüche geht, die Themen sind so vielfältig wie das Leben selbst.

Im Mittelpunkt steht der Mensch, mit seiner Geschichte, seinen Gefühlen, seinen Stärken und Widersprüchen. Psychosoziale Beratung begegnet ihm mit Respekt, Neugier und einer professionellen Haltung, die nicht bewertet oder vorschnell Lösungen präsentiert, sondern Raum schafft, um eigene Antworten zu finden. In einer Zeit, in der viele Menschen sich überfordert, vereinzelt oder innerlich leer fühlen, bietet psychosoziale Beratung ein Gegenüber, präsent, zugewandt, stabil.

Dabei ist Beratung weder „Besserwisserei" noch eine Form von seelischer Nachhilfe. Sie ist vielmehr ein Dialog, geprägt von Vertrauen, Transparenz und Freiwilligkeit. Die Ratsuchenden sind dabei nicht Objekt einer Maßnahme, sondern aktive Gestalter:innen ihres eigenen Prozesses. Die Berater:in begleitet, sie führt nicht. Sie stärkt, sie repariert nicht. Und sie hält aus, auch das, was sich nicht sofort lösen lässt.

Ein zentrales Merkmal psychosozialer Beratung ist ihre **Ressourcenorientierung**. Im Unterschied zu defizitorientierten Ansätzen richtet sie den Blick nicht ausschließlich auf das Problem, sondern auf das, was bereits funktioniert: auf Fähigkeiten, Bewältigungsstrategien, Netzwerke,

Erfahrungen, Werte und Ziele. Diese Perspektive eröffnet neue Handlungsspielräume, und sie stärkt das Vertrauen in die eigene Selbstwirksamkeit.

Dabei kommen je nach Ausbildungshintergrund der Berater:innen verschiedene theoretische Modelle und methodische Zugänge zum Einsatz, systemisch, personzentriert, gestaltorientiert, lösungsfokussiert, existenzanalytisch, integrativ. Die Vielfalt der Ansätze ist dabei kein Widerspruch, sondern Ausdruck der Komplexität menschlicher Lebensrealität. Gute Beratung kennt keine Schablonen, sie orientiert sich am Menschen, nicht an der Methode.

Ein wichtiger Bestandteil professioneller Beratung ist das **Setting**. Der geschützte Raum, der durch klare Rahmenbedingungen entsteht, Schweigepflicht, Vertraulichkeit, Zielklärung, zeitliche Struktur, bildet das Fundament für einen vertrauensvollen Prozess. Erst wenn sich Menschen sicher fühlen, beginnen sie, sich zu öffnen, sich selbst ehrlich zu begegnen und Veränderung zuzulassen. Dieser Raum, den Beratung schafft, ist oft der erste Ort, an dem Gedanken ausgesprochen werden dürfen, die sonst verborgen bleiben.

Psychosoziale Beratung ist jedoch nicht nur „Gespräch" im allgemeinen Sinn. Sie erfordert spezifische kommunikative Fähigkeiten: aktives Zuhören, empathische Resonanz, systematisches Fragen, Spiegelung, Fokussierung, Umgang mit Affekten. Die Kunst besteht darin, sowohl präsent als auch professionell zu bleiben, mitzuschwingen, ohne sich mitreißen zu lassen. In belasteten Situationen braucht es oft nur wenige, aber gezielte Interventionen, die etwas in Bewegung bringen.

Beratung bedeutet auch, mit dem auszuhalten, was zunächst unlösbar scheint: Schuldgefühle, Trauer, Scham, Angst, Ohnmacht. In einer Welt, die oft schnelle Lösungen verlangt, ist psychosoziale Beratung manchmal der einzige Ort, an dem Schmerz nicht wegerklärt, sondern gewürdigt wird. Gerade das macht sie so wertvoll.

Die Rolle der Berater:in ist dabei keineswegs passiv oder neutral. Sie ist verantwortlich für die Gestaltung des Prozesses, die Einhaltung der Rahmenbedingungen, die Auswahl geeigneter Methoden, und nicht zuletzt für die eigene professionelle Selbstreflexion. Gute Berater:innen sind sich der eigenen Grenzen bewusst. Sie wissen, wann sie etwas (noch) halten können, und wann eine Weitervermittlung notwendig ist, etwa in die Psychotherapie, medizinische Versorgung oder juristische Beratung.

Die psychosoziale Beratung grenzt sich damit klar von anderen Professionen ab, ohne sich von ihnen abzuschotten. Sie arbeitet häufig interdisziplinär, in Netzwerken, Kooperationen, Versorgungsketten. Diese Offenheit ist kein Zeichen von Schwäche, sondern Ausdruck von Verantwortungsbewusstsein.

Im Unterschied zur Psychotherapie, die sich auf die Behandlung psychischer Störungen konzentriert, richtet sich psychosoziale Beratung an Menschen ohne krankheitswertige Symptomatik. Sie arbeitet nicht mit Diagnosen, sondern mit Anliegen. Sie „heilt" nicht, sie begleitet. Gleichzeitig kann sie eine wichtige Ergänzung oder auch eine präventive Maßnahme sein, um psychische Gesundheit zu fördern und spätere Erkrankungen zu vermeiden.

Gegenüber dem Coaching, das meist auf berufliche oder leistungsbezogene Fragestellungen fokussiert ist, zeichnet sich psychosoziale Beratung durch eine umfassendere Sichtweise auf das Leben, auf Beziehungsgestaltung, Selbstwert, Identität und emotionale Prozesse aus. Sie ist nicht primär ziel- oder erfolgsorientiert, sondern tiefenpsychologisch und beziehungsorientiert verankert.

Zur sozialen Arbeit wiederum grenzt sie sich ab, indem sie nicht vorrangig auf Lebensbewältigung im Sinne von Existenzsicherung, Behördenkontakt oder Alltagsmanagement zielt, auch wenn solche Themen mitunter in den Beratungsprozess hineinspielen. Psychosoziale Beratung bleibt stets im Raum des Erlebens, des Reflektierens und des inneren Wachstums.

Ein weiteres zentrales Merkmal psychosozialer Beratung ist die Bedeutung der **Beratungshaltung**. Sie ist nicht nur ein methodischer Überbau, sondern die innere Grundhaltung, mit der Berater:innen in Kontakt treten: geprägt von Achtsamkeit, Respekt, Wertschätzung, Offenheit und Nichtwissen. Diese Haltung ist nicht theoretisch lehrbar, sie muss entwickelt, geübt, erfahren und verinnerlicht werden. Und sie zeigt sich besonders in Momenten, in denen nichts mehr „funktioniert": Wenn Menschen weinen, wütend sind, sich verschließen, verzweifeln. Dann entscheidet nicht das methodische Wissen, sondern die Qualität der Beziehung.

Psychosoziale Beratung ist daher nie nur ein Beruf, sie ist ein Beziehungsraum, eine Haltung, eine Einladung zum Innehalten. Sie ist getragen von der Überzeugung, dass jeder Mensch die Fähigkeit in sich trägt, Sinn zu finden, Verantwortung zu übernehmen, Entscheidungen zu treffen, auch in schwierigen Lebenslagen. Sie traut Menschen etwas zu. Und sie vertraut darauf, dass Veränderung möglich ist, manchmal schneller, manchmal langsamer, aber immer im eigenen Tempo.

Nicht zuletzt ist psychosoziale Beratung auch ein gesellschaftliches Statement. In einer Zeit, in der Menschen zunehmend funktional gedacht, vermessen und optimiert werden, stellt sie das Menschsein selbst in den Mittelpunkt. Sie ist eine Form der Humanität. Und sie ist eine leise, aber kraftvolle Antwort auf die Frage: „Wie wollen wir eigentlich miteinander umgehen?"

Grundhaltung und Rollenverständnis

Professionelle psychosoziale Beratung beginnt nicht mit der ersten Methode, sondern mit der inneren Haltung. Sie entsteht nicht durch Techniken, sondern durch Bewusstheit, Reflexion und Selbstverantwortung. Wer Menschen in schwierigen Lebensphasen begleiten möchte, braucht mehr als Wissen, er oder sie braucht eine Haltung, die trägt, auch wenn es unübersichtlich wird.

Diese Haltung ist keine bloße Einstellung. Sie ist ein gelebter, erfahrener und kontinuierlich wachsender innerer Bezugsrahmen, der das Handeln, Denken und Fühlen der beratenden Person durchzieht. Sie zeigt sich nicht nur in der Wortwahl oder in der Körperhaltung, sondern in der Art und Weise, wie Beziehung gestaltet wird, wie Unsicherheit ausgehalten wird, wie Grenzen gesetzt und Offenheit ermöglicht werden.

Im Zentrum dieser Grundhaltung steht die **radikale Achtung vor dem Gegenüber**. Jeder Mensch ist in seiner Geschichte einzigartig, in seiner Wahrnehmung berechtigt, in seiner Art zu leben respektabel, auch wenn sie uns fremd oder unverständlich erscheinen mag. Psychosoziale Berater:innen begegnen ihren Klient:innen mit einer konsequent wertschätzenden Grundhaltung, ohne zu idealisieren, zu moralisieren oder zu pathologisieren.

Diese Haltung ist geprägt vom tiefen Vertrauen in die Fähigkeit jedes Menschen zur Entwicklung. Der Mensch ist kein passives Wesen, das gesteuert oder „repariert" werden muss. Er ist ein aktiver Gestalter seines Lebens, auch wenn er sich in der Beratung vielleicht gerade ohnmächtig, erschöpft oder orientierungslos erlebt. Der Glaube an die Autonomie und Selbstwirksamkeit des Gegenübers ist nicht naiv, er ist Ausdruck eines humanistischen Menschenbildes, das Beratung nicht zur Kontrolle, sondern zur Befähigung nutzt.

Doch Achtung allein reicht nicht. Zur Grundhaltung gehört auch die Fähigkeit zur **professionellen Selbstzurücknahme**. Die Berater:in ist nicht die Hauptfigur im Beratungsprozess. Sie bringt ihre Kompetenz ein, ihre

Intuition, ihre Präsenz, aber sie tritt hinter das Anliegen der Klient:in zurück. Sie gibt nicht vor, was richtig ist, sondern unterstützt die Klient:in darin, das für sie Passende zu finden. Diese Form der Zurückhaltung ist aktiv, nicht passiv. Sie bedeutet nicht Gleichgültigkeit oder Distanz, sondern ein bewusstes Zurverfügungstellen eines professionellen Rahmens, in dem Entwicklung stattfinden kann.

Zugleich ist psychosoziale Beratung kein neutraler Raum. Wer berät, **übernimmt Verantwortung**, für die Beziehung, für das Setting, für die Struktur des Prozesses. Die Berater:in führt, aber sie tut es auf leise, zugewandte Weise. Sie bietet Orientierung, ohne zu lenken. Sie hält, ohne zu fesseln. Sie spiegelt, ohne zu werten. In dieser Balance liegt die Kunst professioneller Begleitung.

Ein zentraler Bestandteil der beraterischen Haltung ist **Unvoreingenommenheit**. Klient:innen bringen Themen mit, die mitunter stark emotional, moralisch aufgeladen oder gesellschaftlich tabuisiert sind: Schuld, Scham, Sexualität, Gewalt, Abhängigkeit, Grenzverletzung, Abgrenzung, Trauer, Lebensmüdigkeit. Die Berater:in ist gefordert, auch solchen Themen mit Offenheit zu begegnen, ohne sich davon vereinnahmen zu lassen. Sie muss es aushalten können, wenn Dinge erzählt werden, die dem eigenen Werteempfinden widersprechen. Professionelle Haltung bedeutet, sich selbst nicht zum Maßstab für das Leben anderer zu machen.

Dazu gehört auch die Fähigkeit zur **Selbstreflexion**. Die eigene Biografie, die eigenen Themen, inneren Antreiber, Trigger und Muster beeinflussen unweigerlich das beraterische Handeln. Wer diese Dynamiken kennt, kann sie bewusst steuern. Wer sie ignoriert, läuft Gefahr, in alte Muster zu fallen, zu retten, zu verurteilen, zu vereinnahmen. Psychosoziale Beratung verlangt daher eine fortlaufende Auseinandersetzung mit dem eigenen Erleben. Supervision, Intervision, Selbsterfahrung und kollegiale Beratung sind nicht Kür, sondern Pflichtbestandteile professioneller Praxis.

Das professionelle Rollenverständnis in der psychosozialen Beratung ist geprägt von der Verantwortung, eine fachlich fundierte Dienstleistung anzubieten. Beratung bedeutet, Klient:innen bei der Klärung und Bewältigung persönlicher, zwischenmenschlicher oder sozialer Herausforderungen zur Seite zu stehen, mit spezifischem Wissen, methodischer Kompetenz und einem klaren ethischen Rahmen. Die Berater:in stellt ihre Expertise zur Verfügung, strukturiert den Prozess, stellt gezielte Fragen, gibt Impulse, reflektiert Dynamiken und sorgt für eine sichere, vertrauensvolle Atmosphäre. Sie arbeitet auf Augenhöhe, weder über noch unter dem Gegenüber, sondern in einer professionellen Beziehung, die von Respekt, Klarheit und Verantwortung geprägt ist.

In dieser Rolle geht es nicht darum, das Leben der Klient:innen mitzugestalten oder zu bewerten, sondern darum, Bedingungen zu schaffen, unter denen Entwicklung möglich wird. Die Verantwortung für Entscheidungen bleibt bei den Ratsuchenden. Die Berater:in unterstützt sie dabei, handlungsfähig zu bleiben oder es wieder zu werden. Das bedeutet auch, sich nicht zum Mittelpunkt des Geschehens zu machen, sondern mit fachlicher Präsenz und empathischer Zurückhaltung den Raum zu öffnen, in dem Selbstreflexion, Neuorientierung und Veränderung stattfinden können.

In der konkreten Arbeit bedeutet das, **zwischen Nähe und Distanz** fein zu balancieren. Zu viel Nähe kann zu Vereinnahmung, zu starker Identifikation oder unbewussten Retterfantasien führen. Zu viel Distanz dagegen verhindert Vertrauen, Beziehung und echte Resonanz. Gute Berater:innen sind präsent, aber nicht vereinnahmend; empathisch, aber nicht überidentifiziert; engagiert, aber nicht grenzverletzend. Diese Haltung ist erlernbar, durch Erfahrung, Reflexion und bewusste Selbststeuerung.

Zugleich ist die Rolle der Berater:in auch eine **haltende**. In der Beratung entstehen mitunter Momente großer Emotionalität, Tränen, Wut, Angst, Sprachlosigkeit. Die Berater:in wird in solchen Momenten zur Containerin: Sie bietet einen Raum, in dem diese Gefühle sein dürfen, ohne dass sie bagatellisiert oder analysiert werden müssen. Sie bleibt ruhig, präsent, atmend. Sie „hält" die Situation, für die Klient:in, für sich selbst, für den Prozess.

Diese Fähigkeit zur emotionalen Präsenz setzt innere Stabilität voraus. Wer selbst instabil ist, kann schwerlich Halt geben. Deshalb ist die professionelle Selbstfürsorge ein unverzichtbarer Bestandteil der beraterischen Haltung. Sie umfasst nicht nur regelmäßige Pausen, sondern auch emotionale Hygiene, klare Grenzen, Supervision, und einen gesunden Umgang mit Perfektionsansprüchen.

Ein weiteres Element des professionellen Rollenverständnisses ist die **Transparenz**. Die Berater:in macht ihre Arbeitsweise erklärbar. Sie benennt Ziele, klärt den Auftrag, benennt auch Grenzen der Beratung. Sie kommuniziert, wenn sie etwas nicht weiß oder nicht leisten kann. Diese Offenheit schafft Vertrauen, und schützt vor unklaren Erwartungen oder asymmetrischen Machtverhältnissen.

Macht ist ohnehin ein heikles, aber wichtiges Thema in der psychosozialen Beratung. Auch wenn der Beratungsprozess partnerschaftlich angelegt ist, besteht eine strukturelle Asymmetrie: Die Berater:in verfügt über Wissen, Methoden, Erfahrung. Diese Macht muss reflektiert, bewusst eingesetzt und immer wieder hinterfragt werden. Gute Berater:innen missbrauchen ihre Rolle nicht, sondern nutzen ihre Kompetenz im Dienst des Gegenübers, nicht zur Selbstdarstellung.

Das eigene Rollenverständnis entwickelt sich dabei im Laufe der Zeit. Es wird geprägt durch Ausbildung, durch Vorbilder, durch Erfahrungen, durch persönliche Krisen, durch Erfolge und Misserfolge. Es ist nichts Festes, sondern ein wachsender innerer Kompass. Wer am Anfang steht, darf Unsicherheit spüren. Wer länger dabei ist, sollte nie aufhören, zu lernen.

Gute Berater:innen sind nicht die, die alles wissen, sondern die, die neugierig bleiben. Die sich auch nach Jahren noch irritieren lassen können. Die in der Begegnung mit dem anderen nicht die Bestätigung suchen, sondern die Verbindung. Die im Zweifel nicht sofort Antworten geben, sondern gute Fragen stellen. Die nicht retten, sondern begleiten. Nicht lenken, sondern ermutigen. Nicht urteilen, sondern verstehen wollen.

Diese Haltung macht den Unterschied. Nicht die Tools. Nicht das Setting. Nicht das Honorar. Es ist die innere Haltung, die Beratung zu dem macht, was sie sein kann: ein Ort der Klärung, des Wachsens, der Selbstannahme, getragen von einer professionellen Präsenz, die nicht laut ist, aber wirksam.

Psychosoziale Beratung ist damit ein anspruchsvolles, aber zutiefst sinnvolles Tun. Sie berührt Leben. Sie verändert Perspektiven. Sie macht Mut. Und sie stellt hohe Anforderungen an diejenigen, die sie ausüben, nicht nur fachlich, sondern auch menschlich.

Wer diesen Weg geht, braucht Mut zur Begegnung, Lust auf Entwicklung und Bereitschaft zur Selbstverantwortung. Aber er wird beschenkt, mit echten Kontakten, mit tiefen Momenten, mit dem Wissen, dass auch leise Arbeit große Wirkung entfalten kann.

Weitere Betrachtungen zur Grundhaltung

In der Beratungspraxis stehen wir immer wieder vor der Frage, mit wel-cher Grundhaltung wir unseren Klient:innen begegnen. Diese Haltung prägt nicht nur unseren Stil und unsere Methoden, sondern beeinflusst auch maßgeblich, welche Erwartungen Klient:innen an uns entwickeln - und welche Rolle wir selbst in der Beratung einnehmen.

Der Organisationspsychologe Edgar Schein hat drei klassische Beratungs-modelle beschrieben, die jeweils unterschiedliche Haltungen und Bezie-hungsdynamiken voraussetzen. Sie bieten eine hilfreiche Grundlage, um das eigene professionelle Selbstverständnis zu reflektieren:

- **Experten-Beratung**
- **Arzt-Patienten-Modell**
- **Coaching-Haltung**

Alle drei Zugänge beruhen auf unterschiedlichen Grundannahmen und erzeugen bestimmte Interaktionen zwischen Berater:in und Klient:in. Sie können hilfreich sein - oder aber hinderlich, wenn sie nicht zur Situation oder zur Persönlichkeit des Gegenübers passen. Sehen wir uns die drei Modelle im Detail an:

1. Die Experten-Beratung

In diesem Modell befindet sich der:die Berater:in in einer übergeordne-ten Position: Er oder sie hat das Wissen - der:die Klient:in sucht Rat. Es besteht ein klares Oben-Unten-Verhältnis. Der oder die Ratsuchende überträgt die Verantwortung an die beratende Person - sinnge-mäß: *"Bitte lösen Sie das für mich - ich bin dazu nicht in der Lage."*

Diese Haltung kann durchaus sinnvoll sein, z. B. bei rechtlichen, finanzi-ellen oder technischen Fragestellungen. Dort geht es um spezifisches Fachwissen, das der Klient nicht besitzt. Problematisch wird dieser Ansatz jedoch, wenn er auf komplexe, persönliche Themen übertragen wird -

etwa auf Lebensentscheidungen, Beziehungskrisen oder psychosoziale Konflikte.

Denn bleibt die Verantwortung bei der beratenden Person, besteht die Gefahr einer Abhängigkeit: Statt Selbstwirksamkeit zu fördern, wird die Lösung „abgegeben". Bleibt der Erfolg aus, gerät der:die Berater:in in Erklärungsnot - während der:die Klient:in sich zurücklehnen kann mit dem Satz: *"Ich habe ja alles versucht - sogar professionelle Hilfe in Anspruch genommen."*

Für Menschen, die bereits früh gelernt haben, sich als hilflos oder ohnmächtig zu erleben, kann diese Haltung besonders fatal sein. Sie wird zum vertrauten Wiederholungserlebnis: Verantwortung wird abgegeben, die eigene Handlungsfähigkeit bleibt unterentwickelt. Gleichzeitig empfinden viele Berater:innen Druck, ständig Antworten und Lösungen liefern zu müssen - was auf Dauer erschöpft und das Risiko eines Burnouts erhöht.

2. Das Arzt-Patienten-Modell

Dieses Modell ist eine noch stärkere Variante der Experten-Haltung. Hier übernimmt der:die Berater:in nicht nur die Lösung, sondern auch die vollständige Diagnose. Frei nach dem Motto: *"Ich weiß, was Ihr Problem ist, warum es entstanden ist, wie es sich entwickelt - und wie man es löst."*

Diese Haltung suggeriert Klarheit, Kontrolle und Kompetenz - doch sie ist in der psychosozialen Beratung kaum haltbar. Denn menschliche Probleme lassen sich nicht wie medizinische Symptome objektiv bestimmen und „behandeln". Sie sind subjektiv, vielschichtig und in komplexe Lebenskontexte eingebettet.

Hinzu kommt: Häufig wissen Klient:innen selbst nicht genau, woher ihr Problem rührt, welche Dynamiken es verstärken oder was es aufrechterhält. Eine vorschnelle Diagnose von außen kann hier nicht nur irreführend sein, sondern auch die Eigenverantwortung weiter schwächen.

Zwar mag es für Berater:innen kurzfristig entlastend wirken, „die Lösung zu kennen". Doch langfristig erzeugt diese Haltung eine enorme Verantwortungslast - und verstellt den Blick auf das, was Beratung eigentlich leisten sollte: *Menschen dabei zu unterstützen, eigene Perspektiven zu entwickeln und selbst handlungsfähig zu werden.*

3. Die Coaching-Haltung

Im Gegensatz zu den beiden vorherigen Modellen basiert die Coaching-Haltung auf einem zutiefst humanistischen Verständnis: Jeder Mensch ist Expert:in für das eigene Leben. Aufgabe des Coachs ist es nicht, Lösungen zu liefern, sondern den Prozess der Selbstklärung, -verantwortung und -entwicklung zu begleiten.

Der Fokus liegt auf der Aktivierung vorhandener Ressourcen und der Stärkung von Selbstwirksamkeit. Die Verantwortung bleibt dort, wo das Problem entstanden ist - beim Klienten oder bei der Klientin. Der Coach bringt Expertise ein: in Bezug auf Methoden, Prozesssteuerung und Gesprächsführung - nicht aber hinsichtlich der „richtigen" Lösung.

Diese Haltung hat gleich mehrere Vorteile:

- Sie entlastet dich als Berater:in vom Druck, für alles eine Lösung parat haben zu müssen.
- Sie stärkt das Vertrauen in die Kompetenz des Gegenübers.
- Sie fördert nachhaltiges Lernen, weil der Weg zur Lösung selbst gegangen wurde.
- Sie reduziert die emotionale Vereinnahmung - und damit das Risiko, sich Probleme der Klient:innen „einzuverleiben".

Denn: Mit-Leiden hilft niemandem. Was hingegen hilft, ist empathisches Verstehen, professionelles Begleiten und die innere Haltung: *"Du schaffst das - und ich bin da, um dich dabei zu unterstützen."*

Für die Klient:innen bedeutet das: Sie bleiben verantwortlich - für ihr Problem und für dessen Lösung. Der „Ruhm" für die Veränderung gehört ihnen genauso wie das Lernerlebnis. Und selbst wenn die gewählte Lösung nicht zum gewünschten Ziel führt, entsteht daraus Erfahrung - und damit Entwicklung.

Die Haltung, mit der wir in Beratung gehen, entscheidet mit darüber, was in der Beziehung zwischen Berater:in und Klient:in möglich wird. Keine der drei beschriebenen Formen ist „falsch" - sie sind Werkzeuge, die je nach Kontext angemessen oder problematisch sein können. Entscheidend ist, dass du deine Haltung bewusst wählst - und bereit bist, sie zu hinterfragen. Denn wirkungsvolle Beratung beginnt nicht mit der „richtigen Methode", sondern mit der richtigen Haltung.

Rahmenbedingungen der psychosozialen Beratung

Professionelle psychosoziale Beratung braucht mehr als ein gutes Gespräch. Sie braucht einen klaren Rahmen, sowohl organisatorisch, methodisch als auch rechtlich und ethisch. Dieser Rahmen schützt nicht nur die Klient:innen, sondern auch die beratende Person. Er schafft Orientierung, Verlässlichkeit und Vertrauen, die Grundpfeiler jeder tragfähigen Beratungsbeziehung.

Im Unterschied zu informellen Gesprächen im privaten oder sozialen Umfeld basiert psychosoziale Beratung auf einem bewusst gestalteten Prozess. Dieser ist eingebettet in definierte Strukturen: Ort, Zeit, Ziel, Rolle, Grenzen, Verantwortung. Wer berät, übernimmt damit nicht nur eine soziale, sondern auch eine rechtliche und berufsethische Verantwortung. Ein professionelles Beratungsgespräch findet in einem geschützten, vertraulichen Setting statt, unabhängig davon, ob es sich um eine Präsenzberatung, eine Online- oder Telefonberatung handelt. Schutz bedeutet hier: Diskretion, Transparenz und ein klarer Umgang mit Informationen, Emotionen und Daten. Klient:innen müssen sich darauf verlassen können, dass ihre Anliegen nicht weitergetragen, bewertet oder zweckentfremdet werden. Die Schweigepflicht ist dabei nicht nur moralische Haltung, sondern auch rechtlich verbindlich geregelt.

Neben der äußeren Struktur, wie Raum, Zeit, Dauer, Honorar oder Absageregelung, gehört zur Gestaltung des Beratungsrahmens auch die klare Klärung des Auftrags: Worum geht es im Beratungsprozess? Welche Ziele sollen angestrebt werden? Was kann Beratung leisten, und was nicht? Und wo verlaufen die Grenzen des Settings, etwa bei psychischen Erkrankungen, rechtlichen Fragen oder Suchtproblematik?

Gerade in der Anfangsphase braucht es eine bewusste Gestaltung des sogenannten Erstkontakts. Dieser erste Moment, in dem sich zwei Menschen begegnen, ist prägend. Hier wird Vertrauen aufgebaut, oder verpasst. Umso wichtiger ist es, von Anfang an offen und klar zu kommunizieren, welche Haltung vertreten wird, welche Rolle die Berater:in einnimmt und wie der Prozess strukturiert ist.

In Österreich ist die Ausübung psychosozialer Beratung gesetzlich geregelt, als **reglementiertes Gewerbe „Lebens- und Sozialberatung (LSB)"**. Die rechtliche Grundlage bildet die **Gewerbeordnung (§ 119 GewO)**, die einen Befähigungsnachweis verlangt. Dieser umfasst eine mehrjährige, qualitätsgesicherte Ausbildung mit Modulen zu Beratungsmethodik, Psychologie, Ethik, Selbsterfahrung, Supervision und Praxis. Ergänzend gelten die **Standes- und Ausübungsregeln der Wirtschaftskammer Österreich (WKO)**. Diese definieren berufsethische Standards und verpflichtende Rahmenbedingungen für die Tätigkeit als Lebens- und Sozialberater:in.

Zentrale Prinzipien dieser Standes- und Ausübungsregeln sind:

- **Eigenverantwortung und Selbstbestimmung der Klient:innen**, keine Fremdbestimmung durch die Berater:in.
- **Verschwiegenheitspflicht** über Inhalte, die im Beratungsprozess offengelegt werden.
- **Abgrenzung zu anderen Berufsgruppen**, insbesondere zu Psychotherapie, Medizin, Psychologie.
- **Verpflichtung zur Fortbildung, Supervision und Selbstreflexion.**
- **Berufsethisches Verhalten**, das Respekt, Integrität und Schutz vor Abhängigkeiten sichert.
- **Transparenz in Werbung und Auftreten**, keine Heilsversprechen, keine Überhöhung.

Diese Regeln sind nicht als Einschränkungen zu verstehen, sondern als Qualitätsstandards, die die Professionalität und gesellschaftliche Glaubwürdigkeit psychosozialer Beratung sichern. Sie schützen Klient:innen vor Übergriffen, Verwirrung und unseriösem Verhalten, und stärken zugleich das Berufsbild der Lebens- und Sozialberatung als eigenständige, verantwortungsvolle Profession.

Auch in der konkreten Umsetzung braucht es Klarheit: Die Gestaltung des Settings ist mehr als Organisation, sie ist Teil der Haltung. Wie sieht der Beratungsraum aus? Wie ist der Sitzplatz angeordnet? Wird ein Getränk angeboten? Gibt es Blickschutz, eine angenehme Atmosphäre, eine professionelle Begrüßung? Auch das Online-Setting will bewusst gestaltet sein: Welche Plattform wird verwendet? Wie sicher ist sie? Was sehen Klient:innen im Hintergrund? Ist der Ton klar? Wie geht man mit technischen Problemen um? All das sind Fragen, die mitbedacht werden müssen, um Vertrauen zu ermöglichen.

Ein zunehmend bedeutsamer Aspekt ist die klare **Abgrenzung zu benachbarten Berufsfeldern**. Gerade für Klient:innen ist es oft schwer zu erkennen, ob sie bei einer Therapeut:in, Coach, Psycholog:in oder Sozialarbeiter:in sitzen, vor allem, wenn Begriffe wie „Beratung" oder „Begleitung" überall auftauchen. Hier liegt es in der Verantwortung der Lebens- und Sozialberater:innen, ihren Auftrag deutlich zu machen: Wir begleiten Menschen in Entwicklungs-, Entscheidungs- und Belastungssituationen, ohne medizinisch zu diagnostizieren, ohne therapeutisch zu intervenieren und ohne heilkundlich zu handeln.

Diese berufliche Klarheit ist nicht abgrenzend im Sinne von Konkurrenzdenken, sondern im besten Sinne professionell: Sie macht sichtbar, was psychosoziale Beratung leisten kann, und was nicht. Sie stärkt das Selbstverständnis des Berufsstandes und sorgt für transparente Kommunikation nach außen.

Zur Qualitätssicherung gehört auch die Bereitschaft zur kontinuierlichen Weiterbildung. Laut Standesregeln sind Berater:innen verpflichtet, regelmäßig Fortbildungen zu absolvieren, sich fachlich weiterzuentwickeln und Supervision in Anspruch zu nehmen. Dies dient nicht der Kontrolle, sondern der Qualität der Arbeit, und dem Schutz der eigenen psychischen Stabilität. Denn wer regelmäßig mit belastenden Lebensgeschichten, existenziellen Sorgen, Beziehungsfragen oder Lebenskrisen konfrontiert ist, braucht eigene Reflexionsräume.

Supervision ist dabei nicht Luxus, sondern Notwendigkeit. Sie hilft, blinde Flecken zu erkennen, Übertragungen zu reflektieren, berufliche Rollen zu klären und persönliche Belastungen rechtzeitig zu bemerken. Auch Selbsterfahrung ist kein Ausbildungsmodul, das „abgehakt" werden kann, sondern ein kontinuierlicher Prozess. Gute Beratung entsteht nur, wenn die beratende Person selbst in Kontakt mit sich bleibt.

Ein weiterer, oft unterschätzter Aspekt professioneller Rahmenbedingungen ist die **Dokumentation.** Sie sollte datenschutzkonform, sachlich und zurückhaltend erfolgen, nicht zur Kontrolle der Klient:innen, sondern zur Sicherstellung eines nachvollziehbaren Verlaufs. Klient:innen müssen wissen, dass ihre Daten geschützt sind und nur mit ausdrücklicher Zustimmung weitergegeben werden.

Nicht zuletzt sind Rahmenbedingungen **immer auch ein Schutzraum für die beratende Person.** Wer klare Grenzen setzt, schützt sich vor Überforderung, Rollenkonfusion und Missverständnissen. Dazu gehört auch: Zeiten einzuhalten, Kontakt außerhalb der vereinbarten Sitzungen nicht auszuweiten, private Verbindungen zu vermeiden und auch im virtuellen Raum professionelle Distanz zu wahren. Rahmenbedingungen sind kein starres Regelwerk. Sie sind lebendige Strukturen, die sich anpassen lassen, wenn es dem Prozess dient, wenn es transparent gemacht wird und im Einverständnis mit der Klient:in geschieht. Gute Rahmenbedingungen sind durchlässig, aber stabil. Sie ermöglichen Entwicklung, ohne Chaos zuzulassen. Sie geben Sicherheit, ohne einzuengen. Und sie sind Ausdruck professioneller Haltung, leise, aber spürbar.

In der psychosozialen Beratung wird viel über Beziehung, Empathie und Kommunikation gesprochen. Doch all das braucht einen tragenden Rahmen. Erst die Verbindung von Menschlichkeit und Struktur, von Präsenz und Klarheit, von Zuwendung und Abgrenzung macht Beratung zu dem, was sie sein kann: ein geschützter Raum für Selbstklärung, Entwicklung und Veränderung.

Reflexion und Haltung in der Beratung

Selbstreflexion als professionelle Pflicht

Die Qualität psychosozialer Beratung hängt in entscheidendem Maß von der Fähigkeit zur Selbstreflexion ab. Wer andere Menschen durch schwierige Lebenssituationen begleitet, trägt nicht nur eine große Verantwortung für das methodische Vorgehen, sondern auch für die Art und Weise, wie Beziehung gestaltet wird, wie Resonanzräume geöffnet oder geschlossen werden und wie die eigene Person als Werkzeug in der Beratung wirkt. In diesem Sinn ist Selbstreflexion keine bloße Ergänzung zum fachlichen Repertoire, sondern ein grundlegendes Element professioneller Identität. Sie ist nicht freiwillig, nicht beliebig, sondern eine ethische und fachliche Verpflichtung gegenüber den Klient:innen, gegenüber der eigenen Rolle und nicht zuletzt gegenüber dem eigenen Menschsein in einer verantwortungsvollen Position.

Sich selbst im Tun zu beobachten, die inneren Prozesse wahrzunehmen, einzuordnen und in Zusammenhang mit dem Beratungsgeschehen zu bringen, ist ein kontinuierlicher Lernweg. Reflexion beginnt bei der bewussten Wahrnehmung der eigenen Gedanken, Gefühle und körperlichen Reaktionen. Sie fragt danach, was im Hier und Jetzt in mir passiert, wenn ich einer bestimmten Geschichte lausche, wenn mir ein bestimmter Mensch gegenübersitzt, wenn ein Thema angesprochen wird, das auch in meinem Leben eine Rolle spielt. Diese Wahrnehmung ist der erste Schritt, ihr folgt die Einordnung: Warum reagiere ich gerade so? Welche inneren Bilder tauchen auf? Welche Werte, Erfahrungen, Prägungen fließen in mein Denken und Handeln ein? Und wie beeinflusst das meine Haltung im Gespräch?

Selbstreflexion ist mehr als das Nachdenken über vergangene Beratungen. Sie ist ein lebendiger Prozess, der sich im Moment entfaltet und gleichzeitig Raum zur Nachbereitung braucht. Innehalten wird zur Ressource. Es geht darum, aufmerksam zu sein für das, was zwischen mir und meinem Gegenüber geschieht, was unausgesprochen bleibt, was mitschwingt, ohne benannt zu werden. Viele dieser Prozesse laufen unbewusst ab. Umso wichtiger ist es, ihnen Aufmerksamkeit zu schenken und sie in Sprache zu bringen - zunächst für sich selbst, später vielleicht auch im Rahmen von Supervision oder kollegialer Beratung.

Besonders bedeutsam wird Selbstreflexion in herausfordernden Situationen. Wenn Klient:innen starke Emotionen zeigen, wenn sie provozieren, sich entziehen oder Entscheidungen treffen, die uns irritieren oder sogar empören, dann stehen wir vor der Frage, wie wir mit diesen inneren Reaktionen umgehen. Reagieren wir mit Rückzug, mit erhöhter Kontrolle, mit übermäßiger Fürsorge oder mit subtiler Bewertung? Oder gelingt es uns, unsere Impulse zu erkennen, zu verstehen und zu steuern? Die Fähigkeit zur Selbstregulation ist ein zentrales Element professionellen Handelns und steht in engem Zusammenhang mit der Bereitschaft zur Selbstreflexion.

Auch Übertragung und Gegenübertragung sind wichtige Themen in diesem Zusammenhang. Wir alle tragen Bilder von bestimmten Menschentypen in uns, wir reagieren auf bestimmte Verhaltensweisen mit Sympathie oder Ablehnung, manchmal ohne zu wissen, warum. In der Beratung können solche unbewussten Dynamiken die Beziehung färben. Ein:e Klient:in erinnert uns vielleicht an einen Elternteil, an ein Geschwisterkind oder an eine frühere Erfahrung, die noch nicht vollständig verarbeitet ist. Umgekehrt kann es sein, dass wir für unsere Klient:innen ungewollt zu Projektionsflächen werden - als Retter:innen, als Richter:innen oder als vermeintliche Verbündete. Diese Prozesse zu erkennen, ist eine anspruchsvolle, aber notwendige Aufgabe. Nur wenn wir uns dieser Dynamiken bewusst sind, können wir ihnen mit Klarheit und professioneller Distanz begegnen, ohne die Beziehung zu gefährden oder uns selbst zu verlieren.

Selbstreflexion bedeutet auch, sich mit den eigenen Grenzen auseinanderzusetzen. Niemand kann alles wissen, alles fühlen, alles tragen. Die Vorstellung, immer hilfreich sein zu müssen, führt leicht in Überforderung und birgt die Gefahr des Ausbrennens. Wer seine Grenzen kennt, sie anerkennt und offen damit umgeht, schützt nicht nur sich selbst, sondern auch die Qualität der Beratung. Es geht nicht darum, Schwächen zu verstecken oder Unwissenheit zu kaschieren, sondern darum, authentisch und verantwortungsbewusst zu handeln. Grenzen zu benennen kann entlastend sein - für beide Seiten.

Ein wichtiger Aspekt der Selbstreflexion betrifft auch die Auseinandersetzung mit der eigenen Motivation. Warum mache ich diesen Beruf? Was gibt mir Kraft? Wo schöpfe ich Sinn? Und was passiert, wenn meine Erwartungen enttäuscht werden, wenn meine Arbeit scheinbar keine Wirkung zeigt? Die Antworten auf diese Fragen verändern sich im Laufe des Berufslebens. Reflexion hilft, diese Veränderungen wahrzunehmen und den eigenen Standort immer wieder neu zu bestimmen.

Die Praxis der Reflexion kann unterschiedlich gestaltet werden. Manche Menschen führen ein Beratungsjournal, in dem sie nach jeder Sitzung einige Gedanken festhalten. Andere nutzen strukturierte Reflexionsfragen, die sie sich regelmäßig stellen. Wieder andere reflektieren lieber im Gespräch mit Kolleg:innen oder in der Supervision. Wichtig ist weniger die Methode als die Haltung dahinter - eine Haltung der Offenheit, der Ehrlichkeit, des Lernens. Reflexion bedeutet nicht Selbstoptimierung im Sinne eines ständigen „Noch-besser-Werdens", sondern ein waches, freundliches Interesse an sich selbst. Es geht um das Erkennen von Mustern, um das Hinterfragen automatisierter Reaktionen, um das Zulassen von Veränderung.

Reflexion bedeutet auch, sich der eigenen Werte bewusst zu werden. Welche Vorstellungen von „gutem Leben", von „richtiger Entscheidung", von „gesundem Verhalten" trage ich in mir? Wie beeinflussen diese Vorstellungen meine Beratung? Wo schwingt vielleicht eine normative Haltung mit, die der Autonomie der Klient:innen entgegensteht? Und wie gelingt es mir, mit Haltungen, Lebensformen und Entscheidungen umzugehen, die meinen eigenen Werten widersprechen, ohne abzuwerten oder zu belehren? Diese Fragen berühren den ethischen Kern psychosozialer Arbeit. Wer sie nicht stellt, läuft Gefahr, seine Klient:innen unbewusst in bestimmte Richtungen zu lenken - sei es durch Sprache, durch Mimik oder durch das, was nicht gesagt wird.

Nicht zuletzt ist Selbstreflexion ein Schutzfaktor gegen Überlastung. Wer regelmäßig innehält, sich Raum zum Spüren und Sortieren gibt, bemerkt rechtzeitig, wenn etwas aus dem Gleichgewicht gerät. Die Fähigkeit, sich selbst zu regulieren, Emotionen zu erkennen und zu benennen, schafft innere Stabilität und Resilienz. In einem Beruf, der emotional fordernd ist und immer wieder mit Leid, Krisen und existenziellen Themen konfrontiert, ist das eine überlebenswichtige Ressource.

Selbstreflexion ist kein Zustand, den man einmal erreicht und dann behält. Sie ist ein lebenslanger Prozess, ein Weg, der nie ganz abgeschlossen ist. Jede neue Begegnung, jede Beratung bringt neue Erfahrungen, neue Fragen, neue Erkenntnisse. Wer sich diesem Prozess mit Neugier und Demut stellt, bleibt in Bewegung, bleibt lernfähig und bewahrt sich die Fähigkeit, auch sich selbst immer wieder neu zu begegnen. Das ist nicht nur ein professioneller Auftrag, sondern auch ein persönliches Geschenk.

Umgang mit eigenen Grenzen und blinden Flecken

Psychosoziale Beratung ist eine zutiefst menschliche Begegnung, getragen von Empathie, Präsenz und professioneller Haltung. Diese Begegnung findet jedoch nicht im luftleeren Raum statt, sondern innerhalb eines Beziehungsgeflechts, das auch von inneren Grenzen, Bedürfnissen, Erfahrungen und unbewussten Anteilen geprägt ist. Wer in beratenden Berufen tätig ist, arbeitet nicht nur mit Konzepten, Methoden und Gesprächstechniken, sondern auch mit sich selbst als Resonanzkörper. Die eigene Person ist Teil des Arbeitsinstruments, sie ist Filter, Spiegel und Mitspieler:in zugleich. Umso wichtiger ist es, sich der eigenen Begrenzungen bewusst zu sein, sie nicht zu verleugnen, sondern anzuerkennen und konstruktiv mit ihnen umzugehen.

Grenzen sind unvermeidbar, sie gehören zum Menschsein. Körperlich zeigen sie sich in Form von Erschöpfung, Konzentrationsmangel oder psychosomatischen Beschwerden. Emotional können sie sich durch Gereiztheit, innere Unruhe, Unfähigkeit zur Abgrenzung oder durch Rückzugstendenzen bemerkbar machen. Auf fachlicher Ebene treten Grenzen dann zutage, wenn Themen auftauchen, für die die eigene Kompetenz nicht ausreicht, wenn die Komplexität eines Falles das eigene Fachwissen überfordert oder wenn strukturelle Rahmenbedingungen wie Zeitmangel, Ressourcenknappheit oder institutionelle Vorgaben die Qualität der Beratung einschränken. Grenzen entstehen auch dort, wo persönliche Themen der beratenden Person mit den Anliegen der Klient:innen in Resonanz treten, wo emotionale Überlappungen stattfinden, ohne dass sie zunächst bewusst wahrgenommen werden.

Solche Grenzen sind nicht per se ein Problem, sie können im Gegenteil sehr wertvoll sein, wenn sie erkannt, reflektiert und kommuniziert werden. Eine klare Grenzsetzung schützt die beratende Person ebenso wie die Ratsuchenden. Sie schafft einen sicheren Rahmen, in dem Verantwortung geteilt und Erwartungen realistisch gestaltet werden können. Grenzen zu benennen ist keine Ablehnung, sondern eine Form der professionellen Fürsorge, ein Signal von Klarheit und Achtsamkeit. Es bedeutet, sich selbst ernst zu nehmen und zugleich die Autonomie der Klient:innen zu achten. Gerade in helfenden Berufen besteht oft die Tendenz, über die eigenen Belastungsgrenzen hinaus tätig zu sein, aus einem tiefen Bedürfnis heraus, hilfreich, präsent und verantwortungsvoll zu sein. Doch diese Haltung birgt Risiken. Wer seine Grenzen regelmäßig übergeht, gefährdet die eigene Gesundheit und reduziert auf Dauer die Wirksamkeit der Beratung.

Grenzen bewusst zu erkennen und anzuerkennen, erfordert Mut und Selbstmitgefühl. Es bedeutet, sich selbst nicht nur als Fachperson, sondern auch als Mensch mit Bedürfnissen, Ängsten, Erwartungen und Verletzlichkeit zu sehen. Es bedeutet auch, unangenehme Gefühle wie Schuld, Scham oder Versagensängste zuzulassen, die oft auftauchen, wenn man sich eingesteht, dass man nicht weiterweiß, dass man überfordert ist oder dass man in einem bestimmten Fall besser an eine andere Fachstelle weitervermitteln sollte. Diese Gefühle sind menschlich, sie verdienen Respekt und keine Abwertung. Professionelles Handeln bedeutet in solchen Momenten nicht, alles allein bewältigen zu müssen, sondern die richtigen Schritte zu setzen - etwa durch Rücksprache, Supervision oder Weitervermittlung.

Neben den sichtbaren und bewussten Grenzen existiert ein Bereich, der weniger leicht zugänglich, aber ebenso einflussreich ist: die sogenannten blinden Flecken. Sie bezeichnen jene Anteile unserer Persönlichkeit, die wir selbst nicht oder nur schwer erkennen, die jedoch von außen deutlich wahrgenommen werden können. Blinde Flecken entstehen durch biografische Prägungen, durch früh erlernte Muster, durch kulturelle Normen, durch familiäre Erfahrungen und durch gesellschaftliche Rollenbilder. Sie beeinflussen, wie wir die Welt sehen, wie wir Menschen begegnen und wie wir Situationen interpretieren, ohne dass uns dieser Einfluss immer bewusst wäre.

In der Beratung können blinde Flecken auf unterschiedliche Weise wirksam werden. Sie können dazu führen, dass wir bestimmte Klient:innen besonders sympathisch finden, während wir auf andere mit Irritation, Abwehr oder Unverständnis reagieren. Sie können bewirken, dass wir auf bestimmte Themen überempfindlich oder vermeidend reagieren, etwa wenn es um Gewalt, Sexualität, Autorität oder Schuld geht. Sie können sich in vorschnellen Bewertungen zeigen, in überhöhten Erwartungen, in subtiler Beeinflussung oder in der Tendenz, Lösungen vorzugeben, statt gemeinsam Wege zu erkunden. All das geschieht oft ohne bewusste Absicht, aber mit großer Wirkung.

Ein Beispiel: Wenn eine Klientin über ein belastendes Familiensystem spricht und dabei Strategien entwickelt, sich emotional zu distanzieren, kann dies bei einer beratenden Person, die selbst Bindungsabbrüche erlebt hat, starke innere Reaktionen auslösen. Vielleicht entsteht der Impuls, zur Versöhnung zu raten, obwohl die Klientin diese gar nicht anstrebt. Oder eine Beraterin, die ein starkes Bedürfnis nach Harmonie in sich trägt, könnte in einer konfliktgeladenen Beratungssituation unbewusst deeskalieren, obwohl es darum ginge, Klarheit zu schaffen und Konflikte anzusprechen. In solchen Momenten wirken unbewusste Muster mit - nicht aus bösem Willen, sondern weil sie Teil unserer inneren Landkarte sind.

Der Umgang mit diesen blinden Flecken verlangt ein hohes Maß an Selbstbeobachtung, Offenheit und die Bereitschaft, sich auch mit den unangenehmen Seiten des eigenen professionellen Handelns auseinanderzusetzen. Supervision ist in diesem Kontext ein unverzichtbares Instrument. Sie ermöglicht es, in einem geschützten Rahmen eigene Reaktionen zu hinterfragen, Rückmeldungen zu erhalten, neue Perspektiven zu entwickeln und blinde Flecken behutsam sichtbar zu machen. Auch kollegiale Beratung, Intervision und Selbsterfahrung können wichtige Räume schaffen, um sich selbst im Spiegel anderer besser kennenzulernen.

Besonders hilfreich ist es, wenn die eigene Reflexion nicht nur punktuell, sondern kontinuierlich verankert ist. Ein persönliches Beratungsjournal, regelmäßige Zeitfenster zur Nachbesprechung, strukturierte Reflexionsfragen oder ein offenes, ehrliches Feedback im Team können dazu beitragen, dass blinde Flecken schrittweise an Kontur gewinnen. Die zentrale Frage dabei lautet immer wieder: Was sehe ich nicht - und warum sehe ich es nicht? Diese Frage erfordert Demut und Mut zugleich, denn sie bringt uns mit unseren Begrenzungen, aber auch mit unserem inneren Wachstumspotenzial in Kontakt.

Blinde Flecken verschwinden nie ganz. Sie verändern sich im Laufe des Lebens, sie passen sich an neue Rollen, neue Erfahrungen, neue Herausforderungen an. Je länger wir im Beruf stehen, desto mehr entwickeln wir Routinen, Überzeugungen und Automatismen. Manche davon sind hilfreich, andere können blind machen für Neues, für Irritationen, für Signale, die uns auf etwas aufmerksam machen wollen. Umso wichtiger ist es, auch nach vielen Berufsjahren neugierig zu bleiben, offen für Kritik, sensibel für eigene Vermeidungsstrategien und bereit, immer wieder aus der Komfortzone der Gewohnheit herauszutreten.

Der bewusste Umgang mit den eigenen Grenzen und blinden Flecken ist ein zentrales Element professioneller Identität. Er schützt vor Überforderung, vor ungewollter Vereinnahmung und vor ethischen Grenzverletzungen. Er schafft einen klaren, sicheren Rahmen für Beratung, in dem sowohl Nähe als auch Distanz möglich sind, in dem sowohl Mitgefühl als auch Struktur Platz haben. Wer sich selbst gut kennt, kann andere besser begleiten. Wer die eigenen Schattenseiten annimmt, kann auch in schwierigen Situationen präsent bleiben. Und wer die eigenen Grenzen achtet, schafft Raum für echte Begegnung - offen, authentisch und verantwortungsvoll.

Übertragung, Gegenübertragung und Projektion erkennen

In der psychosozialen Beratung treffen zwei Welten aufeinander - die innere Welt der ratsuchenden Person und die innere Welt der beratenden Person. Was auf den ersten Blick wie ein sachliches Gespräch über konkrete Anliegen erscheint, ist in Wirklichkeit ein vielschichtiges Beziehungsgeschehen. Es ist geprägt von bewussten und unbewussten Erwartungen, von inneren Bildern, von emotionalen Spuren, die aus der Vergangenheit stammen und im Hier und Jetzt wirksam werden. In diesem Zusammenhang gewinnen die Konzepte der Übertragung, Gegenübertragung und Projektion besondere Bedeutung. Sie gehören zu den psychodynamischen Grundlagen jeder zwischenmenschlichen Begegnung, ob bewusst reflektiert oder nicht.

Übertragung bezeichnet jene Prozesse, in denen Klient:innen Erlebnisse, Gefühle, Haltungen oder Beziehungserfahrungen aus früheren Lebensphasen auf die beratende Person übertragen. Dies geschieht meist unbewusst. Die Beraterin wird vielleicht als besonders streng, als autoritär, als rettend oder als emotional kalt erlebt - unabhängig davon, wie sie sich tatsächlich verhält. Die Erlebnisse der Vergangenheit, insbesondere aus der Kindheit oder aus belastenden Beziehungserfahrungen, finden im aktuellen Gegenüber eine Projektionsfläche. Für die Klient:innen wird die beratende Person zur Repräsentantin jener Beziehungserfahrungen, die sie geprägt haben - im Guten wie im Schmerzhaften.

Solche Übertragungen können subtil sein oder sehr deutlich. Eine Klientin beginnt etwa, sich überangepasst zu verhalten, gibt Antworten, von denen sie glaubt, dass sie gewünscht sind, und zeigt große Angst vor Bewertung. Ein junger Mann wird auffallend konfrontativ, lehnt jede Hilfe ab und bringt misstrauische Untertöne in jedes Gespräch. Eine andere Person idealisiert die Beratungssituation, spricht der Beraterin außergewöhnliche Fähigkeiten zu, überschätzt ihre Bedeutung im eigenen Leben. In all diesen Beispielen wirkt Übertragung. Sie muss nicht pathologisch sein. Im Gegenteil: In einem bewussten, reflektierten Rahmen kann sie zur wertvollen Ressource werden. Denn durch sie werden Beziehungsmuster sichtbar, die auch außerhalb der Beratung wirksam sind.

Gegenübertragung beschreibt die Reaktion der beratenden Person auf diese Übertragungsprozesse. Auch diese ist häufig unbewusst. Vielleicht spürt man plötzlich ein starkes Bedürfnis, helfen zu wollen, fühlt sich verantwortlich für das Wohl der Klient:innen oder erlebt Irritationen, Abneigung oder sogar emotionale Nähe, die über das professionelle Maß hinausgeht. Gegenübertragung kann sich als emotionale Resonanz äußern, als Körperreaktion, als Gedankenimpuls oder auch als Handlungstendenz - etwa wenn man sich genötigt fühlt, schneller zu intervenieren als üblich, oder wenn man untypisch zurückhaltend agiert.

Es ist wichtig, diese Reaktionen nicht vorschnell zu bewerten oder zu unterdrücken. Sie liefern wertvolle Informationen über die Beziehungsgestaltung und über die inneren Themen beider Beteiligten. Wenn ich mich als Beraterin plötzlich klein fühle, verunsichert oder nicht ernst genommen, kann das ein Hinweis auf eine projektive Dynamik sein, die es zu betrachten gilt. Wenn ich dagegen in eine überfürsorgliche Haltung gerate, alles erklären will oder mich schwer abgrenzen kann, lohnt es sich, zu fragen: Was wird hier gerade in mir aktiviert? Welche inneren Muster sprechen mit?

Der Begriff der Projektion ist eng mit diesen Phänomenen verbunden, jedoch etwas breiter gefasst. Projektion meint das unbewusste Übertragen eigener innerer Anteile - Wünsche, Ängste, Schuldgefühle, Aggressionen - auf andere Personen. Sie dient der Entlastung des Ichs, indem unangenehme oder nicht akzeptierte Gefühle im Außen verortet werden. In der Beratung zeigt sich Projektion zum Beispiel, wenn eine Klientin davon ausgeht, dass die Beraterin sie verurteilt, obwohl diese lediglich eine offene Frage gestellt hat. Oder wenn ein Klient vermutet, dass sein Gegenüber ihn nicht ernst nimmt, obwohl im Gespräch keine Hinweise darauf zu finden sind. Auch beratende Personen können projizieren - etwa wenn sie in einer abwehrenden Klientin automatisch eine „Therapieverweigerin" sehen, obwohl sich deren Verhalten möglicherweise aus einer traumatischen Beziehungserfahrung erklärt.

All diese Dynamiken sind Teil jeder zwischenmenschlichen Begegnung. Sie sind nicht vermeidbar, aber sie sind beobachtbar, benennbar und bearbeitbar. Das erfordert Selbstreflexion, Achtsamkeit für die Beziehungsebene und die Fähigkeit, zwischen Inhalt und Beziehung, zwischen gesagtem Wort und emotionalem Unterton zu unterscheiden. Es geht darum, innere Prozesse wahrzunehmen, ohne sich von ihnen mitreißen zu lassen. Um diesen Raum zu halten, ist innere Klarheit erforderlich - eine Art inneres Doppelhören, das es erlaubt, gleichzeitig bei sich zu bleiben und offen für das Gegenüber zu sein.

Professioneller Umgang mit Übertragung, Gegenübertragung und Projektion bedeutet nicht, sie zu vermeiden, sondern sie konstruktiv zu nutzen. Das kann bedeuten, in der Supervision über wiederkehrende emotionale Muster in bestimmten Beratungssettings zu sprechen, eigene Reaktionen ernst zu nehmen und zu hinterfragen oder auch, sich in bestimmten Situationen bewusst zurückzunehmen, um Raum für das Beziehungsgeschehen zu lassen. In manchen Fällen kann es hilfreich sein, Übertragungsphänomene behutsam zu spiegeln - etwa durch eine wertschätzende Rückmeldung darüber, wie eine Aussage aufgenommen wurde oder welche Dynamik im Gespräch gerade spürbar wird. Hier ist jedoch größte Vorsicht geboten, denn es braucht ein tragfähiges Vertrauensverhältnis und ein gutes Gespür für Timing und Sprache, um solche Reflexionsangebote nicht als Interpretation oder Bewertung erscheinen zu lassen.

Besonders wichtig ist es, sich bewusst zu machen, dass auch positive Übertragungen - etwa Idealisierungen oder überhöhte Erwartungen - zu einer Verzerrung der Beziehung führen können. Sie sind nicht harmloser als ablehnende oder kritische Projektionen. Wenn die beratende Person zur Retterfigur wird, entsteht Abhängigkeit. Wenn sie als allwissend erlebt wird, wird Autonomie erschwert. In solchen Situationen ist es hilfreich, die Eigenverantwortung der Klient:innen zu stärken, Entscheidungsspielräume bewusst offen zu lassen und die gemeinsame Arbeit als partnerschaftlichen Prozess zu gestalten.

Der bewusste und sensible Umgang mit diesen psychodynamischen Prozessen ist ein Zeichen hoher professioneller Reife. Er verlangt Präsenz, Selbstwahrnehmung und kontinuierliche Reflexion. Niemand ist frei von

Übertragung, Gegenübertragung oder Projektion. Die Frage ist nicht, ob sie geschehen, sondern wie wir mit ihnen umgehen, ob wir sie erkennen und nutzen oder ob wir ihnen unbewusst ausgeliefert sind.

In der psychosozialen Beratung ist es gerade diese Fähigkeit zum inneren Beobachten, die Qualität schafft. Sie ermöglicht es, zwischen eigener Geschichte und fremder Geschichte zu unterscheiden, zwischen eigener Bedürftigkeit und fremder Not. Sie hilft dabei, eine Haltung der Offenheit, der Klarheit und des Respekts zu bewahren - auch in schwierigen, emotional aufgeladenen Situationen. In diesem Sinne ist der Umgang mit Übertragung und Projektion kein Nebenthema, sondern ein zentrales Element professioneller Beziehungsarbeit. Er fordert uns heraus, aber er eröffnet auch die Möglichkeit zu tieferem Verstehen, zu echter Begegnung und zu heilsamen Veränderungsprozessen.

Umgang mit Widerstand in der Beratung

Widerstand gehört zur psychosozialen Beratung wie das Einatmen zum Ausatmen. Er ist nicht nur unvermeidlich, sondern oft sogar ein wesentlicher Bestandteil eines gelingenden Veränderungsprozesses. Auch wenn er auf den ersten Blick wie ein Hindernis erscheint, ist er bei genauerer Betrachtung ein wertvoller Hinweisgeber auf das innere Erleben der Klient:innen. Widerstand zeigt an, wo etwas berührt wird, was noch geschützt werden muss. Er ist ein Ausdruck innerer Bewegung, eine Reaktion auf Irritation, Unsicherheit, Angst oder Verletzlichkeit. Wer mit Widerstand arbeitet, arbeitet mit dem inneren Schutzsystem eines Menschen - und das verlangt nicht Konfrontation, sondern Achtsamkeit.

Die Erscheinungsformen von Widerstand sind vielfältig. Sie reichen von offenem Widerspruch bis zu subtilen Formen des Rückzugs. Eine Klientin kommt regelmäßig zu spät oder vergisst Termine. Ein Klient antwortet ausweichend auf persönliche Fragen oder lenkt das Gespräch immer wieder auf belanglose Themen. Eine andere Person lacht auffällig viel, wechselt ständig das Thema oder betont, dass „alles eigentlich ganz gut läuft", obwohl das Anliegen einen hohen Leidensdruck erkennen lässt. In Gruppenberatungen kann es sein, dass Teilnehmer:innen sich demonstrativ zurücklehnen, schweigen oder ablehnend auf Impulse reagieren. Andere bringen eine zynische Grundhaltung mit oder stellen die Kompetenz der beratenden Person indirekt infrage.

Diese Verhaltensweisen sind keine Zeichen von Desinteresse oder Ablehnung, sondern Ausdruck eines inneren Spannungsfeldes. Widerstand entsteht dort, wo Veränderung auf bestehende Schutzmechanismen trifft. Diese Schutzmechanismen haben sich oft über Jahre hinweg entwickelt, sie sind nicht irrational, sondern logisch in Bezug auf frühere Erfahrungen. Wer gelernt hat, dass Offenheit mit Verletzung verbunden ist, dass Schwäche bestraft wird oder dass Eigenverantwortung mit Überforderung einhergeht, wird auch in der Beratung vorsichtig sein. Diese Vorsicht verdient Respekt. Sie zeigt, dass ein Mensch nicht leichtfertig Vertrauen schenkt, sondern prüft, ob der Raum wirklich sicher ist.

Ein zentrales Missverständnis im Umgang mit Widerstand besteht darin, ihn als „Widerstand gegen die Beratung" oder sogar „gegen die beratende Person" zu deuten. In Wahrheit richtet sich der Widerstand fast nie gegen das Gegenüber, sondern schützt einen inneren Bereich, der sich noch nicht zeigen kann oder darf. Der Wunsch nach Veränderung kollidiert mit Ängsten vor Kontrollverlust, Ablehnung, Überforderung oder Schuld. Diese Ambivalenz ist nicht aufzulösen, indem man „motiviert", „überzeugt" oder „durchhält". Sie verlangt ein feinfühliges, respektvolles Vorgehen.

Eine hilfreiche Haltung im Umgang mit Widerstand ist die der wohlwollenden Neugier. Was will dieser Widerstand sagen? Was schützt er? Welche Bedeutung hat er für die betreffende Person? Nicht die Konfrontation, sondern die Einladung zum Verstehen steht im Mittelpunkt. Eine beratende Person, die Widerstand erkennt, ernst nimmt und nicht persönlich nimmt, schafft einen Raum, in dem er sich wandeln kann. Wenn hingegen Widerstand mit Druck oder Kontrolle begegnet wird, entsteht meist eine Eskalation - entweder in Form von Rückzug, Eskalation oder Anpassung. In keinem dieser Fälle ist echte Entwicklung möglich.

Ein Beispiel aus der Praxis: Eine junge Frau, die unter starkem sozialem Rückzug leidet, wird in der zweiten Sitzung auffällig einsilbig. Sie meidet den Blickkontakt, antwortet knapp und weicht persönlichen Fragen aus. Eine vorschnelle Interpretation könnte lauten: „Sie will gar nicht wirklich an sich arbeiten." Doch bei genauerem Hinsehen offenbart sich eine andere Dynamik. In der ersten Sitzung hatte sie begonnen, über ihre Kindheit zu sprechen. Offenbar wurde dabei eine emotionale Tür geöffnet, die mehr freigab, als sie im Moment verkraften konnte. Die knappen Antworten und der Rückzug in der zweiten Sitzung sind also nicht Zeichen von Desinteresse, sondern eine Schutzreaktion auf innere Überwältigung. Die passende Reaktion könnte sein, nicht weiter zu drängen, sondern anzubieten: „Ich merke, dass es gerade schwer ist, weiterzusprechen. Vielleicht ist es zu viel geworden. Wollen wir gemeinsam überlegen, was heute gut möglich ist?" Solch ein Angebot entlastet, würdigt die Grenze und stellt Beziehung her.

Widerstand kann auch dann entstehen, wenn Klient:innen den Eindruck haben, in eine Richtung gedrängt zu werden. Berater:innen, die sehr lösungsorientiert arbeiten, können unbeabsichtigt vermitteln, dass Probleme schnell „weg" sein sollten. Wer aber gerade mitten im Schmerz steht, braucht nicht primär Lösung, sondern Resonanz. Ein Mann, der in einer schwierigen Trennung steckt, erzählt wiederholt dieselbe Geschichte. Die Beraterin merkt, dass sie innerlich ungeduldig wird. Sie fragt sich: Warum dreht er sich ständig im Kreis? Doch bevor sie zur nächsten Frage ansetzt, hält sie inne. Was passiert da gerade? Vielleicht ist das Wiederholen der Geschichte nicht Ausdruck von Stagnation, sondern ein Versuch, Sinn zu machen. Vielleicht braucht dieser Mann das Wiedererzählen, um Kontrolle über ein Geschehen zu gewinnen, das ihn innerlich erschüttert hat. Die beratende Person entscheidet sich, genau das anzusprechen: „Ich habe bemerkt, dass Sie diese Situation schon mehrfach beschrieben haben. Vielleicht ist es gerade besonders wichtig für Sie, sie noch einmal genau anzuschauen. Was ist Ihnen daran besonders bedeutsam?" So wird die Blockade zum Eingangstor für Tiefe.

Ein weiterer Zugang besteht darin, Widerstand transparent zu machen, ohne ihn zu entwerten. Manchmal ist es hilfreich, das Offensichtliche auszusprechen, etwa: *„Ich habe das Gefühl, dass es gerade nicht leicht ist, über dieses Thema zu sprechen. Wollen wir gemeinsam schauen, woran das liegen könnte?"* Diese Art von Spiegelung funktioniert aber nur, wenn sie frei von Vorwurf ist. Sie muss eingebettet sein in Beziehung, getragen von echter Akzeptanz. Wenn Menschen sich gesehen fühlen in ihrer Ambivalenz, werden sie eher bereit, sich dieser auch selbst zuzuwenden.

Auch paradoxe Interventionen können Widerstand entkrampfen. In manchen Fällen, in denen Klient:innen stark ablehnen, sich mit einem bestimmten Thema zu befassen, kann es entlastend wirken, dies explizit zu erlauben. Eine Beraterin sagt etwa: *„Es scheint gerade nicht der richtige Moment zu sein, um darüber zu sprechen. Vielleicht ist es gut, das erstmal zur Seite zu legen."* Diese Erlaubnis kann überraschend wirken - und gerade deshalb neue Offenheit ermöglichen. Denn dort, wo Druck verschwindet, entsteht Raum für Selbstbestimmung.

Ebenso hilfreich ist es, die eigene Position als Berater:in zu hinterfragen. Widerstand kann auch entstehen, wenn die beraterische Haltung zu eng, zu steuernd oder zu sehr an bestimmten Lösungen orientiert ist. Vielleicht braucht es weniger Intervention und mehr Zuhören. Vielleicht ist nicht die Methode entscheidend, sondern die Beziehung. Wer bereit ist, auch die eigene Wirksamkeit in Frage zu stellen, ohne sich abzuwerten, bleibt in Bewegung - und eröffnet auch den Klient:innen neue Bewegungsräume.

In der Gruppenberatung zeigt sich Widerstand oft in der Dynamik zwischen Teilnehmer:innen. Eine Teilnehmerin stellt alles infrage, bringt zynische Bemerkungen und wirkt zunehmend destruktiv. Hier ist es wichtig, nicht nur auf die Störung zu schauen, sondern auch auf das Bedürfnis dahinter. Vielleicht hat diese Person in früheren Gruppensituationen Verletzungen erlebt. Vielleicht schützt sie sich mit Ironie vor emotionaler Berührung. Eine Möglichkeit könnte sein, sie außerhalb der Gruppe einzuladen, über ihre Wahrnehmung zu sprechen: *„Mir ist aufgefallen, dass Sie häufig kritisch reagieren. Ich frage mich, ob es etwas gibt, das Ihnen an der Gruppe unangenehm ist."* Solch ein Gespräch kann Brücken bauen, vorausgesetzt es ist offen, zugewandt und ehrlich geführt.

Widerstand ist nicht das Ende eines Beratungsprozesses, sondern oft der Anfang. Er zeigt, dass etwas in Bewegung ist, dass etwas berührt wird, das bisher geschützt war. Wer mit Widerstand zu arbeiten versteht, schafft nicht nur Vertrauen, sondern ermöglicht tiefergehende Veränderung. Es ist die Kunst, das Nein nicht zu fürchten, sondern als Einladung zu verstehen. In der Fähigkeit, dieses Nein zu hören, zu halten und gemeinsam zu erforschen, liegt eine der kraftvollsten Qualitäten psychosozialer Beratung.

Herausfordernde Klient:innen in der Beratung

Ein differenzierter Blick

So wie wir als Berater:innen unterschiedliche Haltungen und Rollen einnehmen können, tun das auch unsere Klient:innen. In der psychosozialen Beratung kann es hilfreich sein, bestimmte Verhaltensweisen einzuordnen und die dahinterliegenden Dynamiken besser zu verstehen. Dabei geht es nicht darum, Menschen in Schubladen zu stecken oder sie vorschnell zu bewerten. Im Gegenteil: Jede Person ist einzigartig und verdient unsere ungeteilte Aufmerksamkeit. Die folgenden Beschreibungen sollen dir nicht als Etikett, sondern als Reflexionshilfe dienen - als Einladung, dein Gegenüber differenziert wahrzunehmen und professionell zu begleiten.

Wenn ich in diesem Kapitel von „herausfordernden Klient:innen" spreche, dann meine ich damit nicht Menschen, die „schwierig" sind, sondern Situationen, in denen sich die Beratungsdynamik als besonders komplex, blockiert oder herausfordernd für dich als Berater:in gestaltet. Jede Herausforderung ist auch ein Kommunikationsangebot. Es liegt an uns, dieses Angebot anzunehmen - mit Klarheit, Respekt und professioneller Haltung.

Die folgenden Typisierungen sollen dir dabei helfen, dich in der Beratung besser zu orientieren. Sie ersetzen nicht das individuelle Verstehen, sondern schaffen ein erweitertes Verständnis für typische Dynamiken, die dir im Beratungsalltag begegnen können. Du wirst feststellen, dass sich einzelne Verhaltensweisen überschneiden oder mischen können. Das ist normal. Der Mensch passt nicht in Kategorien, aber Kategorien können helfen, das menschliche Verhalten differenziert zu betrachten.

Klagende:r

Klagende Klient:innen kommen häufig mit einem hohen Leidensdruck in die Beratung. Sie berichten ausführlich über Ungerechtigkeiten, Verletzungen, Überforderungen und empfundene Missverständnisse. Oft gelingt es ihnen nicht, aus der Opferperspektive auszusteigen. Der Fokus liegt auf dem, was nicht geht, was nicht möglich ist, was ihnen angetan wurde. Das Jammern wird zur vertrauten Sprache.

Dahinter kann ein Gefühl tiefer Hilflosigkeit oder Ohnmacht stehen. Manche Klagende haben gelernt, dass sie nur durch Leiden Aufmerksamkeit bekommen. Andere haben internalisiert, dass sie für ihr eigenes Unglück verantwortlich sind und tragen schwer daran. Es kann auch eine Schutzfunktion haben, sich nicht mit den eigenen Ressourcen oder mit unangenehmen Veränderungen zu beschäftigen. Die Perspektive ist eng, der Blick auf Lösungen oft verstellt.

Im Umgang mit klagenden Klient:innen braucht es Geduld, Empathie und einen klaren, strukturierten Rahmen. Es hilft, sich nicht in langen Leidensgeschichten zu verlieren, sondern gezielt nach Ausnahmen, Stärken und kleinen Handlungsspielräumen zu fragen. Die Arbeit an hinderlichen Glaubenssätzen kann eine zentrale Rolle spielen. Wichtig ist, sich nicht in die Retterrolle ziehen zu lassen, sondern den Klient:innen zuzutrauen, eigene Wege zu finden. Die Haltung: „Ich sehe Ihren Schmerz, und ich glaube an Ihre Kraft" kann ein tragender Leitgedanke sein.

Hypochonder:in

Hypochondrische Klient:innen berichten von Problemen, Symptomen oder Belastungen, die sie als sehr bedrohlich empfinden. Nicht immer lassen sich diese Belastungen objektiv nachweisen. Für die Klient:innen sind sie dennoch real. Oft steht nicht das konkrete Problem im Zentrum, sondern die darunter liegende Angst, etwas könnte nicht stimmen. Die Suche nach Beruhigung wird zum ständigen Begleiter.

Dieses Verhalten ist nicht manipulativ oder bewusst gesteuert, sondern meist Ausdruck eines tiefen Bedürfnisses nach Sicherheit oder Zuwendung. Die Beratung kann hier zur Entlastung beitragen, indem eine differenzierte Problemwahrnehmung angeregt wird. Hilfreich sind Fragen wie:

- Was würde geschehen, wenn dieses Problem nicht mehr vorhanden wäre?
- Wer wären Sie ohne dieses Symptom?
- Was würden Sie dann brauchen?

Wichtig ist, die Sorgen ernst zu nehmen, ohne sie zu bestätigen. Ziel ist nicht, die Symptome zu „entlarven", sondern gemeinsam zu erforschen, welche Funktion sie erfüllen. Hypochondrische Klient:innen profitieren von Struktur, Anerkennung ihrer Gefühle und einem klaren Rahmen, in dem Unsicherheiten ausgehalten werden dürfen.

Besucher:in

Besucher:innen kommen nicht immer aus eigenem Antrieb in die Beratung. Manche wurden geschickt, andere sind aus Neugier da, wieder andere wollen eigentlich nur testen, ob Beratung etwas für sie sein könnte. Ihre Mitarbeit ist oft begrenzt, ihr Anliegen bleibt vage oder oberflächlich. Sie senden unterschwellig die Botschaft: „Ich bin nur hier, weil ich soll - nicht weil ich will."

In solchen Situationen ist es wichtig, den Kontakt nicht zu erzwingen. Stattdessen kannst du explorieren, was die Klient:innen sich von der Beratung erhoffen - wenn überhaupt etwas. Auch ein vordergründiges Ziel („Ich wollte mal sehen, wie das abläuft") kann wertvoll sein. Wenn du es schaffst, die Eigenverantwortung anzusprechen und echte Neugier zu wecken, öffnet sich vielleicht ein Fenster. Falls nicht, ist das ebenfalls in Ordnung. Beratung beginnt da, wo ein wirklicher Wunsch nach Entwicklung entsteht.

Co-Berater:in

Co-Berater:innen kommen mit einem hohen Maß an Reflexionsfähigkeit. Sie haben sich oft schon intensiv mit ihrem Anliegen auseinandergesetzt und präsentieren dir erste Ideen oder fertige Lösungsvorschläge. Manchmal suchen sie keine Begleitung, sondern eine Bestätigung. In der

Beratung begegnet dir also nicht jemand mit einer Frage, sondern jemand mit einer These.

Diese Rolle birgt die Gefahr, dass du dich entweder unterfordert fühlst oder in Konkurrenz gerätst. Die Kunst besteht darin, die Expertise der Klient:innen zu würdigen und gleichzeitig die Tür zu öffnen für neue Perspektiven. Du kannst auf der Metaebene arbeiten: „Was hat Sie zu dieser Lösung geführt?" oder „Was möchten Sie durch die Rückmeldung gewinnen?". So ermöglichst du einen echten Reflexionsprozess, ohne in die Rolle der:des Besserwisser:in zu rutschen.

Resignierte:r

Resignierte Klient:innen haben häufig den Glauben an Veränderung verloren. Sie haben schon vieles versucht, oft ohne Erfolg. Enttäuschungen, Misserfolge oder traumatische Erfahrungen haben dazu geführt, dass sie sich machtlos fühlen. Ihre Sätze klingen dann oft wie: „Das bringt doch alles nichts." oder „Ich bin einfach so."

Wenn du mit Resignation konfrontiert bist, kann schon die Tatsache, dass die Person zur Beratung gekommen ist, ein erster Hoffnungsschimmer sein. Nimm diesen zarten Impuls ernst. Arbeite mit kleinen Schritten, stärke die Selbstwirksamkeit und hilf, neue Erfahrungen zu machen. Wichtig ist auch hier: Setze keine Erwartungen, sondern bleib geduldig und zugewandt. Resignation braucht einen geschützten Raum, um sich in Hoffnung zu verwandeln.

Fordernde:r

Fordernde Klient:innen erwarten schnelle Ergebnisse. Sie betrachten Beratung als Dienstleistung mit konkretem Output. Ihr Auftreten ist oft bestimmt, manchmal fordernd, gelegentlich auch herablassend. Sie wollen klare Antworten, Handlungsvorgaben und Lösungen, am besten sofort.

Die Herausforderung besteht darin, der Versuchung zu widerstehen, in eine Leistungserbringung zu rutschen. Du bist keine Dienstleister:in, die

Probleme auf Bestellung löst. Stattdessen braucht es ein transparentes Setting: Beratung ist ein gemeinsamer Prozess, kein Konsumprodukt. Klare Absprachen zu Beginn können helfen: „In der Beratung unterstütze ich Sie dabei, eigene Antworten zu finden. Ich begleite Sie auf dem Weg, aber ich gehe ihn nicht für Sie."

Grenzen zu setzen, ohne den Kontakt abzubrechen, ist entscheidend. Fordernde Klient:innen können lernen, Verantwortung zu übernehmen - wenn sie ernst genommen und gleichzeitig liebevoll konfrontiert werden.

Suchende:r

Suchende Klient:innen wirken zunächst sehr motiviert. Sie wollen sich entwickeln, Veränderung erleben, neue Wege gehen. Dabei setzen sie sich häufig hohe Ziele, manchmal sogar unrealistische. Ihr Anspruch an sich selbst ist enorm, und nicht selten geraten sie unter Druck, allem gleichzeitig gerecht werden zu wollen.

Die Aufgabe in der Beratung besteht darin, gemeinsam zu klären, was wirklich wichtig ist. Welche Ziele sind kurzfristig erreichbar? Welche Schritte sind realistisch? Suchende profitieren von Struktur, Priorisierung und einem klaren Rahmen. Es kann hilfreich sein, die Energie zu bündeln und kleine Erfolge sichtbar zu machen, um dem Gefühl der Überforderung entgegenzuwirken.

Manchmal erweist sich auch ein Blick auf die Herkunft dieser hohen Ansprüche als lohnend. Welche inneren Stimmen treiben die Person an? Wessen Erwartungen sollen erfüllt werden? Die Beratung kann dabei unterstützen, unrealistische Ideale loszulassen und durch tragfähige, authentische Ziele zu ersetzen.

Ein sinnvoller Abschluss gelingt oft dann, wenn gemeinsam eine stimmige, erreichbare Entwicklungsrichtung formuliert wird, die weder überfordert noch unterfordert - sondern motiviert, stärkt und im besten Fall zu mehr Selbstakzeptanz führt.

Strateg:in

Strategisch auftretende Klient:innen kommen häufig mit einem äußerst professionellen Selbstbild in die Beratung. Sie verfolgen ein klares Ziel, das sich nicht selten auf Imagepflege oder Karrierestrategien bezieht. Für manche gehört es zum guten Ton, eine:n Berater:in zu haben - ähnlich wie ein Business-Coach im Profil auf der Website oder in sozialen Medien. Die Beratung wird in diesem Fall nicht primär als Raum der Selbstreflexion oder inneren Entwicklung verstanden, sondern als strategisches Element im persönlichen Markenaufbau.

Tatsächlich zeigt sich in solchen Konstellationen oft, dass hinter dem ausgeprägten Wunsch nach äußerer Wirkung ein tiefes Bedürfnis nach Anerkennung und Zugehörigkeit steht. Das Thema der eigenen Unsicherheit oder eines mangelnden Selbstwertgefühls darf jedoch nicht offen angesprochen werden - es wird durch Leistung und Status kompensiert.

Als Berater:in kannst du behutsam, aber klar intervenieren. Ein möglicher Ansatz ist die Frage: „Welche Wirkung soll Ihre Entscheidung für eine Beratung auf andere haben?" oder: „Was bedeutet es für Sie persönlich, beraten zu werden?" Damit kannst du eine Brücke schlagen zwischen der äußeren Darstellung und den inneren Beweggründen.

Wenn es gelingt, die strategische Haltung wertschätzend aufzugreifen und gleichzeitig vorsichtig in Richtung Selbstreflexion zu öffnen, entsteht die Chance, dass die Beratung von einer bloßen Inszenierung hin zu einem echten Entwicklungsprozess wird. Denn auch hinter einem strategischen Auftreten steckt ein Mensch mit Fragen, Wünschen und Unsicherheiten - manchmal verborgen, aber dennoch präsent.

Der Umgang mit herausfordernden Klient:innen gehört zum Alltag professioneller Beratung. Nicht die Klient:innen selbst sind das Problem, sondern die Art, wie sich ihre Themen, Haltungen oder Schutzstrategien in der Beratung zeigen. Diese Dynamiken zu erkennen, ist ein Zeichen fachlicher Reife und persönlicher Reflexionsfähigkeit.

Was herausfordernd ist, hängt oft weniger vom Verhalten der Klient:innen ab als von der eigenen inneren Haltung, den Erwartungen und der Fähigkeit, flexibel zu reagieren. Professionelle Beratung braucht daher nicht nur Methodenkompetenz, sondern auch Selbstbewusstsein, Klarheit und ein hohes Maß an Selbstreflexion. Herausfordernde Situationen laden dazu ein, sich als Berater:in weiterzuentwickeln - nicht trotz, sondern gerade wegen der Reibung, die dabei entstehen kann.

Dieses Kapitel möchte dich dazu ermutigen, hinter die Oberfläche zu schauen, Zuschreibungen kritisch zu hinterfragen und mit einer offenen, wertschätzenden Haltung auf jede Person zuzugehen. Denn hinter jedem Verhalten steht ein Mensch mit einem berechtigten Anliegen - auch wenn es sich nicht sofort zeigt. Wenn du lernst, auch im Unklaren, Sperrigen oder Ungewohnten eine Einladung zur Beziehung und zum Dialog zu sehen, wächst nicht nur deine Professionalität, sondern auch deine innere Gelassenheit im Umgang mit herausfordernden Momenten.

Beratung in akuten Krisen

Krisen gehören zum Leben - sie unterbrechen gewohnte Muster, stellen Sicherheiten infrage und fordern den ganzen Menschen. In der psychosozialen Beratung begegnen wir Klient:innen häufig genau in solchen Momenten, in denen die bisherigen Bewältigungsstrategien nicht mehr greifen und der innere Boden zu schwinden scheint. Akute Krisen sind von hoher emotionaler Dichte geprägt, von Unvorhersehbarkeit, Zeitdruck und häufig auch von starker Erschöpfung. Die betroffenen Personen sind mit intensiven Gefühlen konfrontiert - Angst, Wut, Verzweiflung, Schuld, Scham oder auch emotionaler Leere. Gerade in solchen Situationen wird Beratung zur haltgebenden Beziehung, zur Orientierung in einem innerlich chaotischen Raum.

Die Grundlagen für den professionellen Umgang mit akuten Krisen habe ich in meinem Buch *„Psychosoziales Krisenmanagement" (Reihe: Akademie Kalkus, Band 1, BoD, 2025, ISBN: 9783769338171)* ausführlich dargestellt. Dort zeige ich praxisorientierte Wege auf, wie Menschen in akuten seelischen Ausnahmesituationen wirksam, empathisch und strukturiert begleitet werden können. Für die psychosoziale Beratung bedeutet das, sich nicht nur auf der emotionalen Ebene einzufühlen, sondern auch klare Strukturen, Sicherheit und Orientierung zu bieten.

Eine Krise zeichnet sich durch das plötzliche oder sich rasch zuspitzende Erleben einer Bedrohung aus. Diese Bedrohung kann vielfältiger Natur sein - ein Verlust, eine Trennung, ein Unfall, eine medizinische Diagnose, ein Gewaltgeschehen, ein innerer Zusammenbruch oder auch eine plötzliche Konfrontation mit eigenen Lebensentscheidungen. Häufig erleben die betroffenen Personen in solchen Momenten Kontrollverlust, Überforderung und das Gefühl, keine Handlungsfähigkeit mehr zu besitzen. Zeit und Raum verschwimmen, Gedanken kreisen unaufhörlich, körperliche Symptome treten auf - Schlaflosigkeit, Appetitlosigkeit, Atemnot, Zittern, inneres Taubheitsgefühl oder impulsives Verhalten.

Die erste Aufgabe in der Beratung akuter Krisen besteht darin, Stabilität herzustellen. Das bedeutet, präsent zu sein, Ruhe auszustrahlen und einen sicheren Rahmen zu bieten. Die eigene Haltung ist dabei ebenso wichtig wie die Methode. Eine ruhige, zugewandte Stimme, offene Körperhaltung, klar strukturierte Kommunikation und echte Präsenz sind oft wirksamer als jede Technik. Es geht nicht darum, die Krise zu „lösen", sondern darum, die betroffene Person im Hier und Jetzt zu halten, ihr Orientierung zu geben und ihr zu signalisieren: Du bist nicht allein. Ich bin da. Es gibt einen Weg, Schritt für Schritt.

Krisenintervention orientiert sich dabei an einem klaren Ablaufmodell, das auch im oben genannten Buch ausführlich dargestellt wird:

1. Wahrnehmung und Einschätzung der Krise,
2. Beziehungsaufbau und Stabilisierung,
3. Fokussierung auf das Hier und Jetzt,
4. Ressourcenaktivierung,
5. Orientierung und Handlungsschritte.

Diese Phasen laufen nicht streng linear ab, sondern überlappen einander, greifen ineinander und sind stark abhängig vom individuellen Erleben der Klient:in.

Ein konkretes Beispiel: Eine junge Frau kommt nach einem Suizidversuch ihres Partners in die Beratung. Sie wirkt aufgelöst, spricht schnell, kann kaum bei einem Gedanken bleiben. Ihre Augen sind gerötet, ihre Atmung flach. In dieser Situation ist es nicht sinnvoll, sofort über ihre Beziehung zu sprechen oder die Vergangenheit aufzuarbeiten. Zunächst geht es darum, sie zu stabilisieren. Die Beraterin atmet bewusst ruhig, lädt sie ein, sich zu setzen, bietet ihr ein Glas Wasser an. Sie sagt: *„Ich bin jetzt bei Ihnen. Wir können uns Zeit nehmen. Es ist in Ordnung, dass gerade alles zu viel ist."* Die erste Intervention ist keine Frage, sondern Beziehung. Keine Analyse, sondern Dasein. Erst wenn sich die Klientin etwas beruhigt hat, kann die Situation langsam geordnet werden. Was genau ist passiert? Wer wurde informiert? Wie geht es ihr körperlich? Gibt es Unterstützung im Umfeld?

Krisenintervention ist oft geprägt vom Spannungsfeld zwischen Nähe und Struktur. Auf der einen Seite steht das Bedürfnis der Klient:innen nach Gehaltensein, nach Resonanz, nach einer emotional tragfähigen Beziehung. Auf der anderen Seite brauchen sie Struktur, Klarheit und eine Rückkehr zur Handlungskompetenz. Beides gleichzeitig zu bieten, ist die Kunst psychosozialer Krisenbegleitung. Das bedeutet, nicht nur mitzuschwingen, sondern auch zu führen. Nicht nur empathisch zu sein, sondern auch Halt zu geben. Nicht nur zuzuhören, sondern auch Orientierung zu ermöglichen.

Ein besonders wichtiger Aspekt ist die Arbeit mit Ressourcen. In akuten Krisen erscheint alles dunkel, eng, aussichtslos. Der Zugang zu inneren Kraftquellen ist blockiert. Umso wichtiger ist es, auch kleine positive Anker zu setzen. Eine einfache Frage kann hier große Wirkung haben: *„Gab es einen Moment heute, an dem Sie einen Hauch von Erleichterung gespürt haben?"* Oder: *„Was hat Ihnen in früheren schwierigen Situationen geholfen?"* Diese Fragen öffnen innere Räume, in denen die Klient:innen sich wieder als handlungsfähig erleben können - auch wenn die äußere Situation unverändert bleibt.

Ein weiterer Fall: Ein Mann kommt in die Beratung, nachdem er seine Arbeitsstelle verloren hat. Er berichtet von Panikattacken, Schlaflosigkeit und dem Gefühl, völlig versagt zu haben. In der Krise vermischt sich die aktuelle Lebenssituation mit alten Glaubenssätzen - etwa: „Ich bin wertlos, wenn ich nicht funktioniere." Hier geht es zunächst darum, diese Selbstabwertungen wahrzunehmen und zu benennen, ohne sie sofort zu verändern. Die Beraterin sagt: *„Es klingt so, als ob der Jobverlust nicht nur eine äußere Veränderung ist, sondern ganz viel in Ihnen berührt. Vielleicht auch alte Verletzungen?"* In der nächsten Phase kann mit der Externalisierung gearbeitet werden: *„Stellen Sie sich vor, dieser Gedanke ‚Ich bin ein Versager' steht neben Ihnen. Wie sieht er aus? Was sagt er? Und was sagen Sie ihm zurück?"*. Solche Interventionen helfen, Distanz zum inneren Erleben herzustellen, ohne es abzuwerten.

In der akuten Krise ist es oft nicht möglich, umfassend zu reflektieren oder an Zielen zu arbeiten. Vielmehr geht es um kleine Schritte, um

Orientierung im Chaos. Fragen wie: *„Was brauchen Sie heute, um die nächsten Stunden zu überstehen?"* oder *„Wer könnte Ihnen heute Abend guttun?"* sind oft hilfreicher als große Zukunftsperspektiven. Manchmal braucht es auch ganz praktische Unterstützung - eine Telefonnummer, eine Notfallkarte, einen nächsten Termin. Das Ziel ist nicht Heilung, sondern Stabilisierung. Nicht Lösung, sondern Halt. Nicht das große Ganze, sondern der nächste machbare Schritt.

Auch das Thema Suizidalität kann in akuten Krisen eine Rolle spielen. Hier ist es besonders wichtig, offen, ruhig und klar zu kommunizieren. Suizidgedanken dürfen benannt werden - ohne Tabu, ohne Schock, ohne moralische Wertung. Eine Beraterin könnte sagen: *„Wenn Menschen in so einer Not sind wie Sie, kann es vorkommen, dass sie an den Tod denken. Ist das bei Ihnen auch so?".* Solch eine Frage ist keine Gefährdung, sondern ein Schutz. Sie öffnet die Tür für ein ehrliches Gespräch. Wird Suizidalität bejaht, braucht es klare Schutzmaßnahmen, gegebenenfalls in Zusammenarbeit mit medizinischen oder psychiatrischen Fachkräften. Auch diese Verfahren sind ausführlich in *"Psychosoziales Krisenmanagement"* beschrieben.

Zugleich ist die Selbstfürsorge der beratenden Person ein zentrales Element jeder Krisenbegleitung. Die emotionale Intensität akuter Krisen geht selten spurlos an den Begleiter:innen vorbei. Das Mit-Erleben von Schmerz, Angst, Ohnmacht oder sogar Suizidgedanken fordert nicht nur die fachliche Kompetenz, sondern auch das Nervensystem, die emotionale Belastbarkeit und das eigene Beziehungserleben. Wer empathisch arbeitet, spürt mit - auch wenn er oder sie professionell differenziert und reflektiert bleibt. Dieses Mitspüren ist Teil der Wirksamkeit, aber es verlangt auch bewussten Ausgleich. Psychosoziale Beratung kann nur dann langfristig tragfähig und hilfreich sein, wenn sie von Menschen getragen wird, die sich selbst ebenfalls gut halten, regulieren und schützen können.

Selbstfürsorge beginnt mit der Erlaubnis, nicht immer alles perfekt leisten zu müssen. Sie zeigt sich in der Bereitschaft, sich Hilfe zu holen, wenn Fälle emotional nachwirken oder wenn ein Beratungsgespräch Spuren hinterlässt, die schwer zu deuten sind. Supervision ist hier keine Luxusressource, sondern eine Notwendigkeit. Sie bietet Raum, das eigene Erleben zu sortieren, Übertragungsprozesse zu erkennen und eigene Grenzen wahrzunehmen. Auch kollegiale Gespräche, Intervision oder kurze bewusste Pausen zwischen den Sitzungen sind Formen der professionellen Psychohygiene. Einige Berater:innen pflegen kleine Rituale - das bewusste Öffnen und Schließen der Türe, eine Minute Stille nach dem Gespräch, eine Atemübung, das Schreiben eines kurzen Reflexionssatzes. Diese scheinbar einfachen Handlungen helfen, das eigene System zu entlasten, sich innerlich zu klären und wieder offen in den nächsten Kontakt zu treten.

Zur Selbstfürsorge gehört auch die bewusste Unterscheidung zwischen Mitgefühl und Mitleiden. Es ist heilsam und wichtig, empathisch zu sein, sich berühren zu lassen, menschlich zu bleiben. Doch es ist nicht hilfreich, den Schmerz der anderen vollständig ins eigene System aufzunehmen. Wer zu viel übernimmt, verliert die professionelle Distanz - nicht im Sinne von Kälte, sondern im Sinne einer klaren, innerlich stabilen Haltung. Nur in dieser Haltung kann man wirklich hilfreich sein. Deshalb ist es wichtig, sich selbst immer wieder zu fragen: Was nehme ich mit? Was gehört zu mir, was zur Klient:in? Wo bin ich innerlich noch verbunden - und wie kann ich mich gut lösen?

Beratung in akuten Krisen ist mehr als die Anwendung von Techniken oder das strukturierte Abarbeiten eines Modells. Sie ist Beziehung in ihrer elementarsten Form. In der Krise ist der Mensch oft auf das reduziert, was gerade noch funktioniert - manchmal ist das nicht viel. Es fehlt der Überblick, die Orientierung, oft auch die Sprache. In solchen Momenten ist es nicht entscheidend, welche Worte gewählt werden oder welche Theorie im Hintergrund steht. Entscheidend ist, ob jemand da ist. Ob jemand zuhört, ohne sofort zu interpretieren. Ob jemand aushält, ohne auszuweichen. Ob jemand bleibt, auch wenn es schwer wird.

Diese Form der Begleitung wirkt oft leiser, unspektakulärer als andere Formen der Beratung - und doch ist sie tiefgreifend. Es ist die stille Kraft des Daseins, die in der Krise besonders spürbar wird. Manchmal genügt es, einen Raum zu halten, in dem Tränen erlaubt sind, in dem Stille nicht gestört werden muss, in dem kein Ziel verfolgt wird außer dem, zu sein. In dieser Einfachheit liegt eine enorme Stärke. Wenn ein Mensch sich in einer existenziellen Erschütterung befindet, ist oft nicht die Lösung das Erste, was gebraucht wird, sondern das Gefühl: Ich bin nicht allein. Da ist jemand, der mir glaubt, der mich sieht, der mich als Mensch achtet - auch wenn ich mich selbst gerade nicht spüre.

Es ist diese Beziehung, die oft den ersten Schritt zurück ins Leben ermöglicht. Und dieser erste Schritt ist manchmal kaum sichtbar. Vielleicht ist es der Moment, in dem jemand zum ersten Mal tief durchatmet, nachdem er oder sie lange die Luft angehalten hat. Vielleicht ist es ein Blickkontakt, der für Sekunden gehalten wird. Vielleicht ein Satz wie: „Ich weiß nicht weiter." In diesen kleinen Momenten beginnt das, was Beratung in der Krise bewirken kann - nicht, weil alles gelöst ist, sondern weil ein Mensch beginnt, sich wieder zu spüren, zu vertrauen, zu atmen.

Beratung in akuten Krisen ist kein schneller Weg zu Lösungen, sondern ein vorsichtiger Gang durch einen inneren Sturm. Wer sich auf diesen Weg einlässt, braucht Ruhe, Mut, Empathie und Klarheit. Es geht nicht darum, die Krise zu beenden, sondern darin gegenwärtig zu bleiben. Nicht darum, etwas zu heilen, sondern ein Stück mitzugehen. Nicht darum, Antworten zu geben, sondern Raum für Fragen zu schaffen. In dieser Haltung, in dieser Art von Präsenz, liegt der eigentliche Kern psychosozialer Krisenbegleitung - still, kraftvoll und zutiefst menschlich.

Kultursensibilität in der Krise

Krisen sind universell - sie begegnen uns in allen Kulturen, über alle sozialen Schichten, Geschlechter und Altersgruppen hinweg. Doch wie sie erlebt, gedeutet und bewältigt werden, ist immer auch kulturell geprägt. Das bedeutet, dass Beratung in akuten Krisen nie im kulturellen Vakuum stattfindet. Sie ist immer eingebettet in ein individuelles Wertesystem, in religiöse, soziale und familiäre Bedeutungszusammenhänge. Kultursensibilität bedeutet daher mehr, als nur verschiedene Herkunftsländer oder Sprachen zu berücksichtigen. Es bedeutet, offen zu sein für andere Wirklichkeitskonstruktionen, für andere Ausdrucksformen von Leid, für andere Deutungsmuster - und bereit zu sein, die eigene Brille kritisch zu hinterfragen.

Besonders in Krisensituationen treten kulturelle Prägungen häufig deutlicher zutage. In Momenten der existenziellen Erschütterung greifen Menschen häufig auf tiefer liegende kulturelle und spirituelle Ressourcen zurück. Der Glaube, religiöse Rituale, familiäre Rollenbilder oder kollektiv geteilte Werte geben Orientierung und Halt - oder verstärken, je nach Kontext, die innere Not. Ein Verlust kann in einer Kultur als tiefer Bruch des familiären Gefüges erlebt werden, während er in einer anderen als Übergang in eine spirituelle Dimension gedeutet wird. Eine Trennung kann in einer individualistisch geprägten Gesellschaft als Selbstermächtigung gelesen werden, in einer kollektivistisch geprägten Umgebung hingegen als moralisches Versagen.

Die kultursensible Begleitung in Krisen erfordert daher vor allem eines: Neugier, Demut und eine Haltung des Nichtwissens. Anstatt vorschnell zu interpretieren, geht es darum zu fragen. Nicht: „Wie geht es Ihnen mit dem Tod Ihres Bruders?", sondern vielleicht: „Was bedeutet der Tod Ihres Bruders in Ihrer Familie, in Ihrem Glauben, in Ihrer Welt?" Nicht: „Warum trennen Sie sich nicht, wenn die Beziehung so leidvoll ist?", sondern: „Was wäre in Ihrer Familie, in Ihrer Kultur, die Bedeutung einer Trennung?" Der kulturelle Kontext beeinflusst nicht nur Entscheidungen, sondern auch Gefühle. Scham, Schuld, Stolz, Ehre, Angst, Hoffnung - all das bekommt in unterschiedlichen kulturellen Feldern andere Bedeutungen, andere Schwellen, andere Tabus.

Ein konkretes Beispiel: Eine junge Frau aus einer sehr religiösen Familie kommt nach einem Suizidversuch in die Beratung. Sie wirkt still, fast apathisch, ihr Blick ist gesenkt, sie antwortet einsilbig. Die beratende Person spürt Ratlosigkeit. Erst nach mehreren Sitzungen öffnet sich ein Raum, in dem die junge Frau beginnt zu sprechen - über die Unerträglichkeit der inneren Spannung zwischen den Erwartungen ihrer Familie und ihrem Wunsch nach einem selbstbestimmten Leben. Sie fühlt sich zerrissen, „zwischen zwei Welten", wie sie es ausdrückt. Sie empfindet Schuld, weil sie ihre Familie enttäuscht, und gleichzeitig Wut, weil sie sich nicht frei entfalten kann. Erst durch die vorsichtige, kultursensible Annäherung an ihre inneren Konflikte wird eine Sprache für die Krise möglich. Der Suizidversuch war kein reines Verzweiflungssignal, sondern auch ein stummer Schrei nach Autonomie - ein letzter Ausdruck von Selbstbestimmung in einem System, das keine Worte für diesen Wunsch vorsah.

Kultursensible Beratung bedeutet nicht, jedes Detail einer Kultur zu kennen. Es bedeutet, kulturelle Differenz nicht zu ignorieren und nicht zu problematisieren, sondern achtsam zu integrieren. Es bedeutet auch, sich der eigenen kulturellen Prägung bewusst zu sein. Denn auch „westliche" Beratungsideale - etwa Autonomie, Selbstverwirklichung, offene Kommunikation, emotionale Direktheit - sind kulturell geprägt. Sie sind nicht universell. Wer versucht, sie als Standard zu setzen, riskiert, Klient:innen zu pathologisieren, die sich in diesen Maßstäben nicht wiederfinden. Wer hingegen bereit ist, andere Sichtweisen als gleichwertig anzunehmen, schafft Raum für echte Begegnung.

Sprache spielt in diesem Zusammenhang eine besondere Rolle. Viele Menschen mit Migrationsgeschichte oder Fluchterfahrung sprechen nicht in ihrer Erstsprache. Gerade in Krisen aber fehlen oft die Worte - selbst in der Muttersprache. Wenn dann auch noch die Beratungssprache nicht vollständig beherrscht wird, verdichten sich die Schwierigkeiten. Es entstehen Missverständnisse, Bedeutungsverluste, manchmal auch peinliche Situationen. Hier ist Geduld gefragt. Es kann hilfreich sein, mit

Bildern zu arbeiten, mit Symbolen, mit Gestik oder mit einfachen Visualisierungen. Auch professionelle Dolmetscher:innen können in manchen Fällen einen sicheren Raum ermöglichen - vorausgesetzt, sie werden sensibel eingebunden und es gelingt, das Dreieck zwischen Berater:in, Dolmetscher:in und Klient:in transparent und vertrauensvoll zu gestalten.

Darüber hinaus ist es wichtig, das familiäre und soziale System einzubeziehen - zumindest in der inneren Haltung. In vielen Kulturen ist die Vorstellung, dass ein Mensch allein für sein Leben verantwortlich ist, fremd. Entscheidungen werden gemeinsam getroffen, Rollen innerhalb der Familie sind klar verteilt. In solchen Kontexten kann es hilfreich sein, Fragen zu stellen wie: „Wer in Ihrer Familie würde über diese Entscheidung mitreden?", „Was würde Ihre Mutter oder Ihr Vater dazu sagen?" oder auch: „Was würde es für Ihre Position in der Familie bedeuten, wenn Sie diesen Weg gehen?" Diese Fragen laden dazu ein, das System mit in den Blick zu nehmen, ohne es vorschnell zu bewerten.

Gleichzeitig braucht es die Bereitschaft, auch kulturell begründete Belastungen offen anzusprechen. Es gibt Lebenskonzepte, die Menschen stark einengen - sei es aufgrund von Tradition, Religion oder sozialem Druck. Es wäre falsch, diese Realitäten aus falscher Rücksicht zu verschweigen. Kultursensibilität bedeutet nicht, alles zu akzeptieren, sondern in Beziehung zu treten. Auch kritische Themen - wie etwa patriarchale Strukturen, Zwangsverheiratungen, Ehrengewalt oder religiös begründete Schuldgefühle - dürfen ihren Platz in der Beratung haben. Entscheidend ist, wie sie angesprochen werden: nicht von oben herab, nicht mit dem Impuls des „Befreiens", sondern mit einer echten inneren Fragehaltung. Was macht das mit Ihnen? Was ist schwer daran? Was braucht es, damit Sie sich gesehen fühlen?

In Krisensituationen ist kultursensible Begleitung besonders wirksam, wenn sie drei Ebenen gleichzeitig im Blick behält: das individuelle Erleben, die systemischen Bezüge und die kulturellen Deutungsrahmen. Diese drei Ebenen durchdringen einander, sie beeinflussen sich gegenseitig und bestimmen maßgeblich, wie eine Krise empfunden und bewältigt werden kann. Beratung, die sich dessen bewusst ist, kann tiefer greifen. Sie kann Räume öffnen, in denen Klient:innen nicht nur über ihre Gefühle sprechen, sondern auch über ihre Zugehörigkeiten, ihre Unsicherheiten, ihre inneren Zerrissenheiten.

Und nicht zuletzt ist kultursensible Beratung auch eine Form von Beziehungsgestaltung. Sie zeigt sich darin, wie Unterschiede wahrgenommen werden, wie Unsicherheiten benannt werden dürfen, wie vorsichtig oder direkt kommuniziert wird. Es ist ein Prozess des langsamen Annäherns, des Abgleichens, des gegenseitigen Respekts. Es geht nicht um kulturelle Kompetenz im Sinne eines Wissensvorsprungs, sondern um Beziehungskompetenz im Sinne einer achtsamen, dialogischen Haltung. Eine Haltung, die sagt: Ich kenne Ihre Welt nicht, aber ich bin bereit, mich ein Stück mitnehmen zu lassen.

Beratungssysteme und Settings

Psychosoziale Beratung ist ein weites Feld. Sie findet in den unterschiedlichsten Kontexten statt, begegnet Menschen in ganz verschiedenen Lebenssituationen und nutzt dafür eine Vielzahl an methodischen Zugängen. Doch nicht nur die Methoden, sondern auch die Rahmenbedingungen - das sogenannte Setting - prägen maßgeblich, wie Beratung erlebt und wirksam werden kann. Die Form, in der Beratung angeboten wird, hat ebenso Einfluss auf den Prozess wie die innere Haltung der beratenden Person. Sie bestimmt, wie Themen verhandelt werden, wie Beziehung entsteht, wie Rollen definiert sind - und in welchem Maß Veränderung möglich wird.

Einzelberatungen, Paargespräche, Familiengespräche, Gruppenangebote oder digitale Settings - all diese Formate bringen ihre eigenen Chancen, Herausforderungen und Erfordernisse mit sich. Sie unterscheiden sich nicht nur hinsichtlich der Anzahl der Beteiligten, sondern auch in Bezug auf Kommunikation, Dynamik, Verantwortung und Zielsetzung. Die Wahl des passenden Settings ist daher keine bloße organisatorische Entscheidung, sondern ein Ausdruck professioneller Haltung und diagnostischer Sensibilität. Es gilt, das Beratungsformat so zu wählen und zu gestalten, dass es den Anliegen, Bedürfnissen und Möglichkeiten der Klient:innen bestmöglich entspricht.

Die Einzelberatung etwa bietet einen geschützten Raum für intensive Selbstreflexion. Sie ermöglicht es, persönliche Themen in der Tiefe zu bearbeiten, ohne durch Dritte beeinflusst zu werden. Sie ist besonders dann angezeigt, wenn Menschen sich zunächst selbst besser verstehen wollen, bevor sie mit anderen in Klärungsprozesse treten. Die Paar- und Familienberatung hingegen erweitert den Fokus auf das Beziehungsgeschehen. Sie bringt Interaktionen ans Licht, macht unausgesprochene Loyalitäten sichtbar und fordert Berater:innen in besonderer Weise dazu heraus, allparteilich und systemisch zu denken. Gruppenberatungen wiederum entfalten ihr Potenzial durch die Vielfalt der Perspektiven. Sie ermöglichen soziales Lernen, Identifikation, Spiegelung und oft auch eine besondere Form von Unterstützung durch Gleichgesinnte.

In den letzten Jahren hat sich zudem die Online-Beratung als eigenständiges Setting etabliert. Sie bringt neue Möglichkeiten der Erreichbarkeit, Flexibilität und Niederschwelligkeit - aber auch neue Herausforderungen in Bezug auf Beziehungsgestaltung, Datenschutz, Technik und die Wahrnehmung nonverbaler Signale. Auch dieses Setting verlangt eine bewusste Gestaltung und eine klare ethische wie methodische Positionierung.

In der psychosozialen Praxis sind wir zunehmend gefordert, mit allen diesen Formaten sicher umzugehen, sie reflektiert auszuwählen und in ihrer jeweiligen Eigenlogik zu verstehen. Klient:innen kommen mit unterschiedlichen Erwartungen, Ressourcen und Lebensrealitäten. Manche fühlen sich in der Einzelberatung sicherer, andere brauchen die Dynamik der Gruppe, wieder andere schätzen die Distanz und Flexibilität digitaler Angebote. Gute Beratung erkennt diese Vielfalt an, reagiert darauf mit Offenheit - und wählt das Setting nicht nach Schema F, sondern im Dialog, abgestimmt auf das, was wirklich hilfreich ist.

Die folgenden Kapitel widmen sich daher den zentralen Settings psychosozialer Beratung im Einzelnen: der Einzelberatung, der Paar- und Familienberatung, der Gruppenberatung sowie der Online-Beratung. Sie geben Einblicke in typische Dynamiken, methodische Zugänge, praktische Hinweise und ethische Überlegungen. Dabei geht es nicht darum, ein Format über das andere zu stellen, sondern um ein vertieftes Verständnis dafür, wie sich unterschiedliche Systeme auf den Beratungsprozess auswirken - und wie Berater:innen ihre Rolle darin verantwortungsvoll und wirksam gestalten können.

Einzelberatung

Die Einzelberatung ist das am weitesten verbreitete Format in der psychosozialen Praxis. Sie bietet einen geschützten, vertraulichen Raum, in dem sich eine Person in ihrer Ganzheit zeigen darf - mit all ihren Fragen, Belastungen, Widersprüchen, Unsicherheiten, Sehnsüchten und Ressourcen. In der Einzelberatung liegt der Fokus ganz auf dem Menschen, der vor einem sitzt, auf seiner Lebensgeschichte, seinen aktuellen Herausforderungen und seinem inneren Erleben. Gerade in unserer beschleunigten, oft leistungsorientierten Welt wird dieser Raum des Innehaltens, der Echtheit und der aufmerksamen Zuwendung zu einer wertvollen Ressource.

Ein wesentliches Merkmal der Einzelberatung ist die Exklusivität der Aufmerksamkeit. Es gibt keine weiteren Gesprächspartner:innen, keine komplexen Interaktionen zwischen mehreren Beteiligten - alle Wahrnehmung konzentriert sich auf die Beziehung zwischen zwei Menschen. Dies ermöglicht eine hohe Tiefe, Intensität und Flexibilität. Die Beratung kann sich ganz am Tempo und den Themen der Klient:in orientieren. Gleichzeitig verlangt diese Intensität von der beratenden Person ein hohes Maß an Präsenz, Klarheit und Selbstreflexion.

Einzelberatung bedeutet, einen Raum zu schaffen, in dem sich jemand mit dem zeigen kann, was sonst oft verborgen bleibt. Das kann die Angst sein, nicht zu genügen. Der Schmerz einer gescheiterten Beziehung. Die Unsicherheit über eine Lebensentscheidung. Oder das diffuse Gefühl, irgendwie aus der eigenen Mitte gefallen zu sein. All das braucht einen geschützten Rahmen, in dem nicht bewertet, sondern verstanden wird. In dem nicht sofort gelöst wird, sondern zunächst gehalten. Die erste und vielleicht wichtigste Intervention ist dabei die Beziehung selbst - das Angebot, mit einem Menschen in Kontakt zu treten, der ehrlich, zugewandt, klar und respektvoll ist.

Berater:innen in der Einzelberatung übernehmen unterschiedliche Rollen. Sie sind nicht nur empathische Zuhörer:innen, sondern auch strukturierende Begleiter:innen, manchmal auch sanfte Konfrontationspartner:innen. Sie spiegeln, stellen Fragen, geben Impulse, halten Stille aus, regen zur Reflexion an. Dabei ist es wesentlich, die Balance zu wahren zwischen Zurückhaltung und Aktivität, zwischen Mitgehen und Strukturgeben, zwischen Empathie und professioneller Distanz. Besonders wichtig ist es, nicht in die Rolle der „Retter:in" zu geraten - eine Versuchung, die gerade in der Einzelberatung durch die Nähe und die Einzigartigkeit der Beziehung entstehen kann.

Worauf besonders zu achten ist

Ein zentrales Thema in der Einzelberatung ist die **Gefahr der Überidentifikation**. Wenn Berater:innen sehr stark mitschwingen, können sich unbewusst Dynamiken entwickeln, in denen sie beginnen, sich für das Wohl der Klient:in zu sehr verantwortlich zu fühlen. Das zeigt sich etwa in einer Tendenz, Sitzungen nicht zu beenden, Themen „noch schnell" lösen zu wollen oder außerhalb der regulären Zeiten verfügbar zu sein. Hier ist Achtsamkeit gefragt: Wo beginnt mein Wunsch, hilfreich zu sein, meine professionellen Grenzen zu unterwandern? Wo übernehme ich Verantwortung, die bei der Klient:in bleiben sollte?

Auch **Projektionen** sind in der Einzelberatung besonders häufig. Klient:innen können die beratende Person idealisieren, sie als Ersatzelternteil, Retter:in oder moralische Instanz erleben. Umgekehrt kann auch die beratende Person eigene Wünsche, Ängste oder ungelöste Themen auf die Klient:in übertragen. Dies zu bemerken, erfordert ein hohes Maß an Selbstreflexion. Supervision ist in solchen Fällen ein unverzichtbares Instrument - nicht nur zur Klärung, sondern auch zur professionellen Weiterentwicklung.

Ein weiterer wichtiger Aspekt ist die **Gefahr der Einseitigkeit**. In der Einzelberatung hören wir ausschließlich die Perspektive der Klient:in. Was erzählt wird, ist subjektiv, selektiv und emotional gefärbt - das ist menschlich und richtig so. Aber es bedeutet auch, dass Berater:innen wachsam bleiben müssen, nicht unbewusst in die Rolle der Verbündeten zu rutschen. Wer sich zu stark mit der Sichtweise der Klient:in identifiziert, verliert die neutrale Beobachterposition. Es gilt, empathisch zu sein, ohne parteiisch zu werden. Ein hilfreiches inneres Bild kann dabei das der „wohlwollenden Außenstehenden" sein - nah genug, um verstanden zu werden, distanziert genug, um reflektiert begleiten zu können.

Ein Aspekt, der oft unterschätzt wird, ist die Bedeutung von **Pausen und Stille**. In der Einzelberatung neigen viele Berater:innen dazu, Lücken im Gespräch sofort zu füllen - mit Fragen, Erklärungen oder Interventionen. Doch gerade in der Stille geschieht oft viel. Sie erlaubt der Klient:in, innerlich nachzuspüren, zu sortieren, neue Gedanken entstehen zu lassen. Es ist eine Form des inneren Arbeitens, die Raum braucht. Wer Stille aushalten kann, vermittelt Sicherheit und tiefe Präsenz.

Die **Wahl der Sprache** ist ein weiteres zentrales Element. In der Einzelberatung wirkt Sprache besonders intensiv. Jeder Satz, jede Formulierung, jede Rückmeldung wird unmittelbar gehört, gespürt, verarbeitet. Deshalb ist es wichtig, achtsam mit Sprache umzugehen. Formulierungen wie „Ich habe den Eindruck, dass ..." oder „Könnte es sein, dass ..." laden ein, statt festzulegen. Sprache sollte klar, respektvoll, ehrlich und auf Augenhöhe sein - nicht ausweichend, nicht belehrend, nicht therapeutisch überhöht.

Chancen der Einzelberatung

Die Einzelberatung bietet einen idealen Raum für **Selbstreflexion**, insbesondere für Menschen, die im Alltag wenig Raum finden, ihre Gedanken, Gefühle und Erfahrungen bewusst zu ordnen. Sie eignet sich auch hervorragend für die Arbeit mit inneren Anteilen, Glaubenssätzen, biografischen Narrativen oder transgenerationalen Prägungen. In einem strukturierten Einzelsetting lassen sich solche Themen behutsam bearbeiten - etwa mithilfe von Methoden wie dem Lebenslinienmodell, Imaginationsübungen, Aufstellungen im Raum, dem Inneren Team oder Symbolarbeit.

Auch **Krisenintervention** gelingt in der Einzelberatung oft besonders gut, weil die unmittelbare Beziehung Sicherheit schafft. In Momenten der Überforderung, Angst oder Verzweiflung kann der persönliche, direkte Kontakt Halt geben. Die Beraterin wird zur inneren Bezugsperson auf Zeit

- nicht im Sinne von Abhängigkeit, sondern als stabiler Gegenpol zu innerem Chaos. In solchen Situationen geht es weniger um Veränderung als um Stabilisierung, weniger um Zielarbeit als um das Erleben von Präsenz und Zugewandtheit.

In der Einzelberatung lassen sich auch **Ressourcen aktivieren**, die der Klient:in selbst nicht mehr bewusst sind. Gerade in belasteten Lebensphasen ist der Blick oft verengt - auf das Problem, das Scheitern, das Gefühl von Hilflosigkeit. Berater:innen können hier durch gezielte Fragen neue Perspektiven eröffnen. Fragen wie „Gab es einen Moment in den letzten Tagen, der Ihnen gutgetan hat?" oder „Welche Eigenschaft an sich schätzen andere Menschen an Ihnen?" sind oft kleine, aber wirkungsvolle Interventionen.

Grenzen der Einzelberatung

Trotz all ihrer Stärken hat die Einzelberatung auch Grenzen. Manche Themen entfalten ihre volle Tiefe erst im Zusammenspiel mit anderen - etwa Beziehungskonflikte, familiäre Loyalitäten oder soziale Rollenmuster. Hier kann die Paar-, Familien- oder Gruppenberatung sinnvoller sein. Auch Menschen mit stark ausgeprägtem Bedürfnis nach sozialem Lernen oder mit geringem Vertrauen in dyadische Beziehungen profitieren häufig mehr von Gruppenprozessen. Eine wichtige Aufgabe der Berater:innen ist es daher, regelmäßig zu prüfen, ob das gewählte Setting noch dem Anliegen entspricht - und gegebenenfalls gemeinsam mit der Klient:in Alternativen zu überlegen.

Ein weiterer Grenzbereich liegt in der Abgrenzung zur Psychotherapie. Wenn im Verlauf der Beratung deutlich wird, dass schwerwiegende psychische Erkrankungen, Traumafolgestörungen oder tiefgreifende Persönlichkeitsproblematiken vorliegen, ist eine Weitervermittlung notwendig. Auch das gehört zur Professionalität: die eigenen Grenzen zu kennen, zu benennen und verantwortungsvoll zu handeln.

Die Einzelberatung ist ein kraftvolles Setting - vorausgesetzt, sie wird mit Achtsamkeit, innerer Klarheit und professioneller Haltung geführt. Sie ermöglicht tiefe Prozesse, intensive Begegnungen, präzises Arbeiten und sehr persönliche Entwicklungen. Ihre Wirksamkeit liegt nicht allein in der eingesetzten Methode, sondern in der Qualität der Beziehung, in der Präsenz der beratenden Person und in der Fähigkeit, einen echten, sicheren Raum zu schaffen.

Berater:innen sind in diesem Format besonders gefordert - als Zuhörende, Mitdenkende, Spiegelnde und Haltgebende. Wer Einzelberatung mit innerer Ruhe, struktureller Klarheit und emotionaler Resonanz gestaltet, schafft für Klient:innen eine wertvolle Möglichkeit, sich selbst besser zu verstehen, neue Perspektiven zu entwickeln und Schritt für Schritt wieder in die eigene Kraft zu kommen.

Paar- und Familienberatung

Paar- und Familienberatung ist ein anspruchsvolles und gleichzeitig sehr bereicherndes Setting der psychosozialen Beratung. Im Unterschied zur Einzelberatung steht hier nicht nur das Erleben einer Einzelperson im Zentrum, sondern das Beziehungsgeschehen zwischen mehreren Menschen - mit all seinen Mustern, Erwartungen, Dynamiken und Emotionen. In diesem Raum treffen individuelle Wahrheiten aufeinander, spiegeln sich gegenseitig, verstärken sich oder stehen im Widerspruch. Die beratende Person ist dabei nicht nur Zuhörende, sondern auch Moderator:in, Übersetzer:in, Spiegel und Impulsgeber:in in einem oft emotional aufgeladenen Feld.

Paar- und Familienberatung bietet die Möglichkeit, gemeinsam auf etwas zu schauen, das bisher meist im Ungesagten oder im konflikthaften Austausch verborgen geblieben ist. Sie eröffnet einen sicheren Rahmen, in dem Beziehung neu verhandelt werden kann, ohne dass gleich eine Entscheidung getroffen werden muss. In diesem geschützten Raum können Themen ausgesprochen werden, die im Alltag vermieden werden - Enttäuschungen, Verletzungen, Bedürfnisse, Grenzen, Träume, Loyalitäten. Die zentrale Ressource dieses Settings ist der Dialog - nicht als bloßer Austausch von Argumenten, sondern als Annäherung an das, was in den Menschen mitschwingt und oft lange ungesagt geblieben ist.

Worauf besonders zu achten ist

Ein wesentliches Merkmal der Paar- und Familienberatung ist die Mehrperspektivität. Es gibt nicht „die Wahrheit", sondern mehrere gleichwertige Sichtweisen. Menschen erleben dieselbe Situation unterschiedlich, interpretieren sie auf Basis ihrer biografischen Prägungen und emotionalen Grundhaltungen. Die beratende Person muss in der Lage sein, alle Perspektiven gleichzeitig wertzuschätzen, ohne sich mit einer davon zu identifizieren. Diese **Allparteilichkeit** - das bewusste Mitgehen mit allen Beteiligten, ohne Partei zu ergreifen - ist eine der wichtigsten Grundhaltungen in diesem Setting. Sie ermöglicht es, Vertrauen aufzubauen, ohne sich zu positionieren, und fördert Offenheit im Gespräch, ohne jemanden zu entwerten.

Besonders sensibel ist die **Beziehungsdynamik im Raum**. Wenn Paare oder Familien sich in Beratungen begeben, bringen sie oft unausgesprochene Bündnisse, Schuldzuschreibungen oder auch Rollenverteilungen mit. Manchmal sitzt eine Person als „Zugespielte" im Raum, während die andere bereits ein fertiges Veränderungskonzept mitbringt. In anderen Fällen gibt es verdeckte Allianzen oder Abwertungsdynamiken. Hier ist es besonders wichtig, hinzusehen, zu entschleunigen und den Beteiligten zu helfen, in ein echtes Gespräch zu kommen. Die beratende Person muss erkennen, **wer gerade mit wem verbunden ist**, welche Themen unausgesprochen im Raum stehen und welche Spannungen sich unter der Oberfläche aufbauen.

Ein zentrales Ziel in der Paar- und Familienberatung ist die **Verbesserung der Kommunikation**. Häufig haben sich Paare oder Familien über Jahre hinweg bestimmte Muster angewöhnt: Rückzug, Eskalation, Schweigen, Ironie, Schuldzuweisung. Diese Muster dienen oft dem Schutz, verschließen aber gleichzeitig die Möglichkeit zur echten Begegnung. In der Beratung können sie sichtbar gemacht und durchbrochen werden. Hier helfen strukturierende Methoden, etwa das Einführen von Sprechzeiten, das bewusste Zuhören, die Arbeit mit „Ich-Botschaften" oder auch das Spiegeln durch die beratende Person. Wichtig ist, das Gesprächstempo zu entschleunigen und zwischen Reiz und Reaktion Raum zu schaffen - Raum für Reflexion, Verständnis und neue Wahlmöglichkeiten.

Chancen der Paar- und Familienberatung

Die besondere Stärke dieses Formats liegt in der **direkten Resonanz**. Wenn beide oder mehrere Beteiligte gleichzeitig im Raum sind, kann das, was angesprochen wird, unmittelbar gespiegelt, gefühlt und geklärt werden. Aussagen bleiben nicht im luftleeren Raum, sondern treffen auf eine Reaktion - verbal oder nonverbal. Das eröffnet die Möglichkeit für unmittelbare Rückmeldungen, für neue Erfahrungen, für das Durchbrechen alter Muster.

Ein weiterer Vorteil liegt in der **systemischen Perspektive**: Die Beratung geht über das individuelle Erleben hinaus und nimmt Beziehungsprozesse, Rollenverteilungen, wechselseitige Erwartungen und transgenerationale Dynamiken in den Blick. Das ist besonders dann hilfreich, wenn Konflikte nicht auf eine einzelne Person zurückzuführen sind, sondern im Zusammenspiel mehrerer Faktoren entstehen. In der Familienberatung können zum Beispiel Loyalitätskonflikte zwischen Kindern und Eltern sichtbar gemacht, generationsübergreifende Muster erkannt oder destruktive Rollenzuschreibungen hinterfragt werden. Die Beteiligten erleben sich nicht mehr als „Problemträger:innen", sondern als Teil eines größeren Systems, das veränderbar ist.

Auch in der Paarberatung können durch gezielte Fragen und Interventionen neue Beziehungsperspektiven entstehen. Fragen wie „Was haben Sie am Anfang besonders aneinander geschätzt?", „Wann haben Sie sich zuletzt wirklich verstanden gefühlt?" oder „Was ist Ihnen in Ihrer Partnerschaft besonders wichtig - und was könnte sich ändern, damit das wieder mehr Platz hat?" laden ein, nicht nur über das Trennende zu sprechen, sondern auch das Verbindende wieder zu entdecken. Gerade in konflikthaften Beziehungen ist es oft entlastend, wenn nicht nur gestritten oder analysiert wird, sondern auch Wertschätzung, Humor, Erinnerung und Zukunftsvisionen ihren Platz bekommen.

Herausforderungen der Paar- und Familienberatung

Gleichzeitig ist die Paar- und Familienberatung ein Setting, das hohe Anforderungen an die beratende Person stellt. Sie muss nicht nur strukturell den Überblick behalten, sondern auch mit hoher Präsenz und Sensibilität auf emotionale Eskalationen reagieren können. Besonders in belasteten Familiensystemen oder bei Paaren mit langjährigem Konflikthintergrund kann es zu heftigen Auseinandersetzungen kommen - mit Schuldzuweisungen, Tränen, Rückzug oder Wut. Hier gilt es, Ruhe zu bewahren, nicht parteilich zu werden und dennoch einzugreifen, wenn der Rahmen überschritten wird.

Ein weiteres Risiko liegt in der **Instrumentalisierung der Beratung**. Manchmal nutzt eine Person die Beratung dazu, um die andere zu überzeugen, zu beschämen oder zur Veränderung zu drängen. In solchen Fällen braucht es eine klare, transparente Haltung: Die Beratung ist kein Gerichtssaal, kein Erziehungsraum und kein Ort für Manipulation. Sie ist ein Raum für gegenseitiges Verstehen - und manchmal auch für das schmerzliche, aber heilsame Eingeständnis, dass Wege sich trennen müssen.

Auch **Tabuthemen** - etwa Gewalt, Sucht, Missbrauch oder psychische Erkrankungen - können im Familien- oder Paarsetting besonders sensibel sein. Sie werden häufig umkreist, angedeutet oder verleugnet. Berater:innen brauchen hier Mut zur Sprache, aber auch ein feines Gespür für Timing, Schutz und das Maß des Zumutbaren. In manchen Fällen kann es hilfreich sein, Einzelgespräche einzuschieben, um bestimmte Themen behutsam vorzubereiten oder aufzufangen. Dies muss transparent kommuniziert werden und darf das Vertrauen aller Beteiligten nicht untergraben.

Grenzen und ethische Überlegungen

Paar- und Familienberatung hat auch ihre Grenzen. Wenn Gewalt im Spiel ist, wenn eine der beteiligten Personen sich akut gefährdet oder massiv unter Druck gesetzt fühlt, ist das gemeinsame Setting möglicherweise nicht mehr der richtige Ort. In solchen Fällen ist eine sorgfältige Risikoabschätzung notwendig. Auch der Einbezug von Kindern erfordert besondere Achtsamkeit - sowohl hinsichtlich ihrer Schutzbedürftigkeit als auch im Blick auf ihre Rolle im Familiensystem. Die Beratung darf sie nicht instrumentalisieren oder überfordern, sondern muss alters- und entwicklungsangemessen gestaltet werden.

Professionelles Arbeiten in diesem Setting bedeutet auch, eigene Haltungen und mögliche blinde Flecken zu reflektieren. Paare und Familien leben in sehr unterschiedlichen Beziehungsmodellen - monogam oder offen, traditionell oder queer, biologisch oder patchworkartig. Wer in diesem Setting arbeitet, sollte sich der eigenen Normvorstellungen

bewusst sein und eine wertschätzende Offenheit gegenüber Vielfalt mitbringen.

Die Paar- und Familienberatung ist ein komplexes, dynamisches und zugleich zutiefst menschliches Setting. Sie eröffnet die Möglichkeit, Beziehung neu zu gestalten - in Form von Klärung, Verständnis, Veränderung
oder auch bewusstem Loslassen. Sie ist ein Raum, in dem alte Muster
sichtbar und neue Wege erprobt werden können. Ihre Wirksamkeit liegt
nicht nur in der Methodik, sondern vor allem in der Haltung der beratenden Person: präsent, klar, empathisch und allparteilich.

Wer sich auf dieses Format einlässt, braucht Standfestigkeit, Geduld, systemisches Denken und den Mut, Spannungen auszuhalten. Doch genau
darin liegt auch ihr großes Potenzial: Beziehungen - die verletzen können
- wieder zu Räumen werden zu lassen, in denen Begegnung möglich ist.
Vielleicht anders als zuvor, vielleicht mit neuen Bedingungen, aber mit
einem Mehr an Verständnis, Klarheit und innerer Freiheit.

Gruppenberatung

Die Gruppenberatung ist ein kraftvolles und vielschichtiges Format psychosozialer Begleitung. In ihr treffen sich mehrere Menschen mit unterschiedlichen Lebensgeschichten, aber häufig ähnlichen Anliegen oder Erfahrungen. Sie bringt Dynamiken in Bewegung, die sich im Einzel- oder Paarsetting nicht in derselben Form entfalten können. Gruppen bieten Resonanzräume, schaffen soziale Spiegel, fördern gegenseitiges Lernen und ermöglichen Prozesse, die über die individuelle Perspektive hinausgehen. Sie fordern - aber sie tragen auch.

In der Gruppenberatung entstehen Wechselwirkungen zwischen den Teilnehmer:innen, die weit über die reine Themenbearbeitung hinausgehen. Wer sich in einer Gruppe zeigt, macht sich sichtbar - mit all den damit verbundenen Chancen und Risiken. Wer Feedback erhält, erfährt, wie er oder sie auf andere wirkt. Wer zuhört, lernt oft auch über sich selbst. Die Gruppe ist nicht nur Bühne für Selbstausdruck, sondern auch Übungsfeld für soziale Kompetenzen, für Grenzsetzung, für das Erleben von Zugehörigkeit - oder auch das Aushalten von Differenz.

Worauf besonders zu achten ist

Gruppen sind soziale Mikrosysteme. Schon nach kurzer Zeit entwickeln sie typische Rollenverteilungen, Kommunikationsmuster, unausgesprochene Regeln oder auch Machtverhältnisse. Für die Leitung bedeutet das, sowohl das einzelne Gruppenmitglied als auch das „Ganze" im Blick zu behalten. Besonders bedeutsam ist die **Gestaltung des Anfangsprozesses**. Wie eine Gruppe startet, prägt maßgeblich ihr weiteres Funktionieren. Klare Rahmenbedingungen, transparente Regeln, ein sicherer Rahmen und eine gut strukturierte Vorstellung der Ziele und Möglichkeiten sind hier unerlässlich. Teilnehmende brauchen Orientierung und das Gefühl, dass jemand den Raum hält.

Ein zentrales Element der Gruppenberatung ist die **Förderung von Vertrauen**. Viele Menschen bringen ambivalente Erwartungen in Gruppen mit - sei es durch schlechte Erfahrungen mit Gruppenprozessen (etwa in

Schule, Familie oder Beruf) oder durch die Angst, sich zu öffnen. Hier braucht es einen sensiblen Aufbau, der Sicherheit vermittelt, aber auch behutsam zur Beteiligung ermutigt. Ein wertschätzender Umgangston, das Ernstnehmen von Grenzen und eine Leitung, die sowohl Struktur als auch Beziehung in den Blick nimmt, sind zentrale Voraussetzungen.

Ein besonderes Augenmerk liegt auf der **Gruppendynamik**. Unterschiedliche Charaktere, Kommunikationsstile und Bedürfnisse treffen aufeinander. Manche Menschen reden viel, andere wenig. Manche stellen sich schnell in den Mittelpunkt, andere brauchen Rückzug. Berater:innen müssen hier moderieren, regulieren und gleichzeitig beobachten, welche tieferliegenden Themen sich möglicherweise hinter bestimmten Verhaltensweisen verbergen. Wenn eine Person zum Beispiel ständig für andere spricht, kann das ein Hinweis auf ein inneres Bedürfnis nach Kontrolle oder Schutz sein. Wenn jemand sich häufig abgrenzt, steckt vielleicht Unsicherheit oder Angst vor Nähe dahinter. Diese Dynamiken achtsam sichtbar zu machen, ohne zu interpretieren oder zu pathologisieren, ist eine zentrale Kompetenz in der Gruppenberatung.

Chancen der Gruppenberatung

Die große Stärke dieses Formats liegt in der **Multiperspektivität**. Menschen hören nicht nur sich selbst reden, sondern erleben sich im Austausch, im Spiegel, in der Konfrontation oder im Mitgefühl. Sie erkennen, dass andere ähnliche Themen haben - obwohl ihre Geschichten anders sind. Diese Erfahrung kann entlasten, verbinden und neue Perspektiven eröffnen. Gruppen fördern **soziales Lernen**, ermöglichen Rollenerprobung, Feedback, Orientierung und das Erleben von Selbstwirksamkeit im sozialen Kontext.

Ein weiteres Potenzial liegt in der **kollektiven Intelligenz**. In Gruppen werden Ressourcen geteilt - Erfahrungen, Lösungsstrategien, unterstützende Haltungen. Die Rolle der beratenden Person verändert sich dadurch: Sie ist nicht alleinige Expert:in, sondern wird zur Moderator:in eines gemeinsamen Erfahrungsraumes. Das fördert Autonomie und

Partizipation der Teilnehmenden - ein zentraler Unterschied zur hierarchischen Struktur mancher Einzelsettings.

Gruppen ermöglichen außerdem die Arbeit mit **Beziehungsthemen** in Echtzeit. Was im Alltag verborgen bleibt, wird im Gruppenraum sichtbar - etwa Bindungsstrategien, Abwehrmechanismen, Erwartungen an Autoritäten oder Konkurrenzgefühle. Das macht die Gruppenberatung besonders geeignet für Menschen, die ihre Beziehungsfähigkeit stärken oder wiederentdecken möchten. Im besten Fall wird die Gruppe zu einem „Schonraum", in dem neue Erfahrungen gemacht werden können - im Kontakt, im Konflikt, im Aushalten von Ambivalenz und im Erleben von Zugehörigkeit.

Herausforderungen der Gruppenberatung

Trotz ihres Potenzials ist die Gruppenberatung ein komplexes Setting mit spezifischen Herausforderungen. Besonders wichtig ist die **Klärung von Erwartungen und Rollen**. Viele Teilnehmende haben unklare oder idealisierte Vorstellungen davon, was eine Gruppe leisten kann - manche erwarten Lösungen, andere Erziehung, wieder andere emotionale Versorgung. Diese Erwartungen offen zu besprechen und im Verlauf immer wieder zu reflektieren, ist entscheidend, um Enttäuschungen vorzubeugen und die Selbstverantwortung zu stärken.

Ein sensibles Thema ist der **Umgang mit Dominanzverhalten oder Rückzugstendenzen**. Wenn Einzelne sehr viel Raum einnehmen oder sich andere komplett zurückziehen, entsteht ein Ungleichgewicht, das das Gruppenerleben aller Beteiligten beeinflusst. Hier braucht es eine klare, aber respektvolle Leitung, die sowohl Raum gibt als auch Grenzen setzt. Auch die Arbeit mit **Störungen und Konflikten** gehört zur Gruppenberatung dazu. Ein vorübergehender Konflikt muss nicht negativ sein - im Gegenteil: Wenn er gut begleitet wird, kann er Klärung bringen und das Vertrauen in die Gruppe stärken. Entscheidend ist, dass Konflikte nicht bagatellisiert oder ignoriert werden, sondern als Teil des Prozesses angenommen und bearbeitet werden.

Nicht zu unterschätzen ist auch die emotionale Dichte mancher Gruppen-situationen. Wenn mehrere Personen gleichzeitig von Schmerz, Verlust, Angst oder Hoffnungslosigkeit berichten, kann das überwältigend wirken - für Teilnehmende wie für die Leitung. Hier gilt es, **emotionales Über-maß zu regulieren**, Ressourcen zu aktivieren und auch den Ausstieg aus einer zu dichten Phase bewusst zu gestalten - etwa durch Körperübun-gen, Rituale oder Humor.

Grenzen und ethische Aspekte

Gruppenberatung ist nicht für jede Person und jedes Anliegen das geeig-nete Setting. Menschen in akuten psychischen Krisen, mit starkem Miss-trauen gegenüber Gruppen oder mit schwerwiegenden Traumatisierun-gen brauchen oft zunächst ein Einzelsetting zur Stabilisierung. Auch Themen, die mit Scham, Schuld oder Intimität verbunden sind, benötigen manchmal einen geschützteren Raum, bevor sie in der Gruppe bearbeitet werden können.

Ein zentrales ethisches Thema ist die **Verschwiegenheit innerhalb der Gruppe**. Auch wenn formale Vereinbarungen getroffen werden, lässt sich absolute Vertraulichkeit nie garantieren. Deshalb ist es wichtig, von An-fang an eine Kultur des Respekts und der Achtsamkeit zu fördern - und gleichzeitig keine Versprechungen zu machen, die nicht eingehalten wer-den können.

Die Leitung sollte sich zudem ihrer eigenen Rolle bewusst sein. Gruppen neigen dazu, Autoritätsfiguren besondere Bedeutung zuzuschreiben - sei es durch Idealisierung, durch Widerstand oder durch verdeckte Erwar-tungshaltungen. Hier braucht es Klarheit, Reflexion und ein bewusstes Balancieren zwischen Leitung und Zurücknahme.

Die Gruppenberatung ist ein reiches, lebendiges, manchmal herausfor-derndes, oft heilsames Beratungsformat. Sie bietet Erfahrungen, die im Einzelkontakt nicht möglich sind - Begegnung, Resonanz, soziale Lernpro-zesse, das Erleben von Solidarität, aber auch von Unterschieden. Sie bringt in Bewegung, was im Stillstand erstarrt war, und erlaubt neue Erfahrungen im Miteinander.

Für Berater:innen ist sie zugleich ein anspruchsvolles Feld. Es braucht methodische Sicherheit, hohe Präsenz, einen guten Zugang zu Gruppenprozessen und die Bereitschaft, auch Unvorhersehbares zuzulassen. Doch wer Gruppenprozesse halten und gestalten kann, eröffnet Räume, in denen Menschen nicht nur sich selbst begegnen, sondern auch einander. Und oft liegt genau darin die Kraft, die eine Einzelberatung allein nicht freisetzen kann.

Online-Beratung: Chancen und Herausforderungen

Digitale Beratungsformate haben in den letzten Jahren einen enormen Bedeutungszuwachs erfahren. Was einst als Ausnahme galt - etwa für Menschen in abgelegenen Regionen oder mit eingeschränkter Mobilität - hat sich inzwischen zu einem etablierten Bestandteil psychosozialer Beratung entwickelt. Nicht zuletzt durch die Corona-Pandemie haben viele Berater:innen wie auch Klient:innen die Möglichkeiten der Online-Beratung entdeckt - und oft auch schätzen gelernt. Videotelefonie, Mailberatung, Messenger-Chats oder telefonische Beratung sind heute längst keine Nischenangebote mehr. Sie ermöglichen niederschwellige, flexible und ortsunabhängige Unterstützung - und stellen zugleich neue Anforderungen an Beziehungsgestaltung, Methodeneinsatz und Haltung.

Online-Beratung ist nicht einfach „Beratung über einen anderen Kanal", sondern ein eigenständiges Format. Sie funktioniert unter anderen Bedingungen, folgt anderen Gesetzmäßigkeiten und eröffnet wie jedes Setting spezifische Chancen - aber auch klare Grenzen. Professionelle Online-Beratung verlangt daher mehr als ein funktionierendes Videotool. Sie setzt eine bewusste Auseinandersetzung mit Rahmenbedingungen, ethischen Fragen, kommunikativen Besonderheiten und technischer Sicherheit voraus. Wer online berät, braucht Klarheit darüber, was in diesem Setting gut gelingt - und was besser einem anderen Format überlassen bleibt.

Worauf besonders zu achten ist

Ein zentrales Thema in der Online-Beratung ist die **Beziehungsgestaltung**. In der face-to-face-Beratung spielen nonverbale Signale wie Körperhaltung, Mimik, Gestik, Nähe oder Atemrhythmus eine große Rolle. Diese fallen im digitalen Raum teilweise weg oder sind reduziert. Besonders bei Beratung via Text - etwa per Mail oder Chat - fehlt die nonverbale Kommunikation vollständig. Das bedeutet, dass verbale und schriftliche Sprache deutlich stärker gewichtet ist. Aussagen, die im persönlichen Gespräch durch Mimik oder Tonfall eingeordnet werden können, wirken im digitalen Raum oft härter, unklarer oder distanzierter.

Daher ist eine präzise, achtsame und ressourcenorientierte Sprache in der Online-Beratung besonders wichtig. Berater:innen sollten häufiger Rückfragen stellen, aktiv um Rückmeldung bitten und ihre Wahrnehmungen transparent machen. Aussagen wie „Ich bin mir nicht sicher, ob ich Sie gerade richtig verstehe - könnten Sie das bitte noch etwas näher beschreiben?" oder „Wie wirkt dieser Gedanke gerade auf Sie, wenn Sie ihn lesen?" fördern den Aufbau einer tragfähigen Beziehung - auch über den Bildschirm oder in schriftlicher Form.

Ein weiterer wichtiger Punkt ist der **sichere Rahmen**. Technische Stabilität, Datenschutz und der Schutz der Vertraulichkeit müssen gewährleistet sein - nicht nur rechtlich, sondern auch gefühlt. Klient:innen müssen sich darauf verlassen können, dass ihre Daten nicht mitgehört oder mitgelesen werden, dass keine Aufzeichnungen ohne Einwilligung erfolgen und dass ein störungsfreier Gesprächsverlauf möglich ist. Auch der **räumliche Schutz** ist zu beachten: Berater:innen wie Klient:innen sollten sich in einem ungestörten, abgeschlossenen Raum befinden, in dem Konzentration, emotionale Sicherheit und Schutz der Privatsphäre möglich sind.

In der Praxis bedeutet das: Kopfhörer nutzen, Türen schließen, keine parallelen Tätigkeiten, sichtbare Signale (wie etwa ein „Bitte nicht stören"-Schild) und eine bewusste Gestaltung des Bildschirmhintergrunds. All das sind kleine, aber entscheidende Details, die die Qualität des Beratungserlebnisses beeinflussen. Eine kurze gemeinsame Vereinbarung zu Beginn - etwa über die Gesprächsdauer, Unterbrechungen, mögliche technische Ausfälle oder Verbindungsabbrüche - schafft Sicherheit und Struktur.

Chancen der Online-Beratung

Die Online-Beratung bietet eine Reihe von Vorteilen, die gerade für bestimmte Zielgruppen sehr relevant sind. Sie ist **niederschwellig, zeitlich flexibel** und **ortsunabhängig**. Menschen mit eingeschränkter Mobilität, psychischen Belastungen, sozialen Ängsten oder auch familiären Verpflichtungen können auf diesem Weg leichter Unterstützung in Anspruch nehmen. Auch für Personen mit Schichtarbeit, in ländlichen Regionen oder mit Betreuungspflichten ermöglicht das digitale Setting eine bessere Vereinbarkeit.

Online-Beratung kann zudem einen **emotionalen Schutzraum** bieten. Manche Menschen öffnen sich leichter, wenn sie räumlich distanziert sind - etwa bei sensiblen Themen wie Sexualität, Gewalt, psychischer Erkrankung oder Migration. Gerade jüngere Zielgruppen, die mit digitalen Medien aufgewachsen sind, empfinden das Online-Setting nicht als Ersatz, sondern als adäquate Form der Kommunikation.

In der asynchronen Beratung - etwa per E-Mail - entsteht außerdem ein besonderer Reflexionsraum. Klient:innen können ihre Gedanken schriftlich formulieren, sich Zeit lassen, Inhalte mehrfach lesen und in ihrem Tempo antworten. Für manche Menschen ist diese Form der Beratung besonders entlastend, weil sie Distanz zum emotionalen Geschehen schafft und zugleich schriftliche „Zeugen" des Beratungsprozesses bereitstellt.

Auch für Berater:innen ergeben sich Vorteile: Die **Dokumentation** ist oft einfacher, die Zeitressourcen können flexibler geplant werden, Anfahrtswege entfallen, und das Arbeiten aus dem Homeoffice ist möglich. Diese Faktoren gewinnen nicht nur in Krisenzeiten an Bedeutung, sondern auch im Hinblick auf die Vereinbarkeit von Berufs- und Privatleben.

Herausforderungen der Online-Beratung

Gleichzeitig bringt das digitale Setting auch klare Grenzen mit sich. Die **Reduktion nonverbaler Kommunikation** kann Missverständnisse begünstigen - etwa, wenn Ironie nicht erkannt, emotionale Zustände fehlinterpretiert oder Pausen als Ablehnung gedeutet werden. Der soziale Raum des Beratungszimmers - mit seiner Atmosphäre, dem Ritual des Ankommens und Verabschiedens, der Körperpräsenz - fehlt oder wird nur eingeschränkt erlebbar.

Auch das **Verlustgefühl körperlicher Co-Präsenz** kann eine Rolle spielen. In belastenden Situationen ist die rein visuelle oder auditive Präsenz manchmal nicht ausreichend, um sich gehalten oder verstanden zu fühlen. Tränen, Nervosität, Unruhe - all das ist im direkten Kontakt oft besser spürbar und auffangbar als über den Bildschirm.

Ein weiteres Thema ist die **emotionale Regulation**. Besonders bei intensiven oder krisenhaften Themen kann es im Online-Setting schwieriger sein, die emotionale Lage der Klient:in richtig einzuschätzen. Auch die Möglichkeit, ein emotionales Geschehen durch körperliche Nähe oder nonverbale Signale zu deeskalieren, ist eingeschränkt. Hier braucht es besondere Aufmerksamkeit, eine feinfühlige Gesprächsführung und gegebenenfalls die bewusste Entscheidung, in einem späteren Setting weiterzuarbeiten - zum Beispiel im persönlichen Kontakt.

Grenzen und ethische Aspekte

Online-Beratung ist nicht für alle Situationen geeignet. In akuten psychischen Krisen, bei Suizidalität, Gewaltgefährdung oder stark dissoziativen Zuständen ist in der Regel ein Präsenzsetting notwendig. Auch komplexe Mehrpersonenberatungen, etwa mit Familien oder in Gruppen, lassen sich online nur unter bestimmten Voraussetzungen sinnvoll gestalten.

Berater:innen müssen sich zudem mit **ethischen Fragen** auseinandersetzen: Wie kann ich gewährleisten, dass mein Gegenüber tatsächlich allein ist? Wie gehe ich mit einer Person um, die während des Gesprächs offensichtlich abgelenkt oder durch Dritte beeinflusst wird? Was tue ich bei einem plötzlichen Gesprächsabbruch? Für all diese Fälle sollten klare Notfallpläne, alternative Kontaktmöglichkeiten und transparente Regeln zur Verfügung stehen.

Nicht zuletzt erfordert Online-Beratung auch **digitale Kompetenz**: Der Umgang mit Software, Datenschutzbestimmungen, technischen Problemen und Kommunikationsplattformen muss sicher beherrscht werden. Technische Unsicherheit oder Unklarheit über Tools können nicht nur das Gespräch stören, sondern auch die professionelle Beziehung belasten.

Online-Beratung ist kein Ersatz für persönliche Begegnung, aber eine eigenständige, wirksame und zunehmend etablierte Form psychosozialer Unterstützung. Sie erweitert das Repertoire professioneller Beratung, macht Angebote zugänglicher, schafft neue Räume - und verlangt zugleich bewusste Gestaltung. Wer online arbeitet, braucht Klarheit, Struktur, kommunikative Feinfühligkeit und ein hohes Maß an Selbstorganisation.

Beratung über digitale Kanäle wird auch in Zukunft fester Bestandteil psychosozialer Praxis sein. Sie ist eine Möglichkeit - keine Notlösung. Und wenn sie mit derselben Sorgfalt, Beziehungstiefe und ethischen Achtsamkeit geführt wird wie jede andere Beratungsform, kann sie genau das sein, was Klient:innen brauchen: ein Ort, an dem sie sich sicher, gesehen und verstanden fühlen - auch auf Distanz.

Besondere Zielgruppen in der psychosozialen Beratung

Psychosoziale Beratung lebt von der Begegnung - der Begegnung zwischen zwei Menschen mit ihrer je eigenen Geschichte, ihren Themen, Hoffnungen, Verletzungen und Möglichkeiten. Dabei ist jede Beratung individuell. Und dennoch lässt sich erkennen: Es gibt Gruppen von Menschen, deren Lebenssituation, Erfahrungswelt oder gesellschaftlicher Kontext sich in besonderer Weise auf den Beratungsprozess auswirken. Sie bringen spezifische Bedürfnisse mit, aber auch besondere Herausforderungen - und nicht zuletzt: andere Erwartungen an Beratung.

Diese sogenannten besonderen Zielgruppen zeichnen sich durch strukturelle, biografische oder soziale Merkmale aus, die sich nicht nur auf ihre Lebensführung, sondern auch auf ihr Erleben, ihre Ausdrucksformen und ihr Beziehungserleben auswirken. Sie unterscheiden sich nicht in ihrer „Beratungswürdigkeit", sondern in den Rahmenbedingungen, unter denen sie leben - und unter denen sie Beratung in Anspruch nehmen. Das zu erkennen und zu reflektieren, ist kein „Extra", sondern zentraler Bestandteil professioneller psychosozialer Arbeit.

So unterscheidet sich etwa die Beratung mit Jugendlichen erheblich von jener mit älteren Menschen. Junge Klient:innen befinden sich inmitten eines intensiven Entwicklungsprozesses, sind oft in einer Phase des Suchens, Abgrenzens, Ausprobierens - sie haben eine andere Sprache, andere Mediennutzung, andere Beziehungsdynamiken. Ältere Menschen wiederum blicken auf ein gelebtes Leben zurück, tragen Verluste, körperliche Einschränkungen oder existenzielle Fragestellungen mit sich, die ebenso sensibel wie würdevoll begleitet werden müssen. Beide Zielgruppen bringen ihre ganz eigenen Herausforderungen und Potenziale mit - und sie brauchen unterschiedliche Herangehensweisen.

Auch andere Gruppen stellen besondere Anforderungen: Menschen mit Behinderungen oder chronischen Erkrankungen, die vielfach mit gesellschaftlichen Barrieren, Diskriminierung oder unsichtbaren Erschwernissen konfrontiert sind. Menschen mit Flucht- oder Migrationserfahrung, deren Lebenswelten häufig durch Entwurzelung, sprachliche Hürden, institutionelle Unsicherheiten und kulturelle Spannungsfelder geprägt sind. Frauen in belastenden Lebenslagen, Männer in Rollenkonflikten, Alleinerziehende, queere Personen, pflegende Angehörige oder Eltern von Kindern mit besonderen Bedürfnissen - all diese Gruppen bringen nicht nur individuelle Themen, sondern auch kollektive Erfahrungen mit, die im Beratungskontext mitgedacht werden sollten.

Besondere Zielgruppen ernst zu nehmen heißt, sie nicht nur als „anders", sondern als gleichwürdig und individuell zu begreifen. Es geht darum, Beratung nicht auf ein standardisiertes Verfahren zu reduzieren, sondern als flexibles, lebendiges, kultursensibles Handlungsfeld zu gestalten. Dabei ist es zentral, sich als Berater:in der eigenen Positionierung bewusst zu sein: Welche Erfahrungen habe ich mit dieser Zielgruppe? Welche Bilder, Erwartungen oder Vorannahmen trage ich möglicherweise in mir? Welche Haltungen möchte ich bewusst einnehmen - und wo bin ich bereit, neu zu lernen?

Professionelle Beratung für besondere Zielgruppen erfordert die Bereitschaft zur Selbstreflexion, zur methodischen Anpassung und zum Dialog auf Augenhöhe. Sie verlangt auch ein Gespür für gesellschaftliche Zusammenhänge: Wo wirkt Diskriminierung, wo strukturelle Ungleichheit? Wo gibt es blinde Flecken - in der Sprache, in der Raumgestaltung, in der Methodik? Und vor allem: Wie kann ich als beratende Person dafür sorgen, dass sich mein Gegenüber gesehen, verstanden und gestärkt fühlt?

Die folgenden Kapitel widmen sich einzelnen Zielgruppen, mit denen psychosoziale Berater:innen häufig in Kontakt kommen. Sie beleuchten zentrale Themen, Bedürfnisse und Herausforderungen, zeigen Zugänge auf und geben Hinweise zur praktischen Umsetzung. Dabei geht es nicht darum, Menschen zu kategorisieren, sondern Zugänge zu eröffnen. Ziel ist es, das Verständnis für Unterschiedlichkeit zu vertiefen - und zugleich das Gemeinsame im Menschsein in den Mittelpunkt zu stellen: das Bedürfnis nach Verbundenheit, Selbstbestimmung und Würde.

Kinder und Jugendliche in der Beratung

Die Beratung von Kindern und Jugendlichen stellt ein besonders sensibles und verantwortungsvolles Aufgabenfeld innerhalb der psychosozialen Beratung dar. Junge Menschen befinden sich in einem Entwicklungsprozess, der von tiefgreifenden physischen, psychischen und sozialen Veränderungen geprägt ist. Sie stehen häufig im Spannungsfeld zwischen Anpassung und Abgrenzung, zwischen kindlicher Abhängigkeit und wachsender Selbstbestimmung. Die Themen, mit denen Kinder und Jugendliche in die Beratung kommen, sind vielschichtig: familiäre Konflikte, Trennung oder Scheidung der Eltern, Schulstress, Mobbing, Leistungsdruck, Angststörungen, depressive Verstimmungen, Selbstwertproblematiken, Identitätsfragen, Essstörungen, selbstverletzendes Verhalten oder auch der Umgang mit traumatischen Erlebnissen.

Ein zentrales Merkmal der Beratung mit jungen Menschen ist, dass sie nicht einfach als „kleine Erwachsene" behandelt werden können. Kinder und Jugendliche verfügen über andere kognitive, sprachliche und emotionale Ausdrucksformen. Ihre Lebenswelt unterscheidet sich grundlegend von jener der Erwachsenen. Sie haben andere Bezugssysteme, andere Kommunikationsgewohnheiten und oft auch eine andere Perspektive auf Probleme und Lösungen. Wer mit Kindern und Jugendlichen arbeitet, muss bereit sein, sich auf deren Sprache, Tempo, Themen und Ausdrucksformen einzulassen.

Worauf besonders zu achten ist

Eine der wichtigsten Voraussetzungen für die Arbeit mit Kindern und Jugendlichen ist der Aufbau einer tragfähigen, vertrauensvollen Beziehung. Diese gelingt nur, wenn sich die jungen Klient:innen sicher, ernst genommen und angenommen fühlen. Das bedeutet unter anderem, eine authentische, transparente und wertschätzende Haltung einzunehmen. Fachsprache, Belehrung oder zu starker Druck führen meist zu Rückzug oder Abwehr. Stattdessen braucht es ein aufrichtiges Interesse, echtes Zuhören und die Bereitschaft, sich als erwachsene Bezugsperson auf Augenhöhe zu begegnen - ohne dabei die professionelle Rolle zu verlieren.

Besonders bei Kindern ist es essenziell, über verbale Kommunikation hinauszugehen. Kreative Methoden wie Malen, Gestalten, Spielen, Geschichten erzählen oder Figurenarbeit ermöglichen einen kindgerechten Zugang zum Erleben. Bei Jugendlichen wiederum ist es oft hilfreich, die Lebenswelt der Klient:innen zu kennen: aktuelle Musik, digitale Medien, Sprachgebrauch, Modetrends. Dies signalisiert Respekt und Interesse und erleichtert die Kontaktaufnahme. Dennoch gilt es, authentisch zu bleiben und keine jugendliche Rolle zu „spielen". Jugendliche spüren sehr genau, ob ihnen jemand aufrichtig begegnet.

Ein weiteres zentrales Thema ist der Umgang mit Schweigen. Kinder und Jugendliche sprechen nicht immer sofort - manche brauchen Zeit, um Vertrauen zu fassen. Hier ist Geduld gefragt. Nicht jede Stille ist Ausdruck von Widerstand; oft ist sie Ausdruck von Unsicherheit oder innerer Verarbeitung. Auch körpersprachliche Signale, Mimik oder Gestik sollten sorgsam beachtet werden. Berater:innen müssen lernen, feine Signale zu lesen und mit ihnen in Resonanz zu treten.

Die Einbindung des sozialen Umfelds ist in der Arbeit mit jungen Menschen besonders relevant. Je nach Alter und Situation kann es sinnvoll sein, Eltern, Bezugspersonen, Lehrer:innen oder andere Vertrauenspersonen in den Beratungsprozess einzubeziehen. Dabei ist Fingerspitzengefühl gefragt: Die Balance zwischen notwendiger Einbindung und dem Schutz eines geschützten Raumes für das Kind bzw. den oder die Jugendliche ist oft eine Herausforderung. Transparente Aufklärung über die Schweigepflicht und deren Grenzen schafft hier Sicherheit.

Nicht zuletzt braucht die Beratung mit jungen Menschen auch eine klare Struktur. Rituale, wiederkehrende Abläufe, ein klarer Anfang und ein klarer Abschluss jeder Sitzung schaffen Orientierung und Halt. Gerade Kinder profitieren von einem sicheren Rahmen, in dem sie wissen, was sie erwartet. Gleichzeitig sollte genug Flexibilität vorhanden sein, um spontan auf aktuelle Themen oder emotionale Zustände eingehen zu können.

Rechtliche Aspekte in der Arbeit mit Kindern und Jugendlichen (Österreich)

Die Beratung von Minderjährigen unterliegt in Österreich spezifischen gesetzlichen Rahmenbedingungen, insbesondere im Hinblick auf Aufklärungspflichten, Einwilligungsfähigkeit, Schweigepflicht und Kinderschutz. Grundsätzlich gilt: Kinder unter 14 Jahren sind in der Regel nicht entscheidungsfähig im rechtlichen Sinn, weshalb die Zustimmung der Erziehungsberechtigten für eine längerfristige Beratung notwendig ist. Jugendliche ab dem 14. Lebensjahr können in bestimmten Fällen eigenständig einer Beratung zustimmen, vor allem wenn sie in der Lage sind, die Tragweite der Beratung zu erfassen und es um Themen geht, die in ihren persönlichen Lebensbereich fallen.

Berater:innen müssen sorgfältig prüfen, ob und wann Eltern informiert werden dürfen oder müssen. Das Kindeswohl hat dabei oberste Priorität. Bei konkreten Gefährdungen - etwa bei Verdacht auf Gewalt, Missbrauch oder Suizidalität - besteht eine gesetzlich verankerte Verpflichtung zur Gefährdungsmeldung gemäß dem österreichischen Kinder- und Jugendhilfegesetz. In solchen Fällen ist eine genaue Dokumentation und ggf. Kontaktaufnahme mit der zuständigen Behörde erforderlich.

Auch die Einhaltung der Schweigepflicht (§ 121 StGB) ist ein zentrales Thema. Jugendliche haben ein Recht auf vertrauliche Beratung. Gleichzeitig müssen Berater:innen in der Lage sein, in kritischen Situationen verantwortungsvoll abzuwägen, ob ein Vertrauensbruch gerechtfertigt ist - und dies gut begründen können.

Chancen der Beratung mit Kindern und Jugendlichen

Kinder und Jugendliche befinden sich in einer Lebensphase, in der Entwicklung und Veränderung natürlicher Bestandteil des Lebens sind. Ihre inneren Strukturen sind oft noch nicht verfestigt, alte Muster nicht so tief eingebrannt wie bei Erwachsenen. Das bedeutet: Es besteht ein hohes Potenzial für Entwicklung, Wachstum und Neubeginn. Viele junge Menschen greifen Anregungen sehr offen auf, reflektieren intensiv, wenn sie sich ernst genommen fühlen, und können mit entsprechender Unterstützung erstaunliche Schritte setzen.

Die Beratung kann für sie ein Raum sein, in dem sie sich erstmals als kompetente, handlungsfähige Person erleben - als jemand, dessen Gedanken und Gefühle zählen. Gerade für Kinder und Jugendliche, die wenig gehört oder übersehen wurden, kann dies ein zutiefst bestärkendes Erlebnis sein. Auch das Erleben, dass Konflikte besprechbar sind, dass es erlaubt ist, Fehler zu machen oder Gefühle zu zeigen, ist für viele eine neue und entlastende Erfahrung.

Ein weiterer positiver Aspekt liegt in der Präventionsarbeit. Wer junge Menschen in belastenden Situationen frühzeitig begleitet, kann nicht nur akute Krisen abfedern, sondern auch langfristig Schutzfaktoren stärken: Selbstwert, soziale Kompetenzen, emotionale Ausdrucksfähigkeit, Konfliktlösung, Selbstregulation. Beratung wird so zu einem bedeutsamen Beitrag für psychische Gesundheit und soziale Integration.

Herausforderungen in der Arbeit mit jungen Menschen

Gleichzeitig bringt die Beratung mit Kindern und Jugendlichen auch besondere Anforderungen mit sich. Die Beziehungsgestaltung ist oft instabiler, der Zugang nicht immer sofort möglich. Jugendliche können sich plötzlich zurückziehen, Termine absagen, schweigen oder provozieren. Kinder können impulsiv, ablenkbar oder emotional schwer einschätzbar sein. Hier braucht es Geduld, Frustrationstoleranz und das Wissen: Entwicklung geschieht nicht linear, sondern in Wellenbewegungen.

Auch das Arbeiten im „Dreieck" zwischen Kind, Eltern und Berater:in kann herausfordernd sein. Eltern haben oft eigene Erwartungen, bringen eigene Themen mit, möchten mitreden oder drängen auf schnelle Erfolge. Gleichzeitig sind sie wichtige Verbündete, ohne deren Unterstützung manche Veränderung schwer umsetzbar ist. Der Spagat zwischen Kinderschutz, Allparteilichkeit und professioneller Distanz erfordert hohe kommunikative und ethische Kompetenz.

Ein weiterer Aspekt ist die Notwendigkeit, belastende Themen kindgerecht anzusprechen. Wie spricht man mit einem Zehnjährigen über Depression? Wie mit einer Fünfzehnjährigen über selbstverletzendes Verhalten? Hier braucht es sprachliche Sensibilität, ein gutes Gespür für Grenzen und ein Repertoire an altersadäquaten Methoden. Auch das Erkennen von Gefährdungslagen - etwa bei Suizidalität, Missbrauch oder Gewalt - ist Teil der professionellen Verantwortung.

Nicht zuletzt stellt die gesellschaftliche Situation viele Kinder und Jugendliche vor Herausforderungen: schulischer Leistungsdruck, Social Media, Krisen wie Pandemie oder Klimawandel, Zukunftsangst, zunehmende psychische Belastung. Die Beratung muss diese Kontexte mitdenken, ohne sich in ihnen zu verlieren. Sie sollte Orientierung geben, ohne zu belehren - und vor allem einen Raum schaffen, in dem junge Menschen sich selbst erleben dürfen: als wertvoll, als wirksam und als angenommen.

Fachliche Kompetenz und Weiterbildung

Die Beratung von Kindern und Jugendlichen erfordert spezifische fachliche Kompetenzen, die über eine allgemeine beraterische Ausbildung hinausgehen. Dazu gehören entwicklungspsychologisches Wissen, Kenntnisse über kindliche und jugendliche Ausdrucksformen psychischer Belastung, Erfahrung mit kreativen und spielerischen Methoden sowie Kenntnisse über Kinderschutz und rechtliche Rahmenbedingungen.

In Österreich existieren mittlerweile eine Vielzahl an spezialisierten Weiterbildungsangeboten für die Arbeit mit Kindern und Jugendlichen in der psychosozialen Beratung. Solche Fortbildungen sind dringend zu empfehlen, um in diesem anspruchsvollen Feld sicher, verantwortungsvoll und wirksam arbeiten zu können. Sie vermitteln nicht nur Methoden, sondern auch Haltung - und schaffen die notwendige fachliche Grundlage, um jungen Menschen in ihren sensiblen Lebensphasen gerecht zu werden.

Frauen in der Beratung

Die psychosoziale Beratung von Frauen ist ein Arbeitsfeld, das besondere Sensibilität, ein Bewusstsein für gesellschaftliche Machtverhältnisse und ein vertieftes Verständnis geschlechterspezifischer Lebensrealitäten erfordert. Frauen sind in vielen Lebensbereichen besonderen Belastungen ausgesetzt: Rollen- und Vereinbarkeitskonflikte, Diskriminierungserfahrungen, Care-Arbeit, ungleiche wirtschaftliche Bedingungen, psychische und körperliche Gewalt sowie gesellschaftlich internalisierte Erwartungshaltungen prägen ihre Erfahrungen. Viele Frauen suchen Beratung in Phasen großer Übergänge - etwa rund um Schwangerschaft und Geburt, bei Beziehungskrisen, in Trennungsprozessen, während der Wechseljahre oder im Kontext von Überforderung und Erschöpfung.

Auch das Thema der Mehrfachbelastung ist zentral. Viele Frauen übernehmen eine Vielzahl von Aufgaben gleichzeitig - im Beruf, in der Familie, in der Pflege von Angehörigen - und erleben dabei, dass sie sich selbst zunehmend verlieren. Das Gefühl, allen gerecht werden zu müssen und dabei kaum Raum für eigene Bedürfnisse zu haben, ist ein wiederkehrendes Thema. In der Beratung kann dieses Spannungsfeld bewusst gemacht und reflektiert werden, um neue Handlungsspielräume zu entwickeln.

Worauf besonders zu achten ist

In der Beratung von Frauen ist es entscheidend, Raum für die oft tief verwurzelten Rollenzuschreibungen zu schaffen, die das Selbstbild beeinflussen. Viele Frauen erleben sich als „nicht genug": nicht gut genug als Mutter, Partnerin, Tochter, Freundin oder Berufstätige. Diese internalisierten Anforderungen sollten in der Beratung nicht verstärkt, sondern reflektiert und in ihrer Wirkung erkannt werden. Es braucht eine geschlechtersensible Sprache, einen nicht-pathologisierenden Blick und eine Atmosphäre, in der auch Ambivalenz, Wut oder Erschöpfung Platz haben dürfen.

Wichtig ist auch, dass Frauen häufig eine hohe Bereitschaft mitbringen, Verantwortung für Beziehungsgeschehen zu übernehmen. Dies kann dazu führen, dass sie Schuldgefühle entwickeln oder ihre eigenen Grenzen nicht mehr wahrnehmen. In der Beratung gilt es, diese Tendenzen zu thematisieren, neue Deutungsmöglichkeiten aufzuzeigen und den Blick für die eigenen Ressourcen zu schärfen.

Auch das Thema Grenzverletzungen - etwa durch emotionale, physische oder sexualisierte Gewalt - ist in der Arbeit mit Frauen besonders präsent. Eine traumasensible Haltung, ein klarer Schutzrahmen und das Wissen um geeignete Unterstützungsangebote sind hier essenziell. Ebenso sollte berücksichtigt werden, dass viele Frauen Beratung eher im Modus des Funktionierens aufsuchen - mit dem Ziel, schnell Lösungen zu finden. Hier ist es Aufgabe der Berater:in, Entlastung und Eigenfürsorge als legitime Themen einzubringen.

Chancen der Frauenberatung

Die Beratung bietet Frauen einen Ort, an dem sie sich mit ihrer Geschichte, ihren Bedürfnissen und ihrem inneren Erleben in Verbindung bringen können - jenseits gesellschaftlicher Erwartungen. Sie kann zur Stärkung von Selbstwert, Abgrenzungsfähigkeit, Entscheidungsfreude und Selbstfürsorge beitragen. Frauen berichten oft, dass sie in der Beratung zum ersten Mal ungefiltert über sich selbst sprechen können - ohne Angst, zu viel oder zu wenig zu sein.

Ein weiterer positiver Aspekt ist die Möglichkeit, biografische Belastungsmuster zu erkennen, weitergegebene Erwartungen zu durchbrechen und neue, authentische Lebensentwürfe zu entwickeln. Beratung kann Frauen helfen, ihre Stimme zu finden - nicht nur im Gespräch, sondern auch in ihrem Leben. Die Stärkung von Entscheidungsfähigkeit, Selbstwirksamkeit und Ausdrucksfähigkeit sind dabei zentrale Wirkfaktoren.

Auch frauenspezifische Lebensphasen - wie Menstruation, Schwangerschaft, Geburt, Wochenbett, Wechseljahre oder das Älterwerden - sind in vielen Beratungskontexten unterrepräsentiert. Dabei sind diese Phasen oft mit tiefgreifenden körperlichen, emotionalen und sozialen Veränderungen verbunden. Eine professionelle Beratung, die diese Themen nicht tabuisierend, sondern unterstützend aufgreift, kann entlastend, stärkend und klärend wirken.

Herausforderungen in der Frauenberatung

Eine zentrale Herausforderung liegt darin, zwischen strukturellen Problemen und individuellen Lösungen zu unterscheiden. Nicht jede Belastung ist ein persönliches Versagen - viele sind Ausdruck gesellschaftlicher Ungleichheit. Hier ist es wichtig, Berater:innen vor vorschnellen Deutungen zu schützen. Auch Überidentifikation oder das (meist unbewusste) Reinszenieren traditioneller Frauenbilder in der Beratungsbeziehung können die professionelle Arbeit erschweren. Klarheit über die eigene Rolle, gendersensible Weiterbildung und regelmäßige Supervision sind wichtige Ressourcen.

Zudem ist es wichtig, Macht- und Abhängigkeitsverhältnisse zu reflektieren. Manche Frauen kommen aus Kontexten, in denen sie unterdrückt, bevormundet oder beschämt wurden. Sie haben möglicherweise wenig Vertrauen in unterstützende Systeme oder sind mit kulturellen oder sprachlichen Barrieren konfrontiert. Hier braucht es eine hohe Sensibilität, intersektionales Denken und die Bereitschaft, eigene kulturelle Prägungen zu hinterfragen.

Männer in der Beratung

Die psychosoziale Beratung von Männern ist ein ebenso wichtiges wie lange vernachlässigtes Feld. Viele Männer wachsen mit Vorstellungen von Stärke, Selbstbeherrschung und emotionaler Kontrolle auf. Verletzlichkeit, Unsicherheit oder Hilflosigkeit stehen häufig im Widerspruch zu internalisierten Männlichkeitsbildern. Nicht selten kommen Männer erst dann in Beratung, wenn der Leidensdruck sehr hoch ist - etwa nach Trennungen, in beruflichen Krisen, bei Burnout, Sucht, Gewaltkonflikten oder Depressionen.

Viele Männer tragen seelische Belastungen lange mit sich, ohne sie zu äußern. Symptome wie Reizbarkeit, Rückzug, Arbeitswut, Sucht oder psychosomatische Beschwerden können Hinweise auf tieferliegende emotionale Themen sein. Die Beratung kann hier einen Rahmen bieten, in dem Männer neue Zugänge zu sich selbst entwickeln - und lernen, dass auch emotionale Offenheit eine Form von Stärke sein kann.

Worauf besonders zu achten ist

In der Männerberatung braucht es ein besonderes Maß an Geduld, Klarheit und Beziehungsarbeit. Der Aufbau von Vertrauen verläuft oft langsamer, das Ansprechen von Gefühlen kann zunächst abgewehrt werden. Ein respektvoller, nicht-defizitorientierter Zugang ist hier zentral. Berater:innen sollten vermeiden, Männlichkeitskonzepte zu entwerten - stattdessen geht es darum, alternative Ausdrucksmöglichkeiten und Identitätsangebote aufzuzeigen.

Zudem sollte die Sprache bewusst gewählt werden: direkte Fragen, klare Struktur, Orientierung an Handlungsmöglichkeiten können einen ersten Zugang erleichtern. Auch Humor und Leichtigkeit dürfen in der Arbeit mit Männern Platz haben - als Brücke, nicht als Flucht. Gleichzeitig sollte das Beratungssetting ausreichend Schutz bieten, um auch emotional herausfordernde Themen zuzulassen.

In der Arbeit mit Vätern ist es hilfreich, die Doppelrolle als Versorger und Bezugsperson ernst zu nehmen. Viele Männer möchten gute Väter sein, wissen aber oft nicht, wie sie emotionale Nähe gestalten oder Erziehung reflektieren können. Hier kann Beratung entlasten, Orientierung geben und neue Perspektiven eröffnen.

Chancen der Männerberatung

Männer erleben Beratung oft als ungewohnten, aber entlastenden Raum. Sie entdecken neue Seiten an sich, lernen Emotionen besser zu benennen und erkennen, dass Hilfe anzunehmen keine Schwäche bedeutet. Besonders positiv wirkt sich die Möglichkeit aus, Beziehung neu zu denken - sei es zu sich selbst, zu Partner:innen, zu Kindern oder im beruflichen Umfeld.

Beratung kann Männern helfen, destruktive Muster zu durchbrechen, Selbstfürsorge zu entwickeln und neue Formen von Männlichkeit zu erproben. Gerade in einer Gesellschaft im Wandel eröffnet Beratung Räume, in denen auch Männer sich verändern dürfen - und Unterstützung erfahren. Wenn Männer erfahren, dass sie mit ihrer Unsicherheit, Verletzlichkeit und ihrem Wunsch nach Orientierung nicht allein sind, entsteht ein Feld der gemeinsamen Entwicklung.

Herausforderungen in der Männerberatung

Die Arbeit mit Männern ist oft geprägt von Unsicherheit - auf beiden Seiten. Männer bringen nicht immer ein klares Anliegen mit, scheuen sich vor „zu viel Gefühl" oder stellen hohe Ansprüche an sich selbst. Manche Berater:innen wiederum haben Vorurteile, etwa gegenüber „emotional verschlossenen" Männern. Hier braucht es eine Haltung der Offenheit, Selbstreflexion und Genderkompetenz.

Ein weiteres Spannungsfeld ergibt sich im Umgang mit Aggression, Abwertung oder Rückzug - Verhaltensweisen, die bei Männern häufiger auftreten, wenn sie überfordert oder verletzt sind. Diese Muster zu verstehen, ohne sie zu entschuldigen, und gleichzeitig den Zugang zu

verborgenen Emotionen zu ermöglichen, ist eine der großen Herausforderungen - und Chancen - der Männerberatung.

Zudem sind viele Männer es nicht gewohnt, über Beziehung, Rollenverständnis oder psychische Belastungen zu sprechen. Die Beratung kann
hier als Experimentierfeld dienen - für neue Formen von Miteinander, für
das Verlernen überholter Ideale und das Wiedererlernen von emotionaler Präsenz. Voraussetzung dafür ist eine respektvolle, klare, nicht mora-
lisierende Begleitung.

Ältere Menschen in der Beratung

Die psychosoziale Beratung älterer Menschen gewinnt zunehmend an Bedeutung. Der demografische Wandel bringt es mit sich, dass immer mehr Menschen in ein höheres Lebensalter eintreten - oft bei guter Gesundheit, aber nicht selten auch begleitet von sozialen, körperlichen oder psychischen Herausforderungen. Ältere Menschen stehen vor spezifischen Themen: körperlicher Abbau, Verlust von Angehörigen, soziale Isolation, Eintritt in den Ruhestand, Neudefinition von Rollen, Auseinandersetzung mit der eigenen Endlichkeit. Sie bringen eine Fülle an Lebenserfahrung mit, aber auch eine Vielzahl von möglicherweise ungelösten biografischen Konflikten.

Worauf besonders zu achten ist

Die Beratung älterer Menschen erfordert eine respektvolle, zugewandte Haltung. Es geht darum, Menschen mit Lebenserfahrung nicht zu bevormunden, sondern ihre Autonomie zu achten. Gleichzeitig ist es wichtig, eigene Vorannahmen über das Alter zu hinterfragen: Nicht alle älteren Menschen sind krank, einsam oder resigniert. Viele befinden sich in einem aktiven Gestaltungsprozess - sei es durch neue Partnerschaften, freiwilliges Engagement oder spirituelle Entwicklung.

Das Beratungstempo sollte an die kognitiven und emotionalen Ressourcen angepasst werden. Manche Themen brauchen mehr Zeit, manche Äußerungen entstehen in der Rückschau und brauchen Raum. Biografiearbeit, sinnstiftende Gespräche, das Anknüpfen an frühere Lebensphasen oder das Sichtbarmachen von Ressourcen können zentrale Methoden sein. Gleichzeitig sollten altersbezogene Einschränkungen - etwa Hörprobleme, Mobilitätseinschränkungen oder kognitive Veränderungen - berücksichtigt und in der Settinggestaltung mitgedacht werden.

Chancen der Beratung mit älteren Menschen

Die Beratung kann älteren Menschen helfen, das eigene Leben zu bilanzieren, unerledigte Themen zu klären oder sich neu zu positionieren.

Besonders in Übergangsphasen - wie dem Eintritt in den Ruhestand oder dem Verlust eines Lebenspartners - kann sie Orientierung, Trost und Perspektive bieten. Viele ältere Menschen schätzen es, gehört zu werden - ohne Zeitdruck, ohne Ratschläge, ohne Bewertungen.

Ein bedeutender Gewinn liegt auch im Stärken des Selbstwertgefühls. Ältere Menschen erleben sich in unserer Gesellschaft oft als „nicht mehr gebraucht". Die Beratung kann helfen, Selbstwirksamkeit und Lebenssinn neu zu entdecken - und gleichzeitig Anerkennung für das bereits Gelebte zu erfahren.

Herausforderungen in der Beratung älterer Menschen

Zu den Herausforderungen zählen Altersbilder - sowohl jene der Berater:innen als auch jene der Klient:innen selbst. Wer das Alter als Defizit erlebt, hat es schwer, sich für neue Erfahrungen zu öffnen. Auch Themen wie Einsamkeit, Krankheit oder der nahende Tod können emotional herausfordernd sein - nicht nur für Klient:innen, sondern auch für die beratende Person.

Besondere Aufmerksamkeit braucht auch die Abgrenzung zu therapeutischen oder medizinischen Fragestellungen - etwa bei beginnender Demenz, schweren Depressionen oder chronischen Schmerzsyndromen. Hier gilt es, die eigene fachliche Kompetenz klar einzuordnen und gegebenenfalls weiterzuvermitteln.

Angehörige von psychisch erkrankten Menschen

Angehörige von Menschen mit psychischen Erkrankungen sind oft hochbelastet. Sie erleben sich zwischen Sorge, Verantwortung, Hilflosigkeit und Überforderung. Viele tragen emotionale Lasten mit, übernehmen Pflege- und Organisationsaufgaben, kämpfen mit Schuldgefühlen und geraten selbst an ihre psychischen Grenzen. Gleichzeitig finden sie in der öffentlichen Wahrnehmung oft wenig Raum - ihr Erleben bleibt unsichtbar, ihre Bedürfnisse zweitrangig.

Worauf besonders zu achten ist

In der Beratung von Angehörigen ist ein sicherer, wertschätzender Raum besonders wichtig. Viele Angehörige sprechen zum ersten Mal offen über ihre eigene Not - und haben oft das Gefühl, nicht gehört zu werden. Es gilt, ihnen die Erlaubnis zu geben, über sich selbst zu sprechen, und nicht nur über die erkrankte Person.

Zentrale Themen sind Schuld und Verantwortung: Habe ich genug getan? Habe ich etwas übersehen? Darf ich an mich denken? Hier braucht es behutsame Entlastung, das Aufzeigen von Grenzen der Einflussnahme und die Stärkung der Selbstfürsorge.

Wichtig ist auch die Vermittlung von Wissen über psychische Erkrankungen: Was ist Teil der Erkrankung? Was ist persönliche Entscheidung? Wo beginnt professionelle Verantwortung? Psychoedukation und das Aufzeigen von Unterstützungsstrukturen können Angehörige stärken und Orientierung geben.

Chancen der Angehörigenberatung

Die Beratung bietet Angehörigen die Möglichkeit, ihr eigenes Erleben ernst zu nehmen. Sie können Belastungen aussprechen, neue Strategien entwickeln und ihren Umgang mit der Erkrankung reflektieren.

Besonders wichtig ist die Stärkung der Selbstfürsorge: das Erlauben von Pausen, das Setzen von Grenzen, das Erkennen eigener Bedürfnisse.

Angehörigenberatung kann helfen, destruktive Kommunikationsmuster zu erkennen, Co-Abhängigkeiten zu durchbrechen und die Beziehung zur erkrankten Person neu zu gestalten - auf Augenhöhe, mit Klarheit, mit Mitgefühl, aber auch mit gesunden Abgrenzungen.

Herausforderungen in der Angehörigenberatung

Manche Angehörige kommen mit dem Wunsch, die erkrankte Person „verändern" zu lassen. Die Enttäuschung, dass Beratung keine Therapie der betroffenen Person ersetzt, muss oft behutsam bearbeitet werden. Auch das Aushalten von Ambivalenz, Trauer oder Wut gegenüber der geliebten Person ist nicht immer leicht - weder für die Angehörigen noch für die beratende Person.

Zudem können systemische Dynamiken - etwa innerhalb der Familie - die Beratung beeinflussen. Hier ist es wichtig, die eigene Rolle klar zu halten und gegebenenfalls andere Angebote wie Familienberatung oder therapeutische Weitervermittlung vorzuschlagen.

Menschen mit Beeinträchtigungen in der Beratung

Die Beratung von Menschen mit körperlichen, kognitiven oder psychischen Beeinträchtigungen erfordert ein hohes Maß an Sensibilität, Flexibilität und Fachwissen. Diese Zielgruppe ist nicht homogen, sondern umfasst sehr unterschiedliche Lebenslagen, Bedürfnisse und Ressourcen. Viele dieser Menschen sind im Alltag mit Barrieren konfrontiert - physisch, kommunikativ, sozial oder strukturell. Die Beratung bietet einen wichtigen Raum, in dem sie sich mit ihren Themen, Fragen und Entwicklungsmöglichkeiten zeigen können - unabhängig von gesellschaftlichen Zuschreibungen oder Einschränkungen.

Worauf besonders zu achten ist

Zentrale Voraussetzung für eine gelingende Beratung ist die Barrierefreiheit - nicht nur baulich, sondern auch kommunikativ, kognitiv und emotional. Leichte Sprache, adaptive Methoden, visuelle Hilfsmittel oder längere Sitzungsdauer können hilfreich sein, um eine vertrauensvolle und gleichwertige Begegnung zu ermöglichen. Wichtig ist, nicht in eine Helferhaltung zu verfallen, sondern auf Augenhöhe zu arbeiten und die Selbstbestimmung der Klient:innen konsequent zu achten.

Viele Menschen mit Beeinträchtigungen haben Erfahrungen mit Bevormundung, Ausgrenzung oder institutioneller Gewalt gemacht. Deshalb ist ein transparenter Umgang mit Macht, klare Absprachen und eine kontinuierliche Reflexion der eigenen Haltung besonders bedeutsam. Auch das Einbeziehen von Unterstützungsnetzwerken - etwa Persönliche Assistent:innen, gesetzliche Vertreter:innen oder Familienangehörige - sollte immer individuell abgestimmt und gut vorbereitet sein.

Chancen der Beratung

Beratung kann für Menschen mit Beeinträchtigungen ein Raum sein, in dem sie sich nicht über ihre Diagnose oder Behinderung definieren müssen. Sie können sich als ganze Person zeigen - mit ihrer Geschichte, ihren Fähigkeiten, ihrer Lebensfreude, ihren Zweifeln. Die Erfahrung, gehört und ernst genommen zu werden, stärkt das Selbstwertgefühl und fördert die Eigenverantwortung.

Zudem können Klient:innen in der Beratung Strategien entwickeln, um mit belastenden Lebenssituationen umzugehen, ihre Lebensqualität zu verbessern und persönliche Ziele zu verfolgen - sei es im Bereich der sozialen Teilhabe, der Selbstvertretung oder der Gestaltung von Beziehungen. Beratung kann auch dabei unterstützen, Rechte wahrzunehmen, Barrieren zu benennen und sich gegen Diskriminierung zu wehren.

Herausforderungen in der Beratung von Menschen mit Beeinträchtigungen

Eine zentrale Herausforderung liegt in der Vielfalt der Unterstützungsbedarfe. Es gibt keine „Standardlösung", sondern jede Beratung muss individuell angepasst werden. Dies erfordert von Berater:innen die Bereitschaft, sich einzulassen, neue Wege zu gehen und die gewohnten Settings flexibel zu gestalten.

Auch rechtliche und ethische Fragen - etwa zur Einwilligungsfähigkeit, zum Umgang mit gesetzlichen Vertreter:innen oder zur Schweigepflicht bei unterstützter Kommunikation - stellen komplexe Anforderungen. Hier braucht es fundiertes Fachwissen, eine klare Haltung und gegebenenfalls Austausch mit Facheinrichtungen oder juristischen Beratungsstellen.

Queere Menschen (LGBTIQ+) in der Beratung

Queere Menschen - also Menschen, deren geschlechtliche Identität oder sexuelle Orientierung von heteronormativen Vorstellungen abweicht - sind in der psychosozialen Beratung eine wichtige Zielgruppe. Sie erleben häufig spezifische Belastungen: Diskriminierung, innere Konflikte, mangelnde gesellschaftliche Akzeptanz, Unsichtbarkeit, familiäre Zurückweisung oder rechtliche Unsicherheiten. Gleichzeitig verfügen viele über eine hohe Resilienz, über kreative Strategien im Umgang mit gesellschaftlichen Normen und über ein starkes Bedürfnis nach authentischer Lebensgestaltung.

Worauf besonders zu achten ist

In der Beratung queerer Menschen ist eine diskriminierungssensible, offene und affirmierende Haltung zentral. Berater:innen sollten über Grundkenntnisse zu sexueller und geschlechtlicher Vielfalt verfügen, aber auch bereit sein, eigene Unsicherheiten zu benennen und sich weiterzubilden. Es ist wichtig, Räume zu schaffen, in denen sich Klient:innen sicher fühlen - gerade wenn sie im Alltag Ausgrenzung oder Mikroaggressionen erfahren.

Sprachliche Sensibilität ist dabei essenziell: die Verwendung von geschlechtergerechter Sprache, das respektvolle Nachfragen nach Pronomen oder das Akzeptieren nicht-binärer Identitäten gehört zum professionellen Standard. Auch die Anerkennung unterschiedlicher Lebensweisen - jenseits von Paarbeziehungen oder traditionellen Familienmodellen - ist Teil einer ganzheitlichen Beratung.

Chancen der Beratung mit queeren Menschen

Die Beratung bietet queeren Menschen einen Raum, in dem sie sich mit allen Aspekten ihres Seins zeigen können - ohne Angst vor Wertung, Belehrung oder Pathologisierung. Sie können innere Konflikte klären, sich mit familiären und gesellschaftlichen Erfahrungen auseinandersetzen, Identität entwickeln und stärken.

Beratung kann auch ein Ort der Selbstermächtigung sein: zur Sichtbarkeit, zur Grenzsetzung, zur Gestaltung von Beziehungen, zur Integration verschiedener Anteile des Selbst. Besonders wertvoll ist es, wenn queere Menschen erleben, dass sie nicht allein sind - und dass ihre Lebensrealitäten anerkannt und respektiert werden.

Herausforderungen in der Arbeit mit queeren Menschen

Herausfordernd kann sein, wenn eigene Unsicherheiten oder Unwissenheit die Beziehung belasten. Auch strukturelle Diskriminierungserfahrungen - etwa im Gesundheitssystem oder in der Jugendhilfe - können das Vertrauen in professionelle Unterstützung beeinträchtigen. Hier braucht es Klarheit, Dialogbereitschaft und die Bereitschaft zur Selbstkritik.

Berater:innen sind auch gefordert, gesellschaftliche Normen zu hinterfragen und die Beratung nicht an Heteronormativität oder Zweigeschlechtlichkeit auszurichten. Das bedeutet auch, sich mit der eigenen Sozialisierung und inneren Haltung auseinanderzusetzen - und Beratung als gemeinsamen Lernprozess zu verstehen.

Menschen mit Migrations- und/oder Fluchterfahrung in der Beratung

Die psychosoziale Beratung von Menschen mit Migrations- oder Fluchterfahrung ist ein besonders komplexes und zugleich bedeutsames Arbeitsfeld. Diese Zielgruppe bringt eine große Vielfalt an kulturellen, sprachlichen, biografischen und sozialen Hintergründen mit. Gleichzeitig sind viele dieser Menschen strukturellen, institutionellen und gesellschaftlichen Herausforderungen ausgesetzt, die sich direkt auf ihre psychische Gesundheit und ihr Beratungserleben auswirken. Migration ist nie nur ein Ortswechsel - sie bedeutet oft einen tiefgreifenden Einschnitt in Biografie, Identität, Zugehörigkeit und Lebensplanung.

Insbesondere Menschen mit Fluchterfahrung haben häufig Traumatisierungen erlebt: Krieg, Gewalt, Verlust von Angehörigen, lebensbedrohliche Situationen auf der Flucht oder lang andauernde Unsicherheit in Lagern und Unterkünften. Viele leben in einem Zustand permanenter Anspannung, in rechtlicher Unsicherheit oder sozialer Isolation. Sprachbarrieren, Diskriminierung, kulturelle Missverständnisse und fehlende Netzwerke erschweren zusätzlich die Integration und den Zugang zu Unterstützungsangeboten.

Worauf besonders zu achten ist

In der Beratung von Menschen mit Migrations- oder Fluchterfahrung ist ein kultursensibler, achtsamer und flexibler Zugang entscheidend. Es braucht eine Haltung, die geprägt ist von Respekt gegenüber der Lebensleistung dieser Menschen, von Interesse an ihrer Geschichte und von der Bereitschaft, die eigene Perspektive zu relativieren. Interkulturelle Kompetenz bedeutet nicht, „alles zu wissen", sondern offen zu sein, sich auf andere Konzepte von Familie, Religion, Geschlecht, Autorität oder Scham einzulassen - ohne zu werten.

Besondere Aufmerksamkeit verlangt die Kommunikation. Sprachliche Missverständnisse können nicht nur inhaltliche Klarheit beeinträchtigen, sondern auch zu emotionaler Verunsicherung führen. Wenn notwendig, sollten professionelle Dolmetscher:innen einbezogen werden - nicht Angehörige oder Bekannte. Der Einsatz von Dolmetschenden erfordert klare Regeln zur Schweigepflicht, zur Rollenklärung und zur Gesprächsführung.

Auch der Umgang mit traumatischen Erfahrungen erfordert eine hohe Sensibilität. Nicht jede belastende Erfahrung muss zwingend thematisiert werden. Es geht in erster Linie um Stabilisierung, Sicherheit, Orientierung - und darum, gemeinsam zu klären, was die Klient:in aktuell braucht. Dabei kann es hilfreich sein, narrative, bildhafte oder körpersprachliche Ausdrucksformen zuzulassen, wenn verbale Sprache nicht ausreicht.

Chancen der Beratung mit Menschen mit Migrations- oder Fluchterfahrung

Beratung kann für diese Menschen ein wichtiger Ort sein, um sich zu sortieren, Sicherheit zu erleben und Vertrauen in sich selbst und andere wiederzugewinnen. Viele erleben in der Beratung erstmals, dass sie als Mensch wahrgenommen werden - nicht nur als Asylwerber:in, Arbeitskraft oder „Problemfall". Dieses Erleben allein kann bereits einen heilenden Impuls darstellen.

In der Beratung können Ressourcen aktiviert werden, die aus der eigenen Herkunft, aus familiären oder religiösen Werten stammen - Resilienz, Durchhaltevermögen, Fürsorge, Kreativität. Auch die Auseinandersetzung mit der neuen Lebensrealität - mit anderen Rollenbildern, mit Gleichberechtigung, mit individuellen Rechten - kann in einem sicheren Rahmen reflektiert und gestaltet werden.

Zudem kann die Beratung Brücken bauen: zwischen Herkunft und Ankunft, zwischen innerer Verlorenheit und äußerer Orientierung, zwischen dem Alten und dem Neuen. Sie kann helfen, Sprachlosigkeit zu überwinden und neue Identitätsnarrative zu entwickeln. Besonders für Jugendliche und junge Erwachsene mit Migrationshintergrund kann sie ein entscheidender Faktor für Integration und gesunde Persönlichkeitsentwicklung sein.

Herausforderungen in der Beratung von Menschen mit Migrations- und Fluchterfahrung

Herausfordernd ist häufig der Umgang mit unterschiedlichen Weltbildern. Themen wie Geschlechterrollen, Familienloyalität, Religion, Scham oder Ehre können auf Werte und Haltungen der beratenden Person treffen, die in Spannung dazu stehen. Hier braucht es die Fähigkeit zur Selbstreflexion, zum Aushalten von Differenz und zur Abgrenzung, wo es nötig ist - etwa im Bereich von Gewalt, Unterdrückung oder Menschenrechten.

Auch das institutionelle Umfeld stellt Herausforderungen dar: rechtliche Unsicherheiten im Asylverfahren, drohende Abschiebung, fehlender Zugang zu Unterstützungsleistungen oder prekäre Wohnsituationen können Beratungsprozesse massiv erschweren. Berater:innen können in solchen Fällen keine Lösungen anbieten - wohl aber Halt geben, Orientierung ermöglichen und das Gefühl stärken, nicht völlig ausgeliefert zu sein.

Eine zusätzliche Herausforderung liegt in der Gefahr unbewusster Vorannahmen. Auch gut gemeinte Haltungen („Diese Menschen brauchen unsere Hilfe") können entmündigend wirken. Es braucht daher eine kontinuierliche Auseinandersetzung mit der eigenen professionellen Rolle, mit kulturellen Klischees und mit der Frage, wie Macht in der Beratung wirkt - bewusst und unbewusst.

Nicht zuletzt sind viele Menschen mit Migrationshintergrund stark mit Existenzsorgen, familiärer Verantwortung und komplexen Loyalitätskonflikten belastet. Ihre Themen reichen oft über das Beratungssetting hinaus. Umso wichtiger ist es, Netzwerke zu kennen, weiterführende Unterstützungsangebote zu vermitteln und interdisziplinär zu denken.

Grenzen der psychosozialen Beratung

Die psychosoziale Beratung ist ein wirksames, niederschwelliges Unterstützungsangebot, das Menschen in belastenden Lebenssituationen Orientierung, Entlastung und Stärkung bieten kann. Sie hat sich als eigenständige Profession etabliert, die auf Beziehung, Kommunikation und Ressourcenaktivierung beruht. Berater:innen begleiten Menschen in schwierigen Lebensphasen, unterstützen bei Entscheidungsprozessen, helfen beim Wiederentdecken innerer Stärken und fördern die persönliche Entwicklung. Sie arbeiten lösungsorientiert, stärken das Selbstwirksamkeitserleben der Klient:innen und schaffen Räume, in denen Neues gedacht und erprobt werden kann.

Gleichzeitig ist psychosoziale Beratung bewusst keine Therapie. Sie ersetzt keine medizinische, psychiatrische oder psychotherapeutische Behandlung und ist auch nicht dafür vorgesehen, schwere psychische Erkrankungen zu diagnostizieren oder zu behandeln. Ihre Stärke liegt in der Alltagsnähe, in der Fähigkeit, Beziehung zu gestalten, in der praktischen Unterstützung bei Lebensübergängen und in der Aktivierung vorhandener Ressourcen. Diese Qualitäten machen sie zu einer bedeutsamen Säule im psychosozialen Versorgungssystem - besonders für Menschen, die sich in einer Lebenskrise befinden, ohne bereits krank im engeren Sinn zu sein.

Doch so wirksam psychosoziale Beratung auch ist - sie hat ihre Grenzen. Und diese Grenzen zu kennen, sie klar benennen zu können und im Beratungsprozess entsprechend verantwortungsvoll zu handeln, gehört zu den Grundpfeilern professionellen Arbeitens. Grenzen ergeben sich nicht nur aus fachlichen oder rechtlichen Rahmenbedingungen, sondern auch aus ethischen, methodischen und persönlichen Faktoren. Eine Berater:in, die ihre eigene Rolle und Zuständigkeit klar einschätzen kann, schützt damit nicht nur die Klient:innen, sondern auch sich selbst.

Grenzen entstehen etwa dann, wenn Menschen mit Anliegen in die Beratung kommen, die eine therapeutische oder psychiatrische Behandlung benötigen. Oder wenn die beratende Person merkt, dass sie mit einem Thema emotional überfordert ist, weil es zu nah an eigene unverarbeitete Erfahrungen rührt. Grenzen zeigen sich auch im Setting: Wenn der Raum nicht mehr als sicherer Ort erlebt wird, wenn die Beziehung zu stark mit unklaren Erwartungen aufgeladen ist oder wenn Machtasymmetrien nicht ausreichend reflektiert werden.

Professionelle Beratung bedeutet nicht, immer Lösungen zu haben. Es bedeutet, die eigenen Möglichkeiten zu erkennen und zugleich bereit zu sein, Klient:innen in ihrer Suche nach anderen Wegen zu unterstützen - auch, wenn dies heißt, sie weiterzuvermitteln. Diese Haltung erfordert nicht nur fachliche Klarheit, sondern auch Mut, Demut und ein reflektiertes Selbstverständnis. Nicht zuletzt geht es dabei auch um den Schutz der Würde der Ratsuchenden: Niemandem ist geholfen, wenn falsche Versprechungen gemacht oder Zuständigkeiten überschritten werden.

In der Praxis zeigt sich oft, dass Klient:innen selbst nicht immer klar unterscheiden können, was Beratung, was Therapie, was Unterstützung durch Ärzt:innen oder andere Fachkräfte bedeutet. Deshalb ist es umso wichtiger, dass psychosoziale Berater:innen in der Lage sind, ihre Tätigkeit transparent zu erklären, ihre Grenzen sachlich zu benennen und dabei gleichzeitig empathisch und unterstützend zu bleiben. Grenzen aufzuzeigen heißt nicht, jemanden wegzuschicken - es heißt, achtsam mit der Situation umzugehen und gemeinsam nach der bestmöglichen Unterstützung zu suchen.

Dieses Kapitel beleuchtet zentrale Themen, die mit den Grenzen psychosozialer Beratung in Zusammenhang stehen: die Abgrenzung zur Psychotherapie, die Indikation für eine Weitervermittlung, typische ethische Dilemmata und mögliche Wege zu einer verantwortungsvollen Entscheidungsfindung. Ziel ist es, Berater:innen darin zu stärken, die eigenen Kompetenzen bewusst einzuordnen, professionelle Integrität zu wahren und gleichzeitig die Bedürfnisse der Klient:innen ernst zu nehmen. Wer seine Grenzen kennt und verantwortungsvoll mit ihnen umgeht, handelt nicht defizitär - sondern professionell.

Abgrenzung zur Psychotherapie

Die Abgrenzung zwischen psychosozialer Beratung und Psychotherapie ist ein zentraler Bestandteil verantwortungsvoller Praxis. In der alltäglichen Beratungspraxis begegnen Berater:innen regelmäßig Anliegen, die auch im therapeutischen Kontext bearbeitet werden könnten: emotionale Überforderung, Beziehungskonflikte, Selbstzweifel, Sinnkrisen oder psychosomatische Beschwerden. Nicht selten verschwimmen hier die Grenzen. Umso wichtiger ist es, eine fundierte Unterscheidung treffen zu können - im Interesse der Ratsuchenden ebenso wie zur Wahrung der eigenen professionellen Integrität.

Mit dem Inkrafttreten des neuen österreichischen Psychotherapiegesetzes im Jahr 2024 (BGBl. I Nr. 102/2024) wurde die Rolle der Psychotherapie neu definiert und rechtlich präzisiert. Psychotherapie wird nun klar als die Behandlung psychischer Störungen mit Krankheitswert verstanden, die auf anerkannten wissenschaftlichen Methoden beruht und ausschließlich von Personen mit entsprechender Ausbildung und Eintragung in die Liste des Bundesministeriums durchgeführt werden darf. Das Gesetz betont explizit, dass psychische Erkrankungen - wie Depressionen, Angststörungen, Zwangsstörungen, Essstörungen, posttraumatische Belastungsstörungen, bipolare Störungen oder Suchterkrankungen - der psychotherapeutischen bzw. ärztlich-psychiatrischen Behandlung vorbehalten sind.

Die psychosoziale Beratung, insbesondere im Rahmen der Lebens- und Sozialberatung, ist demgegenüber als präventives, unterstützendes und nicht-therapeutisches Angebot konzipiert. Sie ist in der österreichischen Gewerbeordnung geregelt und richtet sich an Menschen in belastenden, aber nicht pathologischen Lebenssituationen. Dazu zählen etwa Konflikte in Familie oder Beruf, persönliche Entscheidungssituationen, Sinnfragen, Kommunikationsprobleme, Stressbewältigung oder das Bedürfnis nach persönlicher Weiterentwicklung. Lebens- und Sozialberater:innen leisten hier wertvolle Arbeit im Sinne der Gesundheitsförderung, der Resilienzstärkung und der Entfaltung individueller Potenziale - ohne jedoch therapeutisch zu arbeiten oder krankheitswertige Störungen zu behandeln.

Diese gesetzlich verankerte Trennung ist kein Ausdruck einer Hierarchisierung der Berufe, sondern dient dem Schutz der Klient:innen und der Qualitätssicherung innerhalb des psychosozialen Versorgungssystems. Sie ermöglicht eine klare Aufgabenverteilung, schafft Orientierung für Hilfesuchende und bewahrt beide Berufsgruppen davor, ihre Kompetenzen zu überschreiten.

Für psychosoziale Berater:innen bedeutet das konkret, ihre eigene Rolle kontinuierlich zu reflektieren. Eine diagnostische Einschätzung psychischer Störungen gehört nicht zu ihren Aufgaben - wohl aber das Entwickeln eines feinen Gespürs für psychische Belastung, Überforderung und potenzielle Pathologie. Hinweise auf das Vorliegen einer psychischen Erkrankung können unter anderem sein:

- anhaltende depressive Verstimmungen mit Antriebslosigkeit und sozialem Rückzug
- übermäßige Angstzustände, Panikattacken oder zwanghaftes Verhalten
- anhaltende Schlaflosigkeit oder Essstörungen
- massive Selbstzweifel, Schuldgefühle oder Gedankenkreisen
- Suizidgedanken oder Selbstverletzendes Verhalten
- Symptome einer posttraumatischen Belastungsstörung
- Realitätsverzerrende Gedanken, Wahnvorstellungen oder Halluzinationen

Wenn solche Anzeichen auftreten oder sich im Beratungsverlauf verstärken, ist es die Pflicht der Berater:in, verantwortungsvoll zu handeln und eine Weitervermittlung zu empfehlen. Dies kann behutsam und in einem wertschätzenden Rahmen erfolgen - etwa durch eine gemeinsame Reflexion, durch die Erarbeitung von nächsten Schritten oder durch Begleitung im Übergang zu einer therapeutischen Fachstelle.

Zugleich gilt es, den Klient:innen zu vermitteln, dass eine Weitervermittlung kein Zeichen des Scheiterns ist - weder für sie noch für die beratende Person. Vielmehr ist es Ausdruck von Sorgfalt, Respekt und professioneller Verantwortung. Wer seine Grenzen kennt und sie transparent macht, schützt nicht nur sich selbst vor Überforderung, sondern auch die Ratsuchenden vor unpassender oder gar kontraproduktiver Unterstützung.

Darüber hinaus braucht es in der Praxis ein klares Rollenverständnis - auch im Austausch mit anderen Berufsgruppen. Kooperationen mit Psychotherapeut:innen, Ärzt:innen, Sozialarbeiter:innen oder psychiatrischen Einrichtungen sind sinnvoll und wünschenswert. Sie fördern ein integratives Versorgungssystem und ermöglichen es, für die Klient:innen bestmögliche Wege der Unterstützung zu eröffnen.

Nicht zuletzt spielt auch die Information der Öffentlichkeit eine wichtige Rolle: Viele Menschen können mit Begriffen wie „Beratung" oder „Therapie" wenig Konkretes verbinden. Umso wichtiger ist es, im Erstkontakt, auf der Website oder im persönlichen Gespräch klar und verständlich zu kommunizieren, was psychosoziale Beratung leisten kann - und was nicht. Diese Klarheit schafft Vertrauen, stärkt die Professionalität des Berufsstandes und trägt letztlich dazu bei, dass Ratsuchende die Unterstützung bekommen, die ihrem Anliegen wirklich entspricht.

Indikationen für die Weitervermittlung

Psychosoziale Berater:innen begleiten Menschen durch herausfordernde Lebenssituationen. Sie helfen beim Ordnen von Gedanken, beim Formulieren von Zielen, beim Aufspüren von Ressourcen. In vielen Fällen kann diese Form der Unterstützung bereits eine spürbare Entlastung und Klärung bewirken. Doch nicht jede Belastung ist beratbar. Es gibt Situationen, in denen eine Weitervermittlung an andere Berufsgruppen notwendig wird - sei es zur Abklärung, zur spezifischen Behandlung oder zur Gefährdungsabwendung. Diese Entscheidung will gut überlegt, verantwortungsvoll kommuniziert und professionell begleitet sein.

Ein zentrales Kriterium für eine Weitervermittlung ist das Erkennen einer psychischen Störung mit Krankheitswert. Zwar dürfen Berater:innen keine Diagnosen stellen, doch sie können und sollen aufmerksam auf Anzeichen achten, die auf eine solche Störung hinweisen. Dies betrifft vor allem Situationen, in denen der Leidensdruck sehr hoch, das Funktionsniveau deutlich eingeschränkt oder die Fähigkeit zur Selbststeuerung massiv beeinträchtigt ist. Dazu zählen unter anderem:

- wiederkehrende oder anhaltende Suizidgedanken,
- selbstverletzendes Verhalten oder akute Selbstgefährdung,
- Fremdgefährdung,
- psychotische Symptome (Wahn, Halluzinationen, Realitätsverlust),
- schwere depressive Episoden,
- manifeste Angst- oder Zwangsstörungen,
- substanzgebundene Abhängigkeiten,
- Essstörungen mit kritischem Gesundheitsrisiko,
- schwere Traumafolgestörungen,
- Persönlichkeitsstörungen mit instabilen Beziehungsmustern.

Auch wenn keine unmittelbare Gefährdung vorliegt, kann eine Weitervermittlung angezeigt sein. Etwa dann, wenn sich im Beratungsverlauf zeigt, dass Themen sehr tiefgreifend sind und über die Möglichkeiten der Beratung hinausgehen. Oder wenn trotz mehrfacher Gespräche keine Veränderung eintritt, weil die Ursachen in frühen, nicht bearbeiteten

Erfahrungen liegen. Ebenso kann eine Weitervermittlung sinnvoll sein, wenn deutlich wird, dass die Ratsuchenden sich nicht auf den Prozess einlassen können oder ihn durch Abwertung, Abhängigkeit oder Projektionen massiv stören.

Neben psychischen Indikationen gibt es auch strukturelle Gründe für eine Weitervermittlung. Wenn der Beratungsprozess durch äußere Faktoren blockiert ist - etwa durch prekäre Wohnverhältnisse, rechtliche Unsicherheiten, Arbeitslosigkeit oder Gewaltverhältnisse - kann eine Zusammenarbeit mit Sozialarbeiter:innen, Rechtsberatung, Frauenhäusern oder Opferschutzeinrichtungen angezeigt sein. Auch gesundheitliche Probleme oder Verdacht auf somatische Ursachen psychischer Symptome erfordern gegebenenfalls eine medizinische Abklärung.

Die Weitervermittlung sollte immer in einem Prozess geschehen - nicht abrupt, nicht autoritär, sondern als gemeinsame Klärung. Ziel ist es, mit der Klient:in ein Verständnis dafür zu entwickeln, warum eine andere Form der Unterstützung hilfreich sein kann. Dabei ist es hilfreich, die Wahlmöglichkeiten offen zu legen, passende Adressen zur Verfügung zu stellen und - wenn gewünscht - den Übergang zu begleiten. Der professionelle Anspruch liegt darin, die Autonomie der Klient:innen zu wahren und zugleich Verantwortung zu übernehmen. Es gehört zu den Kompetenzen psychosozialer Berater:innen, Grenzen der eigenen Arbeit nicht nur zu kennen, sondern auch klar zu kommunizieren. Eine unscharfe Grenzziehung birgt die Gefahr der Überforderung, der Retraumatisierung oder der Unwirksamkeit. Eine gut begründete, empathisch vermittelte Weitervermittlung hingegen kann als stützende Maßnahme erlebt werden - als Ausdruck von Fürsorge, Weitblick und Professionalität.

Nicht zuletzt schützt die Weitervermittlung auch die Berater:innen selbst. Wer wiederholt in Situationen gerät, die über die eigene Zuständigkeit hinausgehen, riskiert emotionale Erschöpfung, Rollenkonflikte und berufliches Burnout. Ein professioneller Umgang mit den eigenen Grenzen ist daher nicht nur ethisch geboten, sondern auch Teil der Selbstfürsorge und Qualitätssicherung.

Ethische Dilemmata und Entscheidungsfindung

In der psychosozialen Beratung begegnen Berater:innen immer wieder Situationen, in denen es keine einfachen, eindeutigen Lösungen gibt. Ethische Dilemmata entstehen dort, wo verschiedene Werte, Verpflichtungen oder Erwartungen miteinander in Konflikt geraten. Wo etwa die Schweigepflicht mit dem Kinderschutz kollidiert. Wo das Bedürfnis nach Allparteilichkeit auf die Realität von Gewalt stößt. Wo die Grenze zwischen Nähe und professioneller Distanz unscharf wird. Oder wo der Wunsch, zu helfen, mit der Notwendigkeit zur Abgrenzung unvereinbar scheint.

Ethische Herausforderungen sind kein Zeichen von Unsicherheit oder Unprofessionalität - im Gegenteil: Sie sind Ausdruck von Komplexität, Verantwortung und Beziehungstiefe. Sie zeigen, dass Beratung kein mechanisches Anwenden von Techniken ist, sondern ein lebendiger Prozess, in dem Menschen mit all ihren Geschichten, Widersprüchen und Bedürfnissen aufeinandertreffen. Und sie fordern dazu auf, innezuhalten, zu reflektieren und bewusst Entscheidungen zu treffen.

Zu den häufigsten ethischen Fragestellungen in der psychosozialen Beratung zählen:

- Wie gehe ich mit Informationen um, die mir im Vertrauen anvertraut wurden, aber auf eine Gefährdung hinweisen?
- Wie reagiere ich, wenn ich vermute, dass eine Klient:in in einer Gewaltbeziehung lebt, dies aber nicht offen thematisiert?
- Wo endet meine Rolle als Berater:in, wenn Klient:innen mir mit starken emotionalen Erwartungen begegnen?
- Wie gestalte ich Nähe, ohne in Rollenkonflikte oder Beziehungsdynamiken zu geraten?
- Wann muss ich mich selbst schützen - emotional, zeitlich, fachlich - und wie teile ich das mit?

Der professionelle Umgang mit ethischen Dilemmata verlangt nach einem klaren Werterahmen. In Österreich orientieren sich psychosoziale

Berater:innen unter anderem an den ethischen Leitlinien der Fachverbände (z. B. ÖBVP, WKO/Berufsgruppe LSB), an der Schweigepflicht gemäß § 119 GewO sowie an allgemeinen Prinzipien wie Achtung der Autonomie, Wohlergehen der Klient:innen, Nichtschädigung und Gerechtigkeit. Diese Prinzipien helfen, ethische Spannungsfelder zu strukturieren und Entscheidungen zu begründen.

Ein zentrales Instrument zur ethischen Entscheidungsfindung ist die Reflexion - sowohl in der Einzelsupervision als auch im kollegialen Austausch. Gerade in emotional aufgeladenen Situationen ist es hilfreich, sich Zeit zu nehmen, andere Perspektiven einzuholen und unterschiedliche Handlungsoptionen abzuwägen. Manchmal kann es sinnvoll sein, das ethische Dilemma auch mit der Klient:in selbst zu besprechen - in einer Haltung der Offenheit und Transparenz.

Ethisches Handeln bedeutet nicht, immer „richtig" zu entscheiden. Es bedeutet, sich der eigenen Verantwortung bewusst zu sein, Entscheidungen begründen zu können und mit ihren Folgen umzugehen. Dazu gehört auch der Mut, Fehler einzugestehen, Grenzen anzuerkennen und aus Erfahrungen zu lernen.

In einer Welt, die zunehmend komplex und unübersichtlich wird, braucht es in der psychosozialen Arbeit nicht nur Fachwissen, sondern auch ethische Urteilskraft. Wer als Berater:in bereit ist, sich mit Dilemmata auseinanderzusetzen, übernimmt Verantwortung - für die eigene Integrität, für die Qualität der Arbeit und für das Wohl jener Menschen, die Beratung suchen.

Abschied, Abschluss und Übergänge

Die Bedeutung des Abschlusses im Beratungsprozess

Beratungsprozesse sind von Natur aus zeitlich begrenzt. Auch wenn sie in ihrer Dauer stark variieren können - von wenigen Sitzungen bis zu längeren Begleitungen über viele Monate hinweg - ist die zeitliche Begrenzung ein zentrales Merkmal und zugleich ein wesentlicher Bestandteil des professionellen Rahmens. Diese Begrenzung schafft Orientierung, strukturiert den Prozess und dient der Zielgerichtetheit der gemeinsamen Arbeit. Vor allem aber ist sie Ausdruck eines Grundgedankens psychosozialer Beratung: Menschen sollen darin unterstützt werden, wieder in ihre eigene Kraft zu kommen, Verantwortung für ihr Leben zu übernehmen und tragfähige Lösungen aus eigener Stärke zu entwickeln. Die beratende Beziehung ist kein dauerhaftes Abhängigkeitsverhältnis, sondern ein Raum auf Zeit, in dem Entwicklung angestoßen und begleitet wird.

Das übergeordnete Ziel psychosozialer Beratung besteht darin, die Autonomie und Selbstverantwortung der Klient:innenzu stärken. Dieser Prozess geschieht durch Beziehung, Reflexion, Impulse, das Erkennen eigener Ressourcen und das Erleben von Resonanz. Wenn Beratung gelingt, befähigt sie Menschen dazu, ihren Weg wieder ohne professionelle Unterstützung zu gestalten. Der Moment, in dem ein Beratungsprozess zu Ende geht, ist deshalb nicht einfach das Resultat eines Zeitplans oder einer Terminreihe - er ist ein bedeutsamer Übergang im Leben der Klient:in, in dem das Erarbeitete integriert, das Erlebte reflektiert und das Vertrauen in das eigene Handeln gestärkt wird.

Der Abschluss eines Beratungsprozesses ist somit weit mehr als eine formale Beendigung der Sitzungen. Er ist ein vielschichtiges Ereignis, das sowohl fachliche als auch emotionale und beziehungsdynamische Ebenen berührt. Der Abschied hat eine symbolische Kraft, denn er markiert einen Punkt der Selbstermächtigung: Die Klient:in sagt sinnbildlich „Ich kann jetzt allein weitergehen." Gleichzeitig ist der Abschied auch für die Berater:in ein bedeutsamer Moment, der Würdigung, Reflexion und eine bewusste Trennung der professionellen Beziehung ermöglicht. Ein gut vorbereiteter, gemeinsam gestalteter Abschlussprozess kann die Wirkung der Beratung nachhaltig stärken, indem er Rückblick, Integration und Übergang miteinander verbindet.

Der bewusste Abschied ist ein wertvoller Bestandteil des Beratungsprozesses - nicht nur als Respekt gegenüber der gemeinsamen Arbeit, sondern auch als Beitrag zur inneren Ordnung der Klient:innen. Ein gelungener Abschluss schafft einen klaren Übergang in eine neue Lebensphase, bietet emotionale Sicherheit und stärkt das Vertrauen in die eigene Selbstwirksamkeit. In diesem Übergangsraum entsteht die Möglichkeit, zurückzublicken, das Erlebte zu würdigen, sich von belastenden Themen innerlich zu lösen und neue Perspektiven zu entwickeln. Der Abschied wird so nicht zum Verlust, sondern zur Bestätigung dessen, was möglich geworden ist. Und genau darin liegt seine große, oft unterschätzte Bedeutung.

Den Abschluss vorbereiten: Frühzeitige Zielklärung

Ein gelungener Abschluss beginnt lange vor der letzten Sitzung - er ist vielmehr ein kontinuierlich mitlaufender Teil des gesamten Beratungsprozesses. Bereits in der Anfangsphase sollte deshalb offen und transparent darüber gesprochen werden, wie der Beratungsrahmen gestaltet wird, wie lange die Zusammenarbeit voraussichtlich dauern könnte und welche inhaltlichen oder prozessbezogenen Ziele angestrebt werden. Diese Anfangsklärung bietet beiden Seiten Orientierung: Klient:innen erhalten einen Rahmen, in dem sie ihre Anliegen strukturieren und formulieren können, während Berater:innen ein besseres Verständnis für die Erwartungshaltung, die Motivation und die Zielrichtung der Klient:innen entwickeln.

Die Frage nach dem möglichen Ende des Beratungsprozesses kann dabei ganz behutsam eingebracht werden. Es geht nicht um ein festes Datum, sondern um eine grundsätzliche gemeinsame Vorstellung darüber, wie Veränderung konkret aussehen könnte. Dabei kann auch thematisiert werden, woran die Klient:in erkennen würde, dass eine Veränderung eingetreten ist: Was wäre dann anders? Welche Gedanken oder Gefühle würden sich verändern? Welche Verhaltensweisen würden sich vielleicht wandeln? Welche Lebensbereiche wären davon betroffen? Diese Art der Zielklärung fördert die aktive Mitgestaltung der Klient:innen am Prozess und stärkt ihre Selbstverantwortung.

Auch während des Beratungsprozesses ist es sinnvoll, immer wieder innezuhalten und gemeinsam zu überprüfen, wo man steht. Zwischenbilanzen - etwa nach drei oder fünf Sitzungen - ermöglichen eine Standortbestimmung: Was ist bisher geschehen? Welche Entwicklungsschritte wurden bereits vollzogen? Was ist möglicherweise in Bewegung geraten, auch wenn es noch nicht vollständig sichtbar ist? Gibt es neue Ziele, die sich ergeben haben? Oder wurde ein Ziel vielleicht bereits erreicht und könnte ersetzt oder angepasst werden?

Gegen Ende der Beratung wird diese Reflexion besonders bedeutsam. Die anfängliche Zielvereinbarung kann dann erneut aufgegriffen und in den aktuellen Kontext gesetzt werden: Was hat sich verändert? Welche Ressourcen und Kompetenzen wurden gestärkt oder reaktiviert? Welche Haltungen, Einstellungen oder Überzeugungen konnten reflektiert und vielleicht erweitert werden? Gibt es neue Handlungsstrategien oder Perspektiven, die sich im Alltag bereits bewährt haben? Gleichzeitig darf auch offen angesprochen werden, was offen geblieben ist - nicht im Sinne eines Defizits, sondern als realistischer Teil jedes Entwicklungsprozesses.

Ein solcher abschließender Dialog dient nicht nur der inhaltlichen Zusammenfassung, sondern auch der emotionalen Integration. Er ermöglicht es den Klient:innen, ihre eigene Entwicklung bewusst zu würdigen, Erfolge als eigene Leistung zu sehen und Vertrauen in ihre Selbstwirksamkeit aufzubauen. Für die beratende Person bietet dieser Rückblick die Gelegenheit, den Prozess wertschätzend abzurunden, offene Fragen zu klären und gemeinsam den Übergang in die Zeit nach der Beratung zu gestalten. Auf diese Weise wird der Abschluss zu einem kraftvollen Moment - getragen von Klarheit, Respekt und gegenseitiger Anerkennung.

Rituale und Methoden zur Prozessverankerung

Der Abschluss kann durch gezielte Methoden unterstützt werden, die das Erreichte sichtbar machen und den Übergang bewusst gestalten. Solche Methoden dienen nicht nur der kognitiven Verankerung von Inhalten, sondern auch der emotionalen Integration und der Beziehungsgestaltung. Abschiedsrituale sind dabei nicht bloß symbolische Gesten, sondern wirksame Elemente, um das Erlebte zu würdigen, zu rahmen und zu internalisieren. Sie bieten die Möglichkeit, den oft stillen, emotional aufgeladenen Moment des Abschieds aktiv und wertschätzend zu gestalten - auf eine Weise, die sowohl dem Stil der Berater:in als auch der individuellen Persönlichkeit der Klient:in entspricht.

Ein klassisches und wirkungsvolles Abschlusselement ist das Erstellen eines Ressourcenbildes: Gemeinsam mit der Klient:in wird visualisiert, welche inneren und äußeren Ressourcen im Verlauf des Beratungsprozesses entdeckt, reaktiviert oder neu entwickelt wurden. Diese Visualisierung kann kreativ gestaltet werden - etwa in Form einer Collage, einer Mindmap oder eines symbolischen Weges mit Stationen. Ein solches Bild dient nicht nur als Rückblick, sondern auch als Zukunftsimpuls: Es erinnert daran, was bereits vorhanden ist, und kann bei künftigen Herausforderungen als innere Ressource genutzt werden.

Ebenso bedeutsam ist die sprachliche Würdigung des Prozesses. Ein offenes Gespräch, in dem beide Seiten benennen dürfen, was sie als bedeutsam, stärkend oder berührend erlebt haben, schafft eine intensive Abschlussqualität. Dabei kann auch Raum für Dankbarkeit entstehen - seitens der Klient:in ebenso wie seitens der Berater:in. Ein solches Gespräch fördert die emotionale Integration, stärkt das Selbstwertgefühl der Klient:in und schließt den Prozess auf Augenhöhe ab.

Auch ein Abschiedsbrief an sich selbst kann hilfreich sein - entweder während der letzten Sitzung gemeinsam initiiert oder als Impuls für die Zeit danach. Die Klient:in schreibt einen Brief an ihr zukünftiges Ich: Was möchte ich mir mitgeben? Woran möchte ich mich erinnern? Welche Haltung möchte ich bewahren? Solche Briefe entfalten oft eine langfristige Wirkung und können später erneut gelesen werden - als Rückversicherung in schwierigen Zeiten.

Darüber hinaus eignen sich auch spielerische oder humorvolle Rituale - etwa das Packen eines imaginären „Erfahrungsrucksacks", in den alle stärkenden Erfahrungen, Erkenntnisse, Ressourcen und positiven Rückmeldungen symbolisch eingepackt werden. Auch eine symbolische „Reisetasche für den weiteren Weg" kann gestaltet werden. Diese Art des kreativen Arbeitens verleiht dem Abschied Leichtigkeit und Zuversicht, ohne seine Tiefe zu verlieren.

Insgesamt geht es bei all diesen Methoden darum, das Ende nicht dem Zufall zu überlassen, sondern es als bewussten Teil des Prozesses zu gestalten - mit Aufmerksamkeit, Wertschätzung und Sorgfalt. Denn ein stimmig gestalteter Abschluss wirkt weit über die letzte Sitzung hinaus und bleibt als positive, kraftvolle Erinnerung im emotionalen Erfahrungsgedächtnis der Klient:in bestehen.

Offene Enden: Abbrüche und unerwartete Übergänge

Nicht alle Beratungen enden geplant oder im gegenseitigen Einverständnis. Abbrüche kommen vor - aus finanziellen, gesundheitlichen, psychischen oder äußeren Gründen. Manchmal verschwinden Klient:innen einfach, melden sich nicht mehr zurück oder sagen Termine kurzfristig ab, ohne weiterführende Kommunikation. Solche „offenen Enden" hinterlassen bei beiden Seiten häufig ein Gefühl der Unvollständigkeit oder inneren Unruhe. Für Berater:innen stellt sich in solchen Situationen oft die Frage, ob der Prozess ausreichend war, ob noch etwas Wichtiges zu sagen gewesen wäre oder ob ein professionelles Angebot nicht genügend greifen konnte.

Gerade in einem Arbeitsfeld, in dem Beziehung, Vertrauen und Kontinuität eine zentrale Rolle spielen, können abrupte Abbrüche als besonders irritierend erlebt werden. Wichtig ist deshalb, diese nicht vorschnell zu bewerten oder als Scheitern zu deuten. Auch wenn keine offizielle Verabschiedung stattfindet, kann und sollte sich die beratende Person innerlich vom Prozess verabschieden. Diese innere Abschiedsgeste kann Ausdruck professioneller Selbstfürsorge sein - und sie dient der bewussten Abgrenzung, damit nicht unbewusst „offene Prozesse" innerlich mitgetragen werden.

Eine kurze Reflexion - schriftlich oder in der Supervision - kann helfen, Gedanken zu ordnen, eigene Gefühle wahrzunehmen und eventuelle Projektionen oder Selbstzweifel zu klären. Was war mein Anteil am Prozess? Welche Bedürfnisse waren möglicherweise unerfüllt geblieben? Habe ich Signale übersehen oder Grenzen nicht ausreichend benannt? Solche Fragen laden zur fachlichen und emotionalen Verarbeitung ein und ermöglichen es, aus dem Prozess zu lernen, ohne sich zu überfordern.

Besonders wichtig ist, etwaige Selbstvorwürfe zu hinterfragen: Ein Abbruch ist nicht zwangsläufig Ausdruck eines Scheiterns, sondern manchmal schlicht ein Ausdruck einer veränderten Lebensrealität. Vielleicht hat sich für die Klient:inetwas gelöst oder sie hat anderweitige Unterstützung gefunden. Vielleicht wurde ihr die Nähe der Beratung zu intensiv oder sie war (noch) nicht bereit für Veränderung. In jedem Fall liegt es in der Verantwortung der beratenden Person, das eigene professionelle Tun mit Klarheit und Milde zu reflektieren - ohne Schuldzuweisungen, sondern in einer Haltung von Respekt und Verständnis für den Prozessverlauf. So wird auch ein unerwartetes Ende zum Teil eines vollständigen, wenn auch unvollendeten Beratungsgeschehens.

Rückkehr nach einer Pause: Die Wiederaufnahme gestalten

Manche Klient:innen kehren nach Wochen, Monaten oder sogar Jahren in die Beratung zurück - mit alten Themen in neuer Form, mit neu entstandenen Lebensfragen oder aus dem Wunsch heraus, an frühere Erkenntnisse anzuknüpfen. Die Wiederaufnahme ist kein einfaches Fortsetzen des früheren Prozesses, sondern ein eigenständiger Schritt mit neuen Bedingungen, Erwartungen und Potenzialen. Es handelt sich um eine neue Phase der Zusammenarbeit, die ihre eigene Würdigung und Struktur verdient.

Es empfiehlt sich, bewusst und transparent an den bisherigen Beratungs-verlauf anzuknüpfen, ohne davon auszugehen, dass alles Alte noch gültig ist. Oft hat sich in der Zwischenzeit einiges verändert - im Innenleben der Klient:in, in ihrer Lebensrealität, in ihrer Motivation. Daher ist es sinnvoll, die letzte Phase gemeinsam kurz zu reflektieren: Was ist aus der damaligen Beratung geblieben? Was hat sich seither bewährt? Was wurde möglicherweise nicht umgesetzt oder war nicht hilfreich? Dieses bewusste Innehalten bietet eine wertvolle Orientierung und erleichtert es, den jetzigen Kontext neu zu erfassen.

Gleichzeitig sollte der neue Beginn nicht unter dem Druck stehen, den früheren Prozess „aufholen" zu müssen. Beratung ist ein lebendiger Dialog, kein linearer Fahrplan. Es ist daher hilfreich, den Fokus auf das Hier und Jetzt zu richten: Was ist heute wichtig? Welche Themen stehen aktuell im Vordergrund? Welche Ziele bringt die Klient:in diesmal mit? Die offene Haltung, nicht zu vergleichen, nicht zu wiederholen und nicht zu korrigieren, sondern neu zu entdecken, schafft Raum für Entwicklung.

Ein nicht wertender Umgang mit der Wiederaufnahme ist dabei zentral. Es kann vorkommen, dass Klient:innen sich dafür rechtfertigen, erneut Unterstützung in Anspruch zu nehmen. Hier braucht es eine klare, wertschätzende Haltung seitens der Berater:in, die Wiederaufnahme nicht als Rückfall, sondern als Ausdruck von Verantwortungsübernahme und Selbstfürsorge zu würdigen. Wer erneut den Mut fasst, Hilfe in Anspruch zu nehmen, zeigt Stärke und Veränderungsbereitschaft.

Für die beratende Person kann es hilfreich sein, die eigenen Erwartungen zu reflektieren: Welche Bilder oder Vorstellungen habe ich noch vom letzten Prozess? Welche Emotionen löst die Wiederaufnahme bei mir aus? Gibt es alte Themen, die bei mir noch nachwirken? Diese Reflexion hilft, in der neuen Phase präsent, offen und klar zu sein.

Die Wiederaufnahme eines Beratungsprozesses kann sehr fruchtbar sein - gerade weil beide Seiten auf einem gemeinsamen Erfahrungsfundament aufbauen können. Gleichzeitig bringt sie neue Themen und Entwicklungen mit sich, die eine eigenständige Haltung und neue

Zielorientierung erfordern. Wenn es gelingt, diesen Neubeginn bewusst zu gestalten, kann daraus ein tiefes und tragfähiges Arbeitsbündnis entstehen - getragen von Vertrauen, Respekt und der Bereitschaft, gemeinsam weiterzugehen.

Abschied und Emotion: Gefühle im Übergang begleiten

Abschiede können intensive Gefühle auslösen - auf Seiten der Klient:innen ebenso wie bei den Berater:innen. Die letzten Sitzungen sind häufig geprägt von einer Mischung aus Dankbarkeit, Wehmut, Unsicherheit, Stolz oder auch Trauer. Es ist wichtig, diesen Gefühlen Raum zu geben und ihnen innerhalb des Beratungsprozesses einen geschützten Platz zuzugestehen. Emotionen, die sich im Abschied zeigen, haben eine große Bedeutung: Sie spiegeln den Wert der gemeinsam verbrachten Zeit, die Tiefe der entstandenen Beziehung und die Bedeutung des Erlebten. Wenn ein Abschied als integraler Bestandteil des Beratungsprozesses verstanden wird, kann er nicht nur als formales Ende, sondern auch als Ort innerer Wandlung erlebt werden.

In der Reflexion über das, was war, kann sichtbar werden, was gewachsen ist. Die Klient:in erkennt, welche Themen sie bearbeitet, welche Herausforderungen sie gemeistert und welche Entwicklungsschritte sie vollzogen hat. Auch Gefühle der Unsicherheit oder Traurigkeit dürfen benannt und angenommen werden - sie gehören zu einem gelingenden Abschied dazu, denn sie zeugen von der Relevanz der Beziehung. Gerade in der psychosozialen Beratung, in der Nähe, Vertrauen und Beziehung zentrale Wirkfaktoren sind, verdient dieser Übergang besondere Aufmerksamkeit.

Für die Berater:in bedeutet dies, präsent zu bleiben und gleichzeitig die Rolle zu halten. Ein achtsamer Umgang mit dem eigenen emotionalen Erleben - sei es Erleichterung, Sorge, Stolz oder Melancholie - ist ebenso bedeutsam wie das empathische Aufgreifen der Gefühle der Klient:in. Der professionelle Rahmen erlaubt es, diese Emotionen einzuladen, sie gemeinsam zu betrachten und darin auch die besondere Qualität der Beziehung zu würdigen.

Für Menschen mit Bindungsthemen kann ein respektvoll und transparent gestalteter Abschied besonders heilsam sein. Oft ist die beratende Beziehung eine der wenigen Erfahrungen, in der Beziehung ohne Abwertung, ohne Abbruch oder Überforderung erlebbar war. Ein gelebter Abschied, der weder dramatisiert noch bagatellisiert wird, sondern in seiner emotionalen Bedeutung ernst genommen wird, kann hier ein wichtiges Korrektiv sein. Er vermittelt die Erfahrung, dass Beziehungen enden dürfen - ohne dass jemand verletzt wird, ohne dass Wert oder Bedeutung verloren gehen, und ohne dass Nähe in Kontrolle oder Verlassenwerden umschlagen muss.

Der Abschied wird dann nicht als Verlust, sondern als Würdigung verstanden - als Moment des Innehaltens, des Anerkennens und des bewussten Übergangs in eine neue Lebensphase. Er zeigt, dass Beziehung auch in der Trennung Halt geben kann - nicht trotz, sondern gerade wegen der gelebten Verbundenheit. In dieser Haltung liegt die Kraft, aus dem Abschied einen stabilisierenden und ressourcenaktivierenden Impuls zu machen, der weit über die letzte Sitzung hinauswirkt.

Beratungsende durch äußere Umstände

Manche Beratungsprozesse enden nicht aus inhaltlichen Gründen, sondern aufgrund externer Veränderungen - etwa durch Krankheit, einen Wohnortwechsel, die Geburt eines Kindes, veränderte berufliche Anforderungen, Pflegeverpflichtungen oder plötzliche finanzielle Engpässe. Diese Umstände können dazu führen, dass eine Klient:in nicht mehr regelmäßig zur Beratung kommen kann oder sich gezwungen sieht, die Zusammenarbeit vorzeitig zu beenden. Solche Situationen sind häufig mit gemischten Gefühlen verbunden - auf Seiten der Klient:in ebenso wie bei der beratenden Person. Es kann sich Enttäuschung, Ratlosigkeit oder das Gefühl eines „ungelebten Endes" einstellen.

Gerade in solchen Fällen ist es besonders wichtig, nach Möglichkeiten für einen bewussten Übergang zu suchen. Auch wenn keine persönliche Abschluss-Sitzung mehr stattfinden kann, ist es oft möglich, zumindest telefonisch oder digital ein abschließendes Gespräch zu führen. In diesem

Rahmen können Fragen besprochen werden wie: Was wurde bereits erreicht? Was bleibt offen? Was braucht es, um den Prozess innerlich gut abzurunden? Auch eine kurze schriftliche Rückschau, ein Dankesbrief oder ein reflektierendes Protokoll, das die wichtigsten Erkenntnisse zusammenfasst, kann einen würdevollen Abschluss ermöglichen.

Ein weiterer Aspekt in solchen Situationen ist die vorausschauende Weitervermittlung. Gibt es Anzeichen dafür, dass weiterhin Bedarf an Begleitung besteht? Welche Unterstützungsangebote sind erreichbar, wohnortnah, kostenlos oder spezifisch auf die Lebenssituation der Klient:in zugeschnitten? Eine Übersicht über geeignete Anlaufstellen, Telefonnummern, Beratungsdienste oder Selbsthilfegruppen kann für die Klient:in eine wertvolle Orientierung darstellen. Auch das gemeinsame Erarbeiten einer kleinen „Selbstfürsorge-Strategie" für die kommenden Wochen kann helfen, die Selbstwirksamkeit zu stabilisieren.

Professionelle Beratung bedeutet nicht, jeden Prozess zu einem perfekten Abschluss zu bringen - aber sie beinhaltet den Anspruch, mit Unplanbarkeit umgehen zu können. Genau darin zeigt sich die Haltung, die auch in schwierigen Momenten tragfähig bleibt: eine Haltung von Respekt, Flexibilität und Verlässlichkeit. Auch wenn der Verlauf nicht planmäßig endet, kann die Art, wie der Übergang gestaltet wird, einen bleibenden Eindruck hinterlassen. Die Botschaft lautet dann: Du wirst gesehen, dein Prozess zählt - auch, wenn wir ihn jetzt nicht gemeinsam zu Ende führen können.

Gerade in diesen Übergängen zeigt sich, wie wichtig eine gute Balance zwischen professioneller Struktur und menschlicher Empathie ist. Wer es schafft, selbst bei einem ungeplanten Ende Klarheit zu bewahren, Fürsorge anzubieten und das Erarbeitete zu würdigen, vermittelt der Klient:in etwas sehr Wesentliches: dass Beziehung auch dann trägt, wenn sie nicht vollendet werden kann. In diesem Sinne kann auch ein äußerlich unvollständiger Abschluss innerlich stimmig und wirksam sein - wenn er achtsam, respektvoll und orientierungsgebend gestaltet wurde.

Nachkontakt und Nachsorge bewusst gestalten

Einzelne Beratungsprozesse lassen sich durch gezielte Nachsorge sinnvoll ergänzen. Während der formale Abschluss des Beratungsprozesses einen wichtigen Wendepunkt markiert, kann es für manche Klient:innen hilfreich sein, im Anschluss in lockerer Taktung nochmals punktuell begleitet zu werden. Diese Phase der Nachsorge kann dazu dienen, Veränderungen zu stabilisieren, Rückfälle rechtzeitig zu erkennen oder bei unerwarteten Entwicklungen erneut Orientierung zu erhalten. Manche Berater:innen bieten in diesem Zusammenhang sogenannte „Reflexionstermine" an - etwa drei oder sechs Monate nach dem Ende der regulären Beratung. Diese Termine ermöglichen es, gemeinsam zurückzublicken: Was hat sich gehalten? Was ist erneut schwierig geworden? Wo bedarf es neuer Strategien?

Diese Form des begleiteten Übergangs wirkt wie eine Brücke zwischen intensiver Beratung und selbstständiger Lebensführung. Besonders bei Klient:innen, die in sehr instabilen Lebensverhältnissen leben oder sich in sensiblen Übergangsphasen befinden, kann ein solcher Nachsorgekontakt Sicherheit bieten und das Vertrauen in die eigene Selbstregulation stärken. Dabei ist es zentral, dass diese Form der Begleitung klar begrenzt und transparent kommuniziert wird: Es geht nicht um eine verdeckte Verlängerung des Prozesses, sondern um ein bewusstes, strukturiertes Nachwirkenlassen.

Auch digitale Formen der Nachsorge gewinnen zunehmend an Bedeutung. Eine kurze E-Mail, ein Erinnerungsimpuls oder ein individuell erstelltes Ressourcenblatt, das der Klient:in nach der letzten Sitzung übermittelt wird, können kleine, aber wirksame Zeichen der Verbindung und Bestärkung darstellen. Diese Form der kontaktarmen Begleitung unterstützt das Gefühl, nicht völlig „abgeschnitten" zu sein, sondern weiterhin in einem gedanklichen Prozess eingebettet zu sein - ohne die Eigenverantwortung zu unterminieren.

In jedem Fall sollte Nachsorge mit Bedacht eingesetzt werden. Sie ist kein Ersatz für kontinuierliche Beratung, sondern eine achtsame Begleitung auf Zeit. Ihre Wirksamkeit liegt darin, Klient:innen darin zu bestärken, das in der Beratung Erarbeitete im Alltag zu erproben, sich selbst in der neuen Rolle zu erleben und dabei im Hintergrund ein Echo der gemeinsamen Arbeit zu spüren. So wird der Abschluss nicht nur zum Endpunkt, sondern zu einem dynamischen Übergang - bewusst gestaltet, ressourcenorientiert und nachhaltig wirksam.

„Gut genug" - Der Umgang mit unvollständigen Enden

Nicht jeder Beratungsprozess wird oder muss zu einem „perfekten" Ende kommen. Beratung ist kein Allheilmittel, sondern eine professionelle Begleitung auf Zeit. Der Anspruch, alles klären, lösen oder heilen zu müssen, kann unrealistische Erwartungen schüren und sowohl Klient:innen als auch Berater:innen unter Druck setzen. Gerade in komplexen Lebenslagen, in denen sich Probleme über Jahre entwickelt haben, ist es weder möglich noch sinnvoll, in wenigen Sitzungen vollständige Auflösung zu erwarten. Die Kunst besteht darin, Entwicklungen anzustoßen, Perspektiven zu erweitern und Veränderungen zu ermöglichen - nicht darin, einen idealisierten Endzustand zu erreichen.

Es gehört zu einer reifen Haltung, Unvollständigkeit auszuhalten - und darin auch das Vertrauen auszudrücken, dass das, was jetzt möglich war, genügen darf. Diese Haltung schließt den Gedanken mit ein, dass Entwicklung nicht linear verläuft, sondern sich in Etappen vollzieht. Es kann sein, dass eine Klient:in nur einen Teil des Weges mit professioneller Begleitung geht und später - in anderer Lebenssituation oder mit neuen Fragen - erneut anknüpft. Diese Offenheit für zyklische Prozesse schafft Entlastung und vermittelt realistische Erwartungen.

Die Fähigkeit, Unvollständigkeit nicht als Mangel, sondern als natürlichen Bestandteil von Veränderungsprozessen zu sehen, eröffnet den Blick für das, was gelungen ist. Auch wenn manche Themen offenbleiben, bedeutet das nicht, dass der Prozess „unvollständig" im negativen Sinne ist. Vielleicht wurde Vertrauen aufgebaut, eine wichtige Entscheidung vorbereitet, ein neuer Blick auf ein altes Muster gewonnen oder ein Stück

Selbstfürsorge entwickelt. Jeder dieser Schritte hat seinen eigenen Wert und darf gewürdigt werden.

Diese Haltung vermittelt auch den Ratsuchenden: Du darfst weitergehen, mit dem, was du jetzt hast. Du darfst auch offen lassen, was noch reifen will. Du musst nicht alles „fertig" haben, um dich aus der Beratung zu verabschieden. Und wenn du willst, darfst du auch wiederkommen - nicht aus Schwäche, sondern weil du es dir wert bist, dir erneut Unterstützung zu holen. Dieses Angebot macht deutlich: Beratung ist ein Raum der Freiheit, kein Ort der Leistung. Es geht nicht um Perfektion, sondern um stimmige, tragfähige Entwicklungsschritte - und um das Vertrauen, dass auch Unvollständiges seinen Sinn hat.

Die symbolische Kraft des Abschieds

Abschlüsse haben über den konkreten Beratungsprozess hinaus eine starke symbolische Bedeutung. Sie markieren Schwellen - vom Alten ins Neue, von der Suche zur Orientierung, von der Fremdbegleitung zur Eigenverantwortung. In diesen Schwellenmomenten bündeln sich oft zahlreiche Erfahrungen, Erkenntnisse und emotionale Spuren, die den Beratungsprozess geprägt haben. Wenn diese Schwellen bewusst gestaltet werden, können sie langfristige Wirkung entfalten. Sie schaffen einen Raum, in dem das Vergangene gewürdigt und das Kommende mutig betreten werden kann.

Ein gut begleiteter Abschied kann zum inneren Anker werden - ein Moment, an den Klient:innen später zurückdenken und Kraft daraus schöpfen. In Zeiten erneuter Krisen oder Selbstzweifel erinnern sie sich daran, wie sie einst gestärkt wurden, wie sie Vertrauen in ihre Fähigkeiten entwickeln konnten und dass Veränderung möglich ist. Solche Anker haben eine stabilisierende Wirkung und fördern die Resilienz.

Für viele Menschen ist es eine neue, oft berührende Erfahrung, dass Beziehungen auf respektvolle Weise enden können - nicht durch Bruch oder Entwertung, nicht durch plötzlichen Kontaktabbruch oder emotionale Kälte, sondern durch einen bewussten, wertschätzenden Übergang.

Diese Erfahrung hat das Potenzial, tiefgreifende innere Muster zu verändern, insbesondere bei Menschen mit Bindungsverletzungen, Verlustangst oder destruktiven Beziehungserfahrungen. Der respektvoll gestaltete Abschluss vermittelt: Es ist möglich, sich zu lösen, ohne zu verlieren - sich zu verabschieden, ohne sich gegenseitig zu entwerten.

Ein symbolischer Abschluss hat damit nicht nur Rückwirkung auf das Erlebte, sondern auch Vorwirkung auf zukünftige Beziehungsgestaltung. Er zeigt: Bindung und Autonomie sind kein Widerspruch. Man kann in Beziehung treten, ohne sich selbst zu verlieren - und sich lösen, ohne die Verbindung zu entwerten. Diese Botschaft stärkt die psychische Integrität der Klient:innen und hinterlässt ein emotionales Erbe, das weit über die Beratungszeit hinaus wirkt.

Abschied auch für die Berater:in: Selbstreflexion am Ende des Prozesses

Auch für Berater:innen ist der Abschied ein emotionaler und professioneller Prozess. Es ist legitim, berührt, stolz, erleichtert, dankbar, aber auch melancholisch oder sogar traurig zu sein. Die Beziehung, die im Verlauf einer Beratung entsteht, ist oft von großer Tiefe, Vertrauen und Offenheit geprägt. Dass sich daraus ein inneres Echo entwickelt, ist nicht nur menschlich, sondern auch Ausdruck von professioneller Beteiligung. Diese Gefühle dürfen nicht verdrängt oder rationalisiert werden, sondern sollten bewusst wahrgenommen und reflektiert werden - in der Supervision, im kollegialen Austausch oder im persönlichen Schreiben.

Gerade im Rückblick auf intensive Prozesse kann es für Berater:innen hilfreich sein, sich selbst Fragen zu stellen: Was hat mich an diesem Prozess besonders bewegt? Gab es Momente, in denen ich innerlich herausgefordert war? Habe ich mich ausreichend abgegrenzt, oder gab es Punkte, an denen ich emotional zu stark eingebunden war? Ebenso bedeutsam ist die Frage nach dem eigenen fachlichen Wachstum: Was habe ich über meine Arbeitsweise gelernt? Welche Interventionen waren besonders wirksam? Was würde ich in einem ähnlichen Fall anders gestalten?

Auch der Blick auf die Beziehungsgestaltung lohnt sich: Wie habe ich es geschafft, eine tragfähige Arbeitsbeziehung aufzubauen? Wie ging ich mit Konflikten oder Irritationen um? Wo habe ich durch meine Haltung oder meine Präsenz zur Entwicklung beigetragen? Diese Reflexion vertieft nicht nur das Verständnis für den einzelnen Prozess, sondern stärkt auch die eigene berufliche Identität.

Der Abschied bietet Berater:innen zudem die Gelegenheit, Dankbarkeit für die gemeinsame Arbeit zu empfinden. Es ist ein Moment, in dem nicht nur die Klient:in geht, sondern auch die Berater:in etwas mitnimmt - an Erkenntnissen, an Begegnungstiefe, an gemeinsamen Erfahrungen. So wird der Abschluss auch für die beratende Person zu einem bedeutsamen Entwicklungsschritt, der Raum für inneres Wachstum schafft, neue Perspektiven eröffnet und das eigene professionelle Selbstverständnis weiter formt.

Der Abschied ist kein nachträgliches Anhängsel, sondern ein integraler Bestandteil gelingender Beratung. Er markiert nicht nur das Ende, sondern auch den Anfang: den Beginn einer neuen Phase, eines neuen Selbstverständnisses, einer neuen Handlungskompetenz. Wer sich auf den Prozess des Verabschiedens einlässt, vertieft das gemeinsame Erleben und fördert nachhaltige Veränderung. Ein gelungener Abschied würdigt das Vergangene, bejaht das Gegenwärtige und öffnet den Blick in die Zukunft - professionell, menschlich und heilsam.

Selbstfürsorge und Resilienz für Berater:innen

Die Verantwortung für das eigene Wohlbefinden

Psychosoziale Beratung ist eine Tätigkeit, die auf Beziehung basiert, auf emotionaler Präsenz, auf dem Einlassen auf die Themen, Nöte und Lebensgeschichten anderer Menschen. In diesem professionellen Miteinander liegt eine große Kraft, und zugleich eine hohe Belastung. Denn wer anderen hilft, ihnen zuhört, sie durch Krisen begleitet, trägt mit - manchmal mehr, als ihm oder ihr bewusst ist. Deshalb ist Selbstfürsorge keine Nebensache, sondern eine berufliche Pflicht. Sie ist Ausdruck professioneller Reife und Grundlage für nachhaltige, verantwortungsvolle Beratungstätigkeit.

Resilienz, verstanden als die Fähigkeit, Belastungen standzuhalten und sich von Herausforderungen nicht dauerhaft aus der Bahn werfen zu lassen, ist dabei ein zentraler Begriff. Doch Resilienz ist kein Zustand, den man einfach besitzt oder nicht besitzt - sie ist ein dynamisches Zusammenspiel innerer und äußerer Ressourcen, individueller Bewältigungsmuster und sozialer Unterstützung. Für Berater:innen bedeutet das: Resilienz ist trainierbar, kultivierbar - aber auch gefährdet, wenn Selbstfürsorge vernachlässigt wird.

Dieses Kapitel widmet sich daher der Frage, wie Berater:innen gut für sich sorgen können. Es beleuchtet typische Belastungen, zeigt Warnsignale auf, beschreibt wirksame Strategien zur Psychohygiene und stellt die Bedeutung von Supervision, Abgrenzung und persönlichem Gleichgewicht in den Mittelpunkt. Denn nur wer mit sich selbst in Verbindung bleibt, kann auch anderen in wertschätzender Weise begegnen - auf Dauer und ohne auszubrennen.

Umgang mit emotionaler Belastung und empathischer Erschöpfung

Psychosoziale Beratung verlangt nicht nur kognitives Verstehen, sondern auch empathisches Miterleben. In der Begegnung mit Menschen in Not sind Berater:innen oftmals mit intensiven Gefühlen, tragischen Lebensgeschichten und schwer auszuhaltenden Realitäten konfrontiert. Das offene Zuhören, das Einfühlen, das Aushalten von Trauer, Angst, Wut oder Ohnmacht erfordert Kraft. Diese emotionale Beanspruchung kann sich - wenn sie nicht aktiv verarbeitet wird - allmählich in Form von psychischer Erschöpfung, innerer Abgrenzung oder körperlichen Symptomen zeigen. Die tägliche Auseinandersetzung mit menschlichem Leid, chronischen Belastungslagen oder existenziellen Themen hinterlässt Spuren.

Ein häufiges Phänomen in der psychosozialen Arbeit ist die sogenannte „empathische Erschöpfung" - ein Zustand, in dem die Fähigkeit, sich emotional einzulassen, abnimmt. Dieser Zustand ist gekennzeichnet durch das Gefühl innerer Leere, emotionale Taubheit, eine wachsende Distanz zu den Klient:innen und das Nachlassen des Mitgefühls. Manche Berater:innen beschreiben, dass sie die Geschichten, die sie hören, nicht mehr richtig an sich heranlassen können - oder dass sie sich selbst in einem Automatismus wiederfinden, in dem sie zwar funktionieren, aber innerlich nicht mehr präsent sind.

Dieses Phänomen ist gut dokumentiert und wurde unter anderem durch die Arbeiten von Figley (1995) zum Konzept der „compassion fatigue" geprägt, das eng mit empathischer Erschöpfung verwandt ist. In aktuellen Studien (z. B. Stamm, 2010; Hinderer et al., 2014) wird deutlich, dass psychosozial tätige Fachkräfte besonders anfällig für diese Form der sekundären Belastung sind. Eine österreichische Studie von Schmid-Tiegel und Kolbe (2021) konnte zeigen, dass etwa ein Drittel der befragten psychosozialen Berater:innen regelmäßig Symptome von Erschöpfung und innerer Distanz erlebt, insbesondere in Zusammenhang mit hoher Arbeitsdichte, fehlender Supervision und mangelnden Erholungsphasen.

Diese Forschung unterstreicht, wie wichtig es ist, empathische Erschöpfung nicht als individuelles Versagen zu betrachten, sondern als berufsbedingtes Risiko, das strukturelle und persönliche Gegenmaßnahmen erfordert. Der Aufbau von Resilienz, die Etablierung reflexiver Routinen und der Zugang zu professioneller Unterstützung wie Supervision oder kollegialem Austausch gelten dabei als zentrale Schutzfaktoren.

Die empathische Erschöpfung darf nicht mit einem Mangel an Engagement verwechselt werden. Vielmehr ist sie das Ergebnis eines tiefen Einlassens ohne ausreichende Gegenregulation. Je höher das Mitgefühl und je stärker die persönliche Identifikation mit den Schicksalen der Klient:innen, desto größer ist auch das Risiko, emotional auszubrennen. Dabei ist der Übergang oft schleichend. Zu Beginn ist es vielleicht nur eine zunehmende Müdigkeit nach den Sitzungen, das Bedürfnis nach Rückzug oder der Eindruck, dass man sich nicht mehr ausreichend erholen kann. Im weiteren Verlauf können Symptome wie Schlafstörungen, Konzentrationsprobleme, körperliche Verspannungen oder innere Gereiztheit hinzukommen.

Diese Zustände sind Warnzeichen, die ernst genommen werden müssen. Sie zeigen an, dass die Grenzen der psychischen Belastbarkeit erreicht oder überschritten wurden. Wichtig ist, diese Signale nicht als Schwäche oder Versagen zu deuten, sondern als Ausdruck der menschlichen Seite professioneller Arbeit. Niemand kann unbegrenzt geben, ohne auch selbst aufzutanken.

Emotionale Belastung zeigt sich nicht nur im direkten Kontakt mit den Klient:innen, sondern auch in der Nachwirkung. Manche Berater:innen berichten, dass sie nach intensiven Sitzungen schlecht abschalten können, dass sie nachts von den Themen träumen oder sich gedanklich immer wieder mit bestimmten Fällen beschäftigen. Auch das sogenannte „Mitnehmen" von Problemen in den Feierabend oder das Wochenende ist ein Zeichen dafür, dass emotionale Inhalte nicht ausreichend verarbeitet wurden.

Ein professioneller Umgang mit diesen Belastungen beginnt mit der bewussten Selbstwahrnehmung. Wie geht es mir nach der Beratung? Was fühle ich - körperlich, emotional, geistig? Wo spüre ich Spannungen? Welche Gedanken kehren immer wieder? Die Fähigkeit zur Selbstbeobachtung ist ein wesentliches Element professioneller Haltung. Sie erlaubt es, rechtzeitig gegenzusteuern, bevor Erschöpfung zur chronischen Belastung wird.

Darüber hinaus sind konkrete Strategien zur Entlastung erforderlich. Dazu gehören regelmäßige Pausen - nicht nur zwischen den Arbeitstagen, sondern auch innerhalb eines Beratungstages. Es kann helfen, bewusst zwischen den Klient:innen einen kurzen Spaziergang zu machen, sich zu bewegen oder ein paar Atemübungen durchzuführen. Auch der bewusste Übergang zwischen Arbeits- und Freizeit - etwa durch ein Ritual wie das Umziehen, Duschen oder das Hören von Musik - kann eine Grenze setzen und den Wechsel erleichtern.

Wichtig ist außerdem die Pflege von privaten Ausgleichsbereichen. Freundschaften, Familie, Naturerfahrungen, Bewegung, Kreativität und Stille - all diese Elemente helfen, das innere Gleichgewicht zu stabilisieren. Auch das Schreiben kann ein wertvolles Mittel sein, um belastende Erfahrungen zu verarbeiten: Ein Notizbuch, in dem Gedanken, Gefühle und Eindrücke festgehalten werden, dient nicht nur der Reflexion, sondern auch der Entlastung.

Der kollegiale Austausch spielt ebenfalls eine große Rolle. In vielen Einrichtungen ist es üblich, nach besonders belastenden Gesprächen kurze „Debriefings" zu machen - also eine spontane Nachbesprechung im Team, in der Emotionen geteilt und gemeinsam eingeordnet werden können. Diese Form der geteilten Verantwortung wirkt entlastend, normalisiert emotionale Reaktionen und stärkt das Gefühl, nicht allein zu sein.

Supervision, Intervision und Selbsterfahrung sind wichtige formale Räume, um wiederkehrende emotionale Belastungen zu bearbeiten. Sie bieten die Möglichkeit, Muster zu erkennen, blinde Flecken zu benennen und alternative Sichtweisen zu entwickeln. Gerade in schwierigen Phasen kann die externe Reflexion dazu beitragen, sich innerlich zu sortieren und neue Wege im Umgang mit den eigenen Reaktionen zu finden.

Nicht zuletzt ist es wichtig, die eigene Haltung zur Verantwortung zu hinterfragen: Welche Erwartungen stelle ich an mich selbst? Muss ich „immer da sein"? Habe ich ein Bedürfnis, zu retten oder zu heilen? Wo liegt meine Grenze - und wie gehe ich mit der Tatsache um, dass ich nicht alles lösen kann? Die bewusste Auseinandersetzung mit diesen Fragen hilft, sich zu entlasten und realistische Erwartungen an die eigene Rolle zu entwickeln.

Selbstfürsorge beginnt dort, wo Berater:innen lernen, mitfühlend zu sein, ohne mitzuleiden - präsent zu sein, ohne sich selbst zu verlieren - engagiert zu arbeiten, ohne auszubrennen. Diese Fähigkeit wächst mit der Erfahrung, mit Reflexion und mit der Bereitschaft, auch auf sich selbst so sorgsam zu achten wie auf die Menschen, die man begleitet.

Strategien zur Psychohygiene

Psychohygiene bezeichnet die bewusste Pflege der eigenen psychischen Gesundheit. Für Berater:innen bedeutet das, regelmäßig innezuhalten, sich selbst zu spüren, emotionale Spannungen zu regulieren und die innere Balance zu stärken. Sie ist kein Luxus, sondern Notwendigkeit - ein präventives Instrument, das hilft, beruflichen Anforderungen langfristig gesund begegnen zu können. Gerade in einem Arbeitsfeld, das stark von emotionaler Präsenz, empathischem Zuhören und zwischenmenschlicher Resonanz geprägt ist, kann Psychohygiene als „Pflege der inneren Arbeitskraft" verstanden werden.

Eine wichtige Grundvoraussetzung für wirksame Psychohygiene ist die Fähigkeit zur Selbstwahrnehmung. Wer mit sich selbst achtsam umgeht, erkennt frühzeitig, wann eine emotionale Belastung entsteht oder der Energiepegel sinkt. Diese Achtsamkeit ist keine Selbstverständlichkeit, sondern muss oft erst erlernt oder bewusst trainiert werden. Kurze Selbstcheck-Fragen können helfen: Wie geht es mir gerade? Wie ist meine Stimmung? Spüre ich irgendwo Verspannung oder innere Unruhe? Welche Gedanken beschäftigen mich besonders? Diese Reflexionsmomente schaffen eine Basis für gezielte Maßnahmen.

Zu den wirksamsten Strategien gehört die bewusste Gestaltung von Übergängen: zwischen einzelnen Klient:innen, zwischen Beratungsraum und Alltag, zwischen Berufs- und Privatleben. Viele psychosoziale Fachkräfte berichten, dass gerade diese Übergänge besondere Belastungspunkte darstellen. Wer von einer schwierigen Sitzung direkt in eine Teamsitzung wechselt oder von einem intensiven Gespräch sofort in die Familie „hineinrutscht", verliert oft den inneren Halt. Hier können kleine Rituale helfen: ein Spaziergang, ein bewusster Atemzug am Fenster, das kurze Aufschreiben eines Gedanken, eine kleine Meditation oder ein symbolischer Akt wie das Abnehmen der Berufskleidung. Diese Handlungen schaffen innere Räume und stärken die psychische Integrationsfähigkeit.

Auch das Zeitmanagement spielt eine große Rolle. Regelmäßige Pausen sind nicht nur körperlich, sondern auch emotional notwendig. Wer von einem Termin zum nächsten hetzt, verliert die Möglichkeit, Eindrücke zu verarbeiten und sich innerlich neu auszurichten. Mikropausen - etwa durch kurzes Dehnen, bewusstes Trinken eines Glases Wasser oder ein kurzes Innehalten - haben eine nachgewiesene Wirkung auf die Stressregulation (vgl. Bundeszentrale für gesundheitliche Aufklärung, 2020).

Ebenso wichtig sind Zeiten der Regeneration. Schlaf, Ernährung, Bewegung, soziale Kontakte und Erholung sind keine Gegenspieler zur Professionalität, sondern deren Fundament. Es empfiehlt sich, diese Grundbedürfnisse regelmäßig zu reflektieren: Schlafe ich ausreichend? Esse ich genussvoll und regelmäßig? Habe ich genug Bewegung? Wie nähre ich meine sozialen Beziehungen? Fehlt mir etwas, das mir früher gutgetan hat? Wer dauerhaft über seine Grenzen geht, riskiert nicht nur die eigene Gesundheit, sondern auch die Qualität der Begleitung.

Auch sogenannte „emotionale Ausgleichsräume" sind wichtig. Damit sind Aktivitäten gemeint, die das emotionale Gleichgewicht fördern - sei es durch Kunst, Musik, Naturerfahrung, Humor, Bewegung oder spirituelle Praxis. Hier geht es nicht um Effizienz, sondern um Freude, Tiefe, Resonanz und inneres Auftanken. Diese Räume wirken stabilisierend und stärken die Resilienz. Studien zeigen, dass regelmäßige kreative oder körperorientierte Tätigkeiten mit einem geringeren Risiko für Burnout und emotionaler Erschöpfung einhergehen (vgl. Gerber et al., 2018).

Zur Psychohygiene gehört auch die bewusste Reflexion des beruflichen Tuns. Was hat mich heute bewegt? Was hat mich belastet? Gab es Begegnungen, die in mir nachklingen? Wo habe ich gut gearbeitet - und wo war ich vielleicht nicht präsent genug? Supervision und Intervision bieten hier wichtige Räume, ebenso wie das Führen eines Reflexionstagebuchs, das Schreiben von Fallvignetten oder das bewusste Nachdenken über den eigenen beruflichen Werdegang.

Ein besonderer Aspekt der Psychohygiene ist der Umgang mit schwierigen Emotionen wie Wut, Ohnmacht, Überforderung oder Traurigkeit.

Diese Gefühle sind nicht „falsch", sondern Hinweise auf innere Grenzen, unerfüllte Bedürfnisse oder ungelöste Resonanzen. In der professionellen Haltung geht es nicht darum, diese Gefühle zu unterdrücken, sondern sie zu erkennen, anzunehmen und achtsam zu verarbeiten - etwa durch Gespräche mit Kolleg:innen, das Nachspüren in der Stille oder das achtsame Benennen im geschützten Rahmen der Supervision.

Ein zentraler Schutzfaktor ist das Bewusstsein für die eigene Rolle: Ich bin nicht verantwortlich für das Leben meiner Klient:innen - ich begleite. Ich biete Räume, aber ich trage nicht allein. Diese innere Haltung schützt vor Überidentifikation und trägt dazu bei, in schwierigen Situationen stabil zu bleiben. Sie schafft zugleich Raum für Mitgefühl, ohne sich zu verausgaben.

Abschließend sei betont, dass Psychohygiene keine individuelle Privatangelegenheit ist. Sie braucht strukturelle Rahmenbedingungen, die sie ermöglichen und fördern: realistische Arbeitszeitmodelle, ein achtsames Leitungsklima, transparente Kommunikationswege, regelmäßige Supervision und kollegiale Unterstützung. Organisationen, die diese Bedingungen schaffen, investieren nicht nur in die Gesundheit ihrer Mitarbeiter:innen, sondern auch in die Qualität der Beratung, die sie anbieten. Psychohygiene ist damit nicht nur Selbstschutz, sondern auch Ausdruck ethischer Professionalität.

Burnout-Prävention und Umgang mit Überforderung

Burnout ist kein plötzlich auftretendes Ereignis, sondern das Ergebnis eines schleichenden Prozesses. Gerade in helfenden Berufen wie der psychosozialen Beratung, in denen Engagement, Empathie und Einsatzfreude zentrale Antriebskräfte sind, besteht eine besondere Gefährdung. Wenn der eigene Anspruch hoch ist, die äußeren Anforderungen steigen und gleichzeitig die persönliche Regeneration zu kurz kommt, kann sich ein Zustand der chronischen Erschöpfung entwickeln. Hinzu kommt, dass gesellschaftliche Krisen, zunehmender Leistungsdruck und wachsende emotionale Komplexität in Beratungskontexten die Belastung zusätzlich erhöhen.

Typisch für Burnout sind Anzeichen wie anhaltende Müdigkeit trotz Erholung, das Gefühl innerer Leere, Zynismus gegenüber der eigenen Arbeit, emotionale Distanzierung von Klient:innen und eine abnehmende Wirksamkeitserwartung. Auch psychosomatische Beschwerden wie Kopfschmerzen, Rückenschmerzen, Schlafprobleme oder Magen-Darm-Störungen können Hinweise auf einen überlasteten Organismus sein. Diese Symptome sind ernst zu nehmen - nicht nur im Hinblick auf das eigene Wohlbefinden, sondern auch im Sinne der professionellen Verantwortung.

Die Forschung bestätigt, dass Burnout häufig nicht nur ein individuelles, sondern ein strukturelles Problem darstellt. Studien wie jene von Maslach & Leiter (2016) oder die OECD-Berichte zur psychischen Gesundheit von Beschäftigten im Sozialbereich zeigen, dass fehlende Anerkennung, mangelnder Handlungsspielraum, Rollenkonflikte und überhöhte Erwartungen maßgeblich zur Erschöpfung beitragen. In Österreich hat die Arbeiterkammer mehrfach auf die Belastung psychosozialer Berufe hingewiesen und fordert mehr strukturelle Unterstützungsmaßnahmen sowie eine verbindliche Supervisionskultur.

Burnout-Prävention beginnt nicht erst, wenn erste Warnsignale auftreten, sondern ist Teil einer aktiven beruflichen Selbstpflege. Dazu gehört eine realistische Einschätzung der eigenen Belastbarkeit, eine bewusste

Gestaltung des Arbeitsumfangs und das konsequente Einplanen von Pausen, Urlaub und Auszeiten. Auch das Ablehnen von Zusatzaufgaben, das Setzen von Grenzen in der Klient:innenarbeit und das Beachten der eigenen Tagesform sind Formen gesunder Selbstführung. Es ist wichtig, sich bewusst zu machen, dass ein „Nein" zu Überlastung oft ein „Ja" zur langfristigen Wirksamkeit ist.

Hilfreich ist es auch, sich mit der eigenen Haltung zum Helfen auseinanderzusetzen. Warum bin ich in diesem Beruf? Welche Motive treiben mich an? Wo neige ich vielleicht dazu, mich über die Rolle der Helfenden zu definieren - und verliere dadurch die Distanz, die ich brauche, um dauerhaft tragfähig zu bleiben? Die Arbeit an diesen Fragen ist ein wichtiger Bestandteil der Selbstfürsorge und kann durch Supervision, Selbsterfahrung oder kollegiale Gespräche vertieft werden. Gerade bei stark idealistisch motivierten Berater:innen besteht die Gefahr, dass aus dem Wunsch, „etwas Gutes zu tun", eine Überidentifikation mit der eigenen Funktion entsteht.

Überforderung kann auch entstehen, wenn Klient:innen starke Projektionen auf die beratende Person richten, wenn strukturelle Bedingungen schwierig sind oder wenn sich Hilflosigkeit und das Gefühl von Ineffektivität einstellen. In solchen Momenten ist es wichtig, innezuhalten, sich nicht zu isolieren und aktiv Unterstützung zu suchen. Eine Überforderung ist kein Zeichen von Schwäche, sondern oft ein Hinweis darauf, dass das System nicht mehr trägt. Hier ist es hilfreich, die eigene Rolle neu zu reflektieren und sich Unterstützung zu holen - in Form von Supervision, Coaching oder durch ein offenes Gespräch mit der Leitung.

Auch das Einführen von Notfallstrategien kann präventiv wirken: etwa ein persönlicher „Frühwarnplan", der beschreibt, welche Symptome auf Überlastung hinweisen und welche Maßnahmen dann konkret zu setzen sind. Dazu zählen etwa der Abbau von Terminen, das bewusste Einfordern von Pausen, der Zugang zu psychologischer Unterstützung oder auch die Kontaktaufnahme mit externen Beratungsstellen für Fachkräfte. Die Etablierung einer unterstützenden Kultur im Team - in der

Überforderung kein Tabu ist - trägt entscheidend dazu bei, dass präventive Maßnahmen nicht nur theoretisch vorhanden, sondern auch lebbar sind.

Langfristig bewährt sich ein Lebensstil, der berufliche und persönliche Lebensbereiche nicht gegeneinander ausspielt, sondern in eine gesunde Balance bringt. Wer gut für sich sorgt, erhält nicht nur die eigene Gesundheit, sondern auch die Qualität und Tiefe der eigenen Arbeit. Selbstachtsamkeit bedeutet dabei nicht Rückzug aus der Verantwortung, sondern kluge Selbstführung. Es geht nicht um Egoismus, sondern um die Fähigkeit, die eigenen Ressourcen zu schützen, um dauerhaft tragfähig zu bleiben.

Burnout-Prävention ist damit keine Privatsache - sie ist Teil professionellen Handelns und Ausdruck eines verantwortungsvollen Umgangs mit sich selbst und der beratenden Beziehung. Sie berührt die ethische Dimension der Fürsorgeverantwortung - nicht nur gegenüber den Klient:innen, sondern auch gegenüber sich selbst und dem Berufsstand. In diesem Sinne ist Selbstfürsorge immer auch ein Beitrag zur Qualitätssicherung in der psychosozialen Beratung.

Balance zwischen Engagement und Abgrenzung

Die Kunst der psychosozialen Beratung liegt nicht nur im empathischen Einfühlen, sondern auch in der Fähigkeit zur professionellen Distanz. Eine gesunde Balance zwischen Engagement und Abgrenzung ist entscheidend dafür, dass Berater:innen langfristig wirksam bleiben und sich dabei selbst nicht verlieren. Diese Balance ist kein statischer Zustand, sondern ein dynamischer Prozess, der immer wieder reflektiert, angepasst und gepflegt werden muss. Sie bildet das Rückgrat einer nachhaltigen Beratungsarbeit, die zugleich professionell und menschlich, engagiert und reflektiert ist.

Engagement ist der Motor der beratenden Tätigkeit. Es bedeutet, sich mit Interesse, Offenheit und Anteilnahme den Anliegen der Klient:innen zuzuwenden, ihre Lebenswirklichkeit ernst zu nehmen und sich für deren Entwicklung zu engagieren. Dabei geht es um mehr als fachliche Kompetenz - es geht um emotionale Präsenz, um ein echtes Gegenübersein, um eine innere Bereitschaft, Anteil zu nehmen. Dieses Engagement ist eine der tragenden Säulen der psychosozialen Beziehungsgestaltung - und doch birgt es auch Risiken.

Denn Engagement darf nicht mit Überidentifikation verwechselt werden. Wer sich selbst vollständig in den Dienst der Anderen stellt, läuft Gefahr, die eigene Person aus dem Blick zu verlieren und emotionale Grenzen zu überschreiten. Es entsteht ein Ungleichgewicht, das auf Dauer belastend und potenziell schädlich ist - sowohl für die Berater:in als auch für die Klient:in. Die Beratung wird dann zum Ort der Selbstaufgabe, anstatt zu einem Raum, in dem professionelle Beziehung und persönliche Integrität koexistieren können.

Abgrenzung hingegen bedeutet nicht Gleichgültigkeit, sondern Klarheit. Sie ist die Fähigkeit, Verantwortung zu teilen, nicht alles an sich heranzulassen, innere und äußere Räume zu schützen und die eigene Integrität zu wahren. Abgrenzung erlaubt es, sich selbst als handelndes Subjekt zu erhalten - nicht als bloßes Reaktionsinstrument auf die Not des Gegenübers. Professionelle Abgrenzung ist ein Akt der Selbstachtung und

Voraussetzung für nachhaltiges Engagement. Sie verhindert, dass die beratende Person in einen permanenten Alarmzustand gerät oder sich in den Strudel der emotionalen Welt der Klient:in hineinziehen lässt.

In der Praxis kann dies bedeuten, Grenzen frühzeitig zu benennen - etwa in Bezug auf Erreichbarkeit, Beratungszeiten, thematische Zuständigkeiten oder persönliche Offenheit. Es kann auch heißen, innere Grenzen zu spüren: Wann fühle ich mich überfordert? Wann verliere ich den Kontakt zu mir selbst? Wann entsteht ein innerer Druck, „retten" zu wollen? Die Reflexion solcher Momente hilft dabei, wieder in ein inneres Gleichgewicht zu kommen. Gerade in Langzeitprozessen kann es passieren, dass die Rollen verschwimmen oder sich Erwartungen verselbständigen - umso wichtiger ist es, regelmäßig innezuhalten und die eigene Rolle zu prüfen.

Ein hilfreiches Werkzeug zur Reflexion dieses Gleichgewichts ist die sogenannte „Innen-Außen-Balance". Diese Methode ermutigt Berater:innen, regelmäßig zu fragen: Bin ich noch im Kontakt mit meinem inneren Erleben - oder ausschließlich auf die äußeren Bedürfnisse fokussiert? Habe ich Raum für eigene Impulse - oder folge ich nur äußeren Erwartungen? Die Wiederherstellung dieser Balance stärkt die Authentizität im Kontakt und schützt vor Erschöpfung.

Supervision und Selbsterfahrung sind zentrale Werkzeuge, um diese Balance immer wieder zu überprüfen. Auch der Austausch mit Kolleg:innen, das Feedback durch Vertrauenspersonen oder das Führen eines Reflexionsjournals können wertvolle Hinweise liefern, wenn das Pendel zu stark in die eine oder andere Richtung ausschlägt. Es kann hilfreich sein, sich feste Zeiten zur Selbstreflexion einzuplanen - etwa wöchentliche Rückblicke oder kurze „Stopp-Punkte" im Alltag, an denen überprüft wird, wie es um das persönliche Gleichgewicht steht.

Auch institutionelle Rahmenbedingungen spielen eine Rolle. Teamsitzungen, in denen über Rollenklarheit, Arbeitsgrenzen und Belastung gesprochen werden kann, sind ebenso wichtig wie eine Leitungskultur, die die Bedeutung von Abgrenzung anerkennt. Berater:innen brauchen die

Erlaubnis, Grenzen zu setzen - nicht nur in der Theorie, sondern im gelebten Alltag. Wer ständig erreichbar sein muss oder in der Illusion lebt, alles auffangen zu können, wird auf Dauer nicht gesund arbeiten können.

Abgrenzung und Engagement stehen also nicht im Widerspruch, sondern in einem dynamischen Wechselspiel. Es braucht das bewusste Pendeln zwischen Nähe und Distanz, zwischen Resonanz und Selbstschutz. Dieses Pendeln ist ein Lernprozess - kein Zustand, den man einmal erreicht und dann „besitzt", sondern eine Haltung, die gepflegt, geübt und immer wieder neu justiert werden muss.

Langfristig stärkt die bewusste Gestaltung dieser Balance die eigene Berufszufriedenheit, schützt vor Auszehrung und ermöglicht eine tiefere, authentischere Beziehungsgestaltung in der Beratung. Denn nur wer sich selbst nicht verliert, kann anderen wirklich Halt geben. Nur wer seine eigenen Grenzen kennt und wahrt, kann anderen helfen, ihre zu erweitern. In diesem Spannungsfeld liegt die eigentliche Kunst professioneller Beratung - menschlich nah und zugleich professionell klar.

Grenzverletzungen, Machtmissbrauch und ethisches Fehlverhalten

Die psychosoziale Beratung basiert auf einem Vertrauensverhältnis, das geprägt ist von professioneller Nähe, persönlicher Offenheit und einer klaren Rollenzuweisung. Diese besondere Beziehungsdynamik birgt jedoch auch Risiken - insbesondere dann, wenn die bestehenden Machtasymmetrien nicht reflektiert oder sogar bewusst ausgenutzt werden. Grenzverletzungen und Machtmissbrauch können in subtiler, aber auch in offener Form auftreten und richten im Beratungskontext oftmals erheblichen Schaden an. Umso wichtiger ist es, sich als Berater:in der eigenen Verantwortung bewusst zu sein und ethische Leitlinien nicht nur zu kennen, sondern aktiv in die Praxis zu integrieren.

Grenzverletzungen beginnen nicht erst mit offensichtlichem Fehlverhalten. Bereits das Überschreiten professioneller Nähe, das unreflektierte Teilen eigener biografischer Inhalte, ein inadäquates Maß an körperlicher oder emotionaler Vertraulichkeit oder der Missbrauch von Deutungsmacht kann das Vertrauensverhältnis erheblich beschädigen. Besonders problematisch wird es, wenn Klient:innen - häufig aufgrund von früheren Bindungserfahrungen - in eine emotionale Abhängigkeit geraten und Berater:innen diese Dynamik nicht erkennen oder sogar für eigene emotionale, soziale oder sexuelle Bedürfnisse missbrauchen.

Machtmissbrauch zeigt sich nicht immer offensichtlich. Er kann sich in subtiler Manipulation äußern, in einseitiger Interpretation, in der unbemerkten Verschiebung der Verantwortung oder in der Schaffung emotionaler Abhängigkeit. Auch das gezielte Kleinhalten von Klient:innen, wiederholte Grenzüberschreitungen, unangemessene Intimität, moralische Urteile oder die bewusste Aufrechterhaltung eines Ungleichgewichts gehören dazu. Besonders kritisch wird es, wenn Berater:innen sich über fachliche oder gesetzliche Grenzen hinwegsetzen, z. B. wenn psychotherapeutische Interventionen ohne entsprechende Qualifikation angewendet werden oder wenn finanzielle, sexuelle oder persönliche Interessen mit der Beratung vermischt werden.

Gerade in asymmetrischen Machtverhältnissen - und die Beratung ist per Definition ein solches - ist es Aufgabe der professionell tätigen Person, für Schutz, Transparenz und Klarheit zu sorgen. Macht ist in der Beratung unausweichlich. Entscheidend ist, wie mit ihr umgegangen wird: verantwortungsvoll, bewusst, reflektiert - oder unbewusst, verdeckt und potenziell verletzend. Macht darf niemals zum Mittel persönlicher Bedürfnisbefriedigung werden, sondern muss stets dem Schutz und der Entwicklung der Klient:innen dienen.

Ein zentrales Schutzinstrument ist die kontinuierliche Selbstreflexion. Fragen wie: „Bin ich noch in der Rolle der Begleitenden - oder beginne ich, über mein Gegenüber zu urteilen oder zu manipulieren?" oder „Würde ich dieses Verhalten auch dann zeigen, wenn Kolleg:innen anwesend wären?" helfen, die eigene Praxis zu überprüfen. Auch die Einhaltung klarer formaler Rahmenbedingungen (z. B. Setting, Zeit, Ort, Kontakt außerhalb der Beratung) trägt wesentlich zur Wahrung professioneller Distanz und Integrität bei. Die Wiederholung von Zweideutigkeiten, das Verwischen von Rollen oder der Einsatz emotionaler Abhängigkeit als Steuerungsinstrument sind eindeutige Warnsignale.

Supervision ist ein unverzichtbares Element, um potenzielle Grenzverletzungen frühzeitig zu erkennen. Besonders in Situationen, in denen Übertragung und Gegenübertragung eine große Rolle spielen, braucht es einen geschützten Raum für ehrliche Reflexion. Auch regelmäßige Selbsterfahrung, die Auseinandersetzung mit dem eigenen Machtverständnis und die kritische Betrachtung von Beziehungsgestaltung sind zentrale Bestandteile professioneller Entwicklung.

Ein weiterer wichtiger Aspekt ist die institutionelle Verankerung ethischer Standards. Jede beratende Einrichtung sollte über klare Leitlinien verfügen, in denen ethisches Verhalten, Grenzen der Profession und Interventionsmöglichkeiten bei Fehlverhalten transparent geregelt sind. Dazu gehören auch anonyme oder vertrauliche Meldemöglichkeiten, Schutzkonzepte für Klient:innen sowie eine klare Positionierung gegen Machtmissbrauch und Grenzverletzungen.

Besonders sensibel ist der Umgang mit ethischem Fehlverhalten im Kolleg:innenkreis. Hier zeigt sich, wie sehr ein System ethisch „getragen" ist. Wird weggeschaut? Wird relativiert? Oder gibt es den Mut, wohlwollend-konfrontativ das Gespräch zu suchen? Ethisches Handeln heißt auch, Verantwortung für das eigene Berufsfeld zu übernehmen. Kollegiale Beobachtung, das Ansprechen von Irritationen und das Einfordern von Klarheit sind Ausdruck dieser Haltung. Schweigen schützt niemanden - weder Betroffene noch das Ansehen des Berufsstandes.

In Österreich sind Grenzverletzungen in der psychosozialen Beratung rechtlich relevant, insbesondere wenn Schutzrechte verletzt oder Heilbehandlungen vorgetäuscht werden. Der Ethik-Kodex der Berufsgruppe der Lebens- und Sozialberater:innen sowie berufsrechtliche Regelungen, wie sie im Gewerberecht und im Psychotherapiegesetz verankert sind, geben dabei einen verbindlichen Rahmen vor. Ein Verstoß kann disziplinarrechtliche und zivilrechtliche Konsequenzen nach sich ziehen - bis hin zum Berufsverbot.

Ethisches Verhalten in der Beratung bedeutet, sich seiner Rolle, der Machtverhältnisse und der eigenen Anteile bewusst zu sein. Es verlangt Klarheit, Selbstreflexion, Integrität und die Bereitschaft, Verantwortung zu übernehmen. Nur auf dieser Grundlage kann psychosoziale Beratung zu einem geschützten, unterstützenden und entwicklungsfördernden Raum werden - im besten Sinne professionell, menschlich und ethisch tragfähig.

Teil 2: Theoretische Grundlagen der Beratung

Einladung zum Perspektivenwechsel: Warum theoretische Grundlagen in der psychosozialen Beratung unverzichtbar sind

Beratung ist mehr als ein Gespräch. Sie ist mehr als Techniken, Methoden oder gut gemeinte Ratschläge. Beratung ist Begegnung. Und in dieser Begegnung treffen zwei Welten aufeinander: die Welt des Menschen, der Unterstützung sucht - oft in einem Moment von Unsicherheit, Krise oder Veränderungsbedarf - und die Welt der Beraterin oder des Beraters, die oder der bereit ist, in diesen Raum einzutreten, mitzudenken, mitzufühlen, mitzugehen - ohne zu wissen, wo der Weg hinführt.

Damit Beratung wirksam wird, braucht es mehr als wohlwollendes Zuhören oder hilfreiche Werkzeuge. Es braucht eine innere Haltung, ein Verständnis davon, wie Menschen denken, fühlen, handeln - und wie Veränderung möglich wird. Diese Haltung bildet das Fundament, auf dem jede Form psychosozialer Unterstützung aufbaut. Sie ist kein theoretischer Überbau, sondern durchdringt jedes Gespräch, jede Frage, jedes Schweigen.

In der psychosozialen Beratung geht es darum, Menschen in ihrer Einzigartigkeit zu verstehen - nicht als isolierte Individuen, sondern als Teil ihrer Systeme, ihrer Biografie, ihrer Beziehungen, ihrer Konstruktionen von Wirklichkeit. Um das zu ermöglichen, braucht es theoretische Grundlagen, die es erlauben, hinter das Offensichtliche zu blicken. Es braucht ein Denkmodell, das Komplexität nicht scheut, sondern ernst nimmt. Zwei Ansätze haben sich dabei als besonders tragfähig erwiesen: der Konstruktivismus und das systemische Denken.

Diese beiden Konzepte ermöglichen einen Perspektivenwechsel, der das Wesen psychosozialer Beratung grundlegend verändert. Sie laden uns ein, die Welt nicht als objektiv gegeben, sondern als subjektiv erlebt zu begreifen. Sie sensibilisieren uns dafür, dass Verhalten nie isoliert betrachtet werden kann, sondern immer im Kontext sozialer Dynamiken steht. Und sie helfen uns, von einem Denken in Defiziten und

Schuldzuweisungen zu einem Denken in Beziehungen, Mustern und Möglichkeiten zu gelangen.

Doch warum ist es überhaupt so wichtig, sich mit theoretischen Grundlagen auseinanderzusetzen? Reicht es nicht, in der Praxis „aus dem Bauch heraus" zu arbeiten, empathisch zu sein und die richtigen Fragen zu stellen?

Empathie ist eine zentrale Kompetenz in der Beratung - aber sie allein genügt nicht. Ohne ein klares Verständnis dessen, wie wir Wirklichkeit konstruieren, wie Systeme wirken und wie Veränderung sich vollzieht, laufen wir Gefahr, intuitiv zu handeln, aber unreflektiert zu agieren. Wir verstricken uns dann möglicherweise in gut gemeinte Ratschläge, interpretieren aus unserem eigenen Weltbild heraus, projizieren unbewusst oder greifen zu Interventionen, die unserem Gegenüber nicht dienlich sind - einfach, weil wir nicht erkannt haben, in welchem System und aus welcher Wirklichkeitskonstruktion heraus dieses Verhalten Sinn ergibt.

Die Auseinandersetzung mit theoretischen Grundlagen schützt uns davor, vorschnell zu bewerten. Sie lädt uns ein, eine professionelle Demut zu entwickeln: Ich sehe immer nur einen Ausschnitt. Ich beobachte durch meine eigene Brille. Ich bringe mich selbst als Teil des Systems ein. Ich kann nicht „neutral" beraten - aber ich kann meine Wirksamkeit reflektieren, mich selbst mitdenken und meine Interventionen immer wieder neu überprüfen.

Konstruktivismus und systemisches Denken sind dabei keine Theorien, die sich lediglich an Universitäten oder in Fachliteratur wiederfinden. Sie haben unmittelbare Relevanz für die Praxis. Sie prägen unsere Gesprächsführung, unsere Haltung, unsere Sprache. Sie beeinflussen, wie wir zuhören, welche Fragen wir stellen, welche Hypothesen wir bilden, wie wir mit Widerstand umgehen und welche Rollen wir Klient:innen zuschreiben - oder eben nicht.

Der Konstruktivismus lehrt uns, dass es keine objektive Wirklichkeit gibt, sondern dass jede:r von uns eine subjektive, individuell konstruierte

Realität erlebt. Das bedeutet: Ich sehe die Welt nicht, wie sie ist - ich sehe sie, wie ich bin. Dieses Verständnis verändert unsere Gesprächsführung tiefgreifend. Es hilft uns zu begreifen, dass das, was unser Gegenüber berichtet, keine „objektiven Fakten" sind, sondern Ausdruck innerer Bedeutungsgebung, geprägt durch biografische Erfahrungen, emotionale Prägungen, gesellschaftliche Einflüsse und aktuelle Kontexte.

Diese Sichtweise macht uns vorsichtiger im Umgang mit schnellen Lösungen. Sie fordert uns auf, tiefer zu fragen: *Was genau bedeutet dieses Erleben für dich?*, *Wie hast du gelernt, Situationen wie diese zu interpretieren?*, *Welche Bedeutung gibst du deinem Verhalten - und welche Bedeutung geben andere ihm?* Durch solche Fragen wird Beratung nicht zur Reparaturwerkstatt, sondern zum Raum der Erkenntnis. Ein Raum, in dem Menschen sich und ihre Welt neu betrachten können.

Das systemische Denken ergänzt diesen Ansatz, indem es den Fokus nicht auf das Individuum allein richtet, sondern auf die Beziehungen, in denen dieses Individuum lebt. Kein Mensch ist eine Insel. Wir alle sind eingebettet in Systeme - Familie, Partnerschaft, Freundeskreis, Arbeitswelt, Gesellschaft. Und in jedem dieser Systeme übernehmen wir Rollen, entwickeln spezifische Kommunikationsmuster, verinnerlichen Erwartungen und agieren innerhalb bestimmter Strukturen.

Systemisches Denken erlaubt uns, zu erkennen, dass Verhalten nicht isoliert betrachtet werden kann. Es ist immer eine Reaktion auf andere - und wirkt gleichzeitig auf andere zurück. Diese zirkuläre Dynamik zu verstehen ist entscheidend, wenn wir Menschen in Veränderungsprozessen begleiten wollen. Denn nur wer erkennt, in welchen Mustern er sich bewegt, kann beginnen, diese Muster zu verändern.

Ein zentraler Aspekt des systemischen Denkens ist die Abkehr von linearer Kausalität. In der traditionellen Logik suchen wir nach Ursachen und Schuldigen: „Was hat dieses Problem verursacht? Wer ist dafür verantwortlich?" Systemische Beratung denkt anders: Sie fragt nach Wechselwirkungen, nach Bedeutungszuschreibungen, nach Rollenverteilungen.

Sie interessiert sich nicht für Schuld, sondern für Beteiligung. Und sie zielt nicht auf Schuldzuweisung, sondern auf Selbstverantwortung.

Diese Haltung wirkt in der Beratung entlastend und ermutigend zugleich. Sie befreit Klient:innen von der Last, „falsch" zu sein, und eröffnet die Möglichkeit, sich selbst als Teil eines dynamischen Systems zu erleben - in dem Veränderung nicht nur möglich, sondern auch sinnvoll und gestaltbar ist. Denn wenn ich Teil eines Musters bin, kann ich auch Teil der Veränderung sein.

Konstruktivismus und systemisches Denken geben uns also keine Antworten, sondern stellen kluge Fragen. Sie liefern keine fertigen Lösungen, sondern laden zur Reflexion ein. Sie machen uns bewusst, dass Beratung kein Ort der Wahrheit ist, sondern ein Raum des gemeinsamen Denkens, Suchens, Fragens. Ein Ort, in dem Komplexität sein darf. In dem Unterschiede nicht aufgehoben, sondern anerkannt werden. Und in dem Veränderung nicht als Ziel, sondern als Prozess verstanden wird - manchmal langsam, manchmal sprunghaft, immer individuell.

Diese Einleitung soll neugierig machen auf die Konzepte, die im Folgenden vorgestellt werden. Sie soll einladen, sich auf eine Denkweise einzulassen, die nicht kontrollieren, sondern verstehen will. Eine Haltung, die nicht erklärt, sondern fragt. Und eine Perspektive, die nicht festlegt, sondern öffnet.

Denn vielleicht ist das die wichtigste Grundlage psychosozialer Beratung: die Bereitschaft, sich auf die Welt eines anderen Menschen einzulassen, ohne sie bewerten zu müssen - und gemeinsam mit ihm zu entdecken, was in dieser Welt möglich werden kann.

Die konstruktivistische Haltung in der Beratung

Wir Menschen sind unaufhörlich damit beschäftigt, unsere Umwelt über unsere fünf Sinne - Sehen, Hören, Fühlen, Riechen und Schmecken - wahrzunehmen. Doch diese Wahrnehmung ist kein neutraler oder objektiver Vorgang, sondern ein hochgradig individueller Prozess. Was wir aufnehmen, filtern, bewerten und wie wir es letztlich deuten, hängt von einer Vielzahl an Faktoren ab: unseren Vorerfahrungen, aktuellen Bedürfnissen, inneren Überzeugungen, Ängsten, Hoffnungen, kulturellen Prägungen und dem sozialen Kontext, in dem wir leben.

Unsere Sinneseindrücke gelangen nicht ungefiltert in unser Bewusstsein. Vielmehr durchlaufen sie eine Art inneres Bewertungs- und Bedeutungssystem, das individuell strukturiert ist. Dieses System entscheidet darüber, was für uns wichtig ist und was nicht, worauf wir reagieren und was wir ignorieren, was wir als angenehm, bedrohlich oder bedeutungslos empfinden. Es handelt sich dabei nicht um eine bewusste Auswahl, sondern um ein unbewusstes, automatisiertes Zusammenspiel psychischer Prozesse.

Wahrnehmung ist also niemals objektiv, sondern immer selektiv und subjektiv. Wir konstruieren aus dem, was wir erleben, unsere ganz persönliche Wirklichkeit - ein inneres Abbild der Welt, das nicht die Welt selbst ist, sondern unsere Interpretation davon. Diese Konstruktion entsteht aus einem Geflecht innerer und äußerer Einflüsse: Erinnerungen, Interpretationen, Bewertungen, inneren Dialogen und biografischen Erfahrungen.

Besonders bedeutsam ist dabei der Einfluss unserer Sprache: Sie wirkt nicht nur beschreibend, sondern erschaffend. In dem Moment, in dem wir ein Erlebnis benennen, legen wir bereits eine Perspektive darauf fest. Ob wir eine Situation als „herausfordernd", „ungerecht" oder „hoffnungslos" bezeichnen, beeinflusst maßgeblich, wie wir sie emotional erleben - und wie wir auf sie reagieren. Sprache strukturiert unsere Wirklichkeit und grenzt zugleich alternative Interpretationen aus.

In der psychosozialen Beratung ist dieses Verständnis zentral. Denn als Berater:in begegnen wir nicht „der Realität" eines Menschen, sondern seiner Wirklichkeitskonstruktion. Wir arbeiten nicht mit objektiven Gegebenheiten, sondern mit subjektiv erlebten Wahrheiten. Diese Unterscheidung ist von grundlegender Bedeutung für unsere Haltung: Sie schützt uns davor, vorschnell zu urteilen, und sie lädt dazu ein, tiefer zu fragen.

Gerade wenn Klient:innen davon überzeugt sind, dass „die Dinge eben so sind", lohnt es sich, gemeinsam zu reflektieren, wie genau diese Sichtweise entstanden ist - und welche anderen Sichtweisen ebenfalls möglich wären. Solche Reflexionsprozesse sind keine bloßen Denksportübungen, sondern können unmittelbare emotionale und praktische Auswirkungen haben. Wenn wir davon ausgehen, dass jeder Mensch seine Wirklichkeit selbst erzeugt - aktiv, unbewusst, schöpferisch -, dann bedeutet das auch: Veränderung kann nur durch die Veränderung dieser inneren Konstruktionen erfolgen. Die Beratung wird somit nicht zum Reparaturbetrieb für objektive Defizite, sondern zu einem Resonanzraum, in dem neue Sichtweisen, neue Bedeutungen und damit auch neue Handlungsmöglichkeiten entstehen können.

Diese Sichtweise verlangt von Berater:innen eine hohe Sensibilität im Umgang mit Bewertungen und Wahrheiten. Anstatt Klient:innen mit Expert:innenwissen zu konfrontieren oder ihnen Erklärungen „überzustülpen", ist es hilfreicher, gemeinsam auf Entdeckungsreise zu gehen: Wie sieht die Welt aus dem Blickwinkel meines Gegenübers aus? Welche inneren Landkarten nutzt er oder sie, um sich in dieser Welt zu orientieren? Welche Wege erscheinen begehbar - und welche sind vielleicht nur deshalb versperrt, weil sie bislang nie als Möglichkeit gedacht wurden?

In diesem Sinne ist konstruktivistische Beratung eine Einladung zur Erweiterung der inneren Welt. Sie ermutigt dazu, alte Bedeutungen loszulassen, neue Deutungsmuster zu erproben und so Schritt für Schritt eine Wirklichkeit zu gestalten, die handlungsfähiger, stimmiger und entwicklungsfreundlicher ist. Nicht die objektive Wahrheit steht im Zentrum, sondern die subjektive Wirksamkeit: Was hilft mir, mich in meiner Welt besser zurechtzufinden, mehr Sinn zu erleben, neue Wahlmöglichkeiten zu gewinnen? Beratung bedeutet dann nicht, Lösungen zu liefern, sondern Möglichkeitsräume zu öffnen. Es ist ein dialogischer Prozess, in dem die Wahrheit nicht fixiert, sondern verhandelbar wird - und in dem Veränderung nicht angeordnet, sondern ermöglicht wird.

Subjektive Bilder und die Macht der Vorstellung

Täglich konstruieren wir innere Bilder von der Welt - spontan, automatisch und auf der Basis unserer Erwartungen, Wünsche, Erfahrungen und Bewertungen. Diese Bilder begleiten uns überallhin: in unsere Beziehungen, in Gespräche, an den Arbeitsplatz, in Entscheidungen und in Konflikte. Sie sind niemals neutral. Schon beim Lesen eines einfachen Satzes wie „Zimmer mit herrlichem Blick auf den Sonnenuntergang" beginnt unser Vorstellungsapparat zu arbeiten. Wir sehen einen warmen, goldenen Horizont vor uns, vielleicht spüren wir eine leichte Brise auf der Haut, hören das Meeresrauschen oder stellen uns einen romantischen Moment vor.

Diese inneren Bilder sind so lebendig, dass sie Gefühle auslösen - Freude, Sehnsucht, Entspannung oder Vorfreude. Doch was passiert, wenn das tatsächliche Erleben mit diesen Erwartungen nicht übereinstimmt? Vielleicht sehen wir aus dem Hotelzimmer tatsächlich die untergehende Sonne - aber nur durch eine Lücke zwischen zwei Gebäuden hindurch, und der Moment ist weniger eindrucksvoll, als wir es uns vorgestellt hatten. Was bleibt, ist Enttäuschung - im wörtlichen Sinn: eine Täuschung wird aufgedeckt. Unsere Konstruktion entsprach nicht der erlebten Situation.

Dieses einfache Beispiel zeigt exemplarisch, wie stark unsere inneren Bilder unser Erleben prägen - und wie verletzlich wir gegenüber Abweichungen von unseren Erwartungen sind. Die Welt hat uns nicht enttäuscht, sie war einfach anders als gedacht. Enttäuschung ist also nicht nur ein Gefühl, sondern ein Hinweis darauf, dass unsere Vorstellung sich nicht mit dem äußeren Ereignis deckt. In der Beratung ist es hilfreich, solche Momente als Lernanlässe zu begreifen: Wo habe ich mir eine Realität geschaffen, die so nicht existiert? Und was bedeutet das für mein Erleben, meine Kommunikation, meine Beziehungen?

Wir alle leben in einer Welt aus Vorstellungen, Annahmen und Erwartungen - sie sind notwendig, um uns zu orientieren und Entscheidungen zu treffen. Doch sie bergen auch das Risiko, dass wir an ihnen festhalten, obwohl sie nicht (mehr) zur Realität passen. In der Beratungspraxis begegnen wir häufig Menschen, die unter der Kluft zwischen Wunschbild und Realität leiden: eine Beziehung, die anders verläuft als erhofft, ein Beruf, der nicht die Erfüllung bringt, die man sich versprochen hat, ein Selbstbild, das nicht mit dem gelebten Leben übereinstimmt.

Die konstruktivistische Haltung hilft hier, einen Perspektivwechsel einzuleiten. Anstatt nach der einen Wahrheit zu suchen, wird nach verschiedenen Sichtweisen gefragt. Was genau wurde erwartet? Woher stammt diese Vorstellung? Inwiefern wurde sie erfüllt oder enttäuscht? Welche alternativen Deutungen wären möglich? Diese Fragen eröffnen einen Denkraum, in dem Menschen sich selbst besser verstehen und neue Wahlmöglichkeiten entdecken können.

Dabei wird deutlich: Die Wirklichkeit, die wir erleben, ist keine objektive Gegebenheit, sondern das Ergebnis eines aktiven Deutungsprozesses. Zwei Menschen können dasselbe Ereignis erleben - und doch völlig unterschiedliche Schlüsse daraus ziehen. Was für die eine Person eine wertvolle Herausforderung ist, erscheint der anderen als Überforderung. Was der eine als Provokation erlebt, interpretiert die andere als Sorge oder Näheversuch.

Diese Subjektivität macht Beratung nicht beliebig - im Gegenteil: Sie ruft zur Präzision auf. Wenn wir wissen, dass jedes Erleben individuell ist, dann können wir nicht mehr mit Allgemeinplätzen oder Pauschalaussagen arbeiten. Dann müssen wir genau hinhören, nachfragen, differenzieren, zurückspiegeln. Wir fragen nicht „Was ist passiert?", sondern „Wie hast du es erlebt?" und „Welche Bedeutung hat es für dich?"

Besonders in konflikthaften Situationen zeigt sich die Relevanz dieses Denkens: Häufig geraten Menschen nicht deshalb aneinander, weil sie grundlegend gegensätzliche Interessen haben, sondern weil sie mit völlig unterschiedlichen inneren Landkarten operieren. In der Beratung können solche Situationen entschärft werden, wenn es gelingt, die subjektiven Konstruktionen offenzulegen - ohne zu bewerten.

Der konstruktivistische Ansatz hilft dabei, Bewertungen als das zu erkennen, was sie sind: persönliche Zuschreibungen auf der Grundlage individueller Sichtweisen. Er hilft auch, sich selbst nicht zu sehr mit der eigenen Wahrnehmung zu identifizieren. Wenn ich erkenne, dass mein Ärger nicht aus der Sache an sich entsteht, sondern aus meiner Bewertung der Sache, gewinne ich ein Stück Freiheit zurück. Ich muss meine Bewertung nicht behalten. Ich darf sie überprüfen. Ich darf sie ändern.

Diese Erkenntnis kann im Beratungsprozess tiefgreifende Veränderungen anstoßen. Nicht weil das Außen sich verändert, sondern weil sich die Perspektive auf das Außen verändert. Und mit jeder neuen Sichtweise entsteht auch ein neuer Möglichkeitsraum für Denken, Fühlen und Handeln.

Kann es eine objektive Beobachtung geben?

In der psychosozialen Beratung wird häufig angenommen, dass es darum gehe, das Gegenüber möglichst „objektiv" zu erfassen - als ob es möglich wäre, das Denken, Fühlen und Verhalten eines Menschen neutral zu beobachten, zu analysieren und daraus stimmige Schlussfolgerungen zu ziehen. Doch dieser Gedanke greift zu kurz. Er verkennt die fundamentale Erkenntnis des radikalen Konstruktivismus: Es gibt keine objektive Beobachtung. Jede Beobachtung ist bereits eine Interpretation. Und jede Interpretation ist abhängig von derjenigen Person, die beobachtet - ihrer Biografie, ihrer Haltung, ihren Vorannahmen.

Wenn wir mit Klient:innen sprechen, beobachten wir sie ständig: Wir nehmen wahr, was sie sagen, wie sie es sagen, in welchem Tonfall, mit welchen Emotionen. Wir registrieren Körpersprache, Augenkontakt, Atmung, Haltung. Doch all das geschieht nicht im luftleeren Raum. Wir hören mit unseren eigenen Ohren - und das bedeutet: mit unserem Hintergrund, unseren Themen, unseren Mustern. Wir sehen mit unseren Augen - und auch sie sind gefärbt von dem, was wir erlebt, gelernt und verinnerlicht haben. So wird jede Beobachtung auch zur Selbstoffenbarung: Sie sagt etwas über das Gegenüber - aber mindestens ebenso viel über uns selbst.

Humberto Maturana, einer der wichtigsten Denker des Konstruktivismus, hat dies mit dem Begriff der strukturellen Kopplung beschrieben. Er betont, dass jedes lebende System - und damit auch jeder Mensch - nur das wahrnimmt und verarbeitet, was innerhalb seiner eigenen Struktur verarbeitbar ist. Das bedeutet: Ich kann nur das sehen, wofür ich eine Wahrnehmungskategorie besitze. Alles andere bleibt mir verborgen - nicht weil es nicht existiert, sondern weil ich es nicht erkenne. Wenn wir also Klient:innen „wahrnehmen", tun wir das nicht als neutrale Außenstehende, sondern immer als Teil eines Systems, in dem wir selbst mitwirken. Diese Erkenntnis hat weitreichende Folgen für die Beratung. Sie fordert uns auf, unsere Beobachtungen nicht als Tatsachen zu behandeln, sondern als Hypothesen. Was ich sehe, ist ein Ausschnitt - ein subjektiv gewählter Blickwinkel auf ein komplexes Geschehen. Was ich höre, höre ich durch meinen inneren Filter. Was ich interpretiere, ist geprägt von dem, worauf ich achte - und worauf nicht. Diese Selbstrelativierung ist kein Zeichen von Unsicherheit, sondern ein Ausdruck professioneller Haltung.

In der Praxis bedeutet das: Wenn ich den Eindruck habe, mein Gegenüber sei „resigniert", „ängstlich" oder „vermeidend", sollte ich mir bewusst machen, dass es sich dabei um meine Zuschreibung handelt. Ich kann meine Wahrnehmung anbieten, sie als Einladung formulieren: „Ich habe das Gefühl, dass dir gerade etwas schwerfällt - stimmt das für dich?" So bleibe ich offen für die subjektive Wirklichkeit der Klient:in und übernehme Verantwortung für meine Beobachtungsposition.

Der Anspruch, neutral zu sein, führt in der Beratung oft zu einer problematischen Distanz. Wer glaubt, das Geschehen von außen beobachten zu können, läuft Gefahr, sich aus der Beziehung herauszunehmen. Doch

Beratung ist Beziehung. Und jede Beziehung ist geprägt von Resonanz, von gegenseitiger Wahrnehmung, von emotionaler Beteiligung. Genau das unterscheidet die Beratung von einer objektiven Diagnostik: Sie lebt vom wechselseitigen Einfluss. Sobald ich in Kontakt bin, bin ich Teil des Systems. Und mein Einfluss ist nicht vermeidbar - wohl aber gestaltbar.

Ein hilfreicher Zugang ist hier das Konzept der zweiten Ordnung der Beobachtung. Es bedeutet: Ich beobachte nicht nur das Gegenüber, sondern auch mich selbst beim Beobachten. Ich frage mich: Warum fällt mir gerade dieses Verhalten auf? Was macht es mit mir? Welche Resonanz entsteht in mir? Und wie könnte ich das einbringen, ohne die Klient:in in eine bestimmte Richtung zu lenken?

Diese Art der Selbstbeobachtung ist anspruchsvoll - aber sie ist zentral für eine konstruktivistische Haltung. Denn sie bewahrt uns davor, unsere Wahrnehmung mit der Realität zu verwechseln. Sie ermöglicht uns, mehrdeutige Situationen differenzierter zu erfassen, Ambivalenzen auszuhalten und neue Perspektiven zuzulassen. Gerade in konflikthaften oder emotional aufgeladenen Settings hilft es, sich bewusst zu machen: Auch meine Irritation, meine Unsicherheit, mein Widerstand sind Teil der Interaktion - und können etwas über das System verraten, in dem wir gemeinsam arbeiten.

Ein Beispiel: Eine Klientin spricht mit monotoner Stimme über ein für sie schmerzhaftes Thema. Als Berater:in spüre ich vielleicht Langeweile oder Distanz - und bin geneigt zu denken: „Sie ist nicht wirklich betroffen." Doch wenn ich diesen Eindruck reflektiere, könnte sich ein anderes Bild ergeben: Vielleicht ist die monotone Stimme ein Schutzmechanismus. Vielleicht schützt sie die Klientin davor, sich zu überwältigen. Vielleicht hat sie gelernt, schwierige Gefühle zu kontrollieren - und meine „Langeweile" ist Ausdruck einer Übertragungsreaktion. Wenn ich das bemerke, kann ich offen damit umgehen, statt vorschnell zu bewerten.

In der systemischen Praxis hat sich die Arbeit mit Beobachtungspositionen bewährt. Dabei unterscheiden wir z. B. zwischen der Innenperspektive (Wie erlebe ich mich?) und der Außenperspektive (Wie werde ich wahrgenommen?), zwischen Inhaltsbeobachtung (Was wird gesagt?) und Beziehungsbeobachtung (Wie wird es gesagt? In welcher Haltung?). Wer sich dieser unterschiedlichen Ebenen bewusst ist, kann die Komplexität einer Situation erfassen, ohne sich darin zu verlieren. Und genau hier zeigt sich die Stärke konstruktivistischer Beratung: Sie bringt Struktur in das, was mehrdeutig und dynamisch ist - ohne vorschnell zu reduzieren.

Sonja Radatz hat diesen Prozess so formuliert: „Beobachtung ist immer Gestaltung. Wer beobachtet, verändert. Und wer verändert, trägt Verantwortung." Das bedeutet nicht, dass wir „neutral" bleiben müssen - im Gegenteil: Wir dürfen in Beziehung treten, dürfen mitfühlen, dürfen uns berühren lassen. Aber wir tun das bewusst. Wir wissen, dass unser Blick nicht objektiv ist - sondern ein Angebot. Und wir respektieren, dass jede:r andere Beobachter:in zu ganz anderen Schlüssen kommen kann.

In der Beratungspraxis lohnt es sich daher, regelmäßig innezuhalten und die eigene Beobachtung zu hinterfragen. Was sehe ich? Was sehe ich nicht? Was könnte ich übersehen haben? Welche Vorannahmen prägen meine Wahrnehmung? Solche Fragen helfen, die eigene Position zu reflektieren - und machen uns sensibel für die Komplexität menschlicher Begegnung.

Am Ende gilt: Es geht nicht darum, alles zu erkennen. Es geht darum, offen zu bleiben. Nicht „richtig" zu beobachten, sondern mit Demut und Klarheit die eigene Beobachtung anzubieten - als Einladung zur gemeinsamen Wirklichkeitskonstruktion. In diesem Sinn ist Beratung kein Ort der Wahrheit, sondern ein Raum für aufmerksame Resonanz.

Über die versteckte positive Absicht

In der psychosozialen Beratung begegnen uns Menschen in Situationen, die oft von inneren oder äußeren Konflikten geprägt sind. Sie zeigen Verhaltensweisen, die sie selbst nicht verstehen oder die sie gerne verändern würden. Manche erleben sich als blockiert, andere als hilflos oder getrieben. Sie handeln auf eine Weise, die ihnen selbst manchmal widersprüchlich erscheint. Genau hier beginnt einer der zentralen Zugänge konstruktivistischer Beratung: der Gedanke, dass hinter jedem Verhalten - und sei es noch so destruktiv - eine positive Absicht steckt.

Dieser Grundsatz mag zunächst irritierend wirken. Wie kann ein Verhalten, das offensichtlich Probleme verursacht, das Beziehungen belastet oder dem eigenen Wohlbefinden schadet, eine positive Absicht in sich tragen? Die Antwort liegt in der konstruktivistischen Sicht auf menschliches Erleben: Jeder Mensch handelt innerhalb seines subjektiven Sinnsystems. Was wir tun, ergibt - aus unserer Sicht - immer einen Sinn. Auch wenn dieser Sinn uns selbst nicht mehr bewusst ist, bleibt er doch wirksam. Viele dieser Verhaltensmuster entstehen in biografischen Kontexten, in denen sie einst hilfreich, notwendig oder schützend waren. Wer sich als Kind beispielsweise in einem unsicheren Umfeld befand, hat vielleicht gelernt, sich zurückzuziehen, Konflikten auszuweichen oder sich unsichtbar zu machen. Diese Strategien waren damals überlebenswichtig. Im späteren Leben, etwa in Beziehungen oder am Arbeitsplatz, zeigen sich diese Verhaltensweisen dann häufig als hinderlich - doch sie funktionieren immer noch gemäß ihrer ursprünglichen Logik: Sie sollen schützen, vermeiden oder etwas sichern.

In der Beratung heißt das: Wenn Klient:innen über „unangemessene" Reaktionen sprechen - etwa über plötzliche Wut, Rückzug, Überanpassung oder Kontrollverhalten -, ist es nicht hilfreich, das Verhalten einfach „wegmachen" zu wollen. Viel wirksamer ist es, gemeinsam zu erforschen, welche Funktion dieses Verhalten ursprünglich hatte und welche positive Absicht es bis heute erfüllt. Diese Haltung eröffnet nicht nur Verständnis, sondern ist die Grundlage für echte Veränderung.

Verhalten ist selten ein Zufall. Es ist Ausdruck einer inneren Ordnung, die oft über Jahre hinweg gewachsen ist. Die Neurowissenschaften zeigen, dass viele Entscheidungen und Handlungen automatisch und unbewusst ablaufen. Wir reagieren auf Situationen mit gespeicherten Mustern - nicht, weil wir nicht anders könnten, sondern weil diese Muster einst hilfreich waren und sich eingeprägt haben. Das Gehirn liebt Effizienz: Es greift auf bekannte Lösungen zurück. Doch was einst funktional war, kann heute zur Belastung geworden sein.

Ein konkretes Beispiel: Eine Klientin berichtet, dass sie in ihrer Partnerschaft immer wieder in heftige Vorwürfe verfällt, obwohl sie sich danach schlecht fühlt. Auf die Frage, was sie in diesen Momenten erreichen möchte, antwortet sie zunächst: „Ich will einfach, dass er mich versteht." In der weiteren Arbeit zeigt sich: Die Vorwürfe sind ein Versuch, Nähe herzustellen - auf eine Weise, die ihr zwar nicht gut tut, aber vertraut ist. Die positive Absicht ist Verbindung. Diese zu erkennen, verändert die Perspektive: Statt Schuld oder Scham entsteht Mitgefühl für die eigene Strategie - und daraus der Wunsch, neue Wege zu finden, diese Verbindung herzustellen.

In der konstruktivistischen Beratung geht es daher nicht darum, Verhalten zu korrigieren, sondern es zu verstehen. Fragen wie „Was ist das Gute an diesem Verhalten?" oder „Was versuchst du damit zu erreichen oder zu vermeiden?" helfen, die innere Logik sichtbar zu machen. Das Ziel ist nicht, das Verhalten zu bewerten, sondern dessen Funktion zu entschlüsseln. Diese Haltung verändert auch die Beziehung zwischen Berater:in und Klient:in. Wer davon ausgeht, dass Menschen in jedem Moment das Bestmögliche tun, was ihnen aktuell zur Verfügung steht, begegnet ihnen mit Respekt und Achtung - selbst dann, wenn das Verhalten destruktiv wirkt. Es geht nicht um Kontrolle, sondern um **Selbstermächtigung**: Was steckt in mir? Wofür ist das gut? Und was könnte ich alternativ tun, wenn ich mir selbst etwas Gutes tun möchte?

Entscheidend ist dabei, dass die positive Absicht nicht mit der Wirkung verwechselt wird. Es ist gut möglich - und oft der Fall -, dass ein Verhalten heute mehr schadet als nützt. Aber die ursprüngliche Funktion, der innere Zweck, war sinnvoll. Genau dieses Verständnis ermöglicht es, neue Verhaltensoptionen zu entwickeln, ohne gegen sich selbst zu kämpfen.

Eine weitere wichtige Frage in diesem Zusammenhang lautet: „Wie würdest du dich fühlen, wenn du dieses Verhalten nicht mehr zeigen müsstest - und trotzdem sicher wärst?" Solche Fragen laden Klient:innen dazu ein, neue Wege zu denken, die ihre Bedürfnisse erfüllen, ohne die alten Kosten zu verursachen.

Das Erkennen der positiven Absicht ist daher nicht nur eine Methode, sondern eine Haltung. Sie verhindert vorschnelle Diagnosen, wertet nicht, sondern schafft Raum für Selbstmitgefühl, Klarheit und Veränderung. In der psychosozialen Beratung ist sie ein wirksames Gegenmittel gegen die oft tief sitzenden Gefühle von Schuld, Scham oder Selbstverurteilung.

Diese Haltung wirkt auch präventiv: Wer gelernt hat, die Sinnhaftigkeit eigenen Handelns zu hinterfragen, entwickelt langfristig ein feineres Gespür für sich selbst. Beratung wird dadurch zu einem Ort der bewussten Selbstbeobachtung und der inneren Neuorientierung. Die Klient:innen entdecken, dass sie die Autor:innen ihrer inneren Landkarten sind - und dass sie diese Karten im Laufe ihres Lebens verändern dürfen.

Zusammengefasst bedeutet das: Verhalten ergibt immer Sinn. Die Aufgabe der Beratung ist es nicht, Verhalten zu bewerten, sondern es zu verstehen - und gemeinsam mit der Klient:in Wege zu finden, wie sich dieselbe positive Absicht auf andere, stimmigere Weise verwirklichen lässt. Der konstruktivistische Blick hilft, dabei empathisch, neugierig und offen zu bleiben. Er ersetzt Kontrolle durch Vertrauen - und eröffnet echte Veränderung.

Autopoiese oder die Kraft der Selbstgestaltung

Menschen sind keine mechanischen Systeme, bei denen auf einen äußeren Reiz zwangsläufig eine vorhersehbare Reaktion folgt. Vielmehr sind wir lebendige, eigenständige, sich selbst organisierende Systeme. Unsere Handlungen, Gedanken und Reaktionen entstehen aus unserer inneren Struktur heraus - in ständiger Wechselwirkung mit der Umwelt, aber nicht von ihr determiniert. Diese Vorstellung beschreibt der Begriff Autopoiese, der aus dem Griechischen stammt und so viel bedeutet wie „Selbsterschaffung" oder „Selbstgestaltung".

Humberto Maturana und Francisco Varela, die Begründer dieses Konzepts in der Biologie und Systemtheorie, beschreiben damit die Fähigkeit lebender Systeme, sich selbst zu erhalten und sich im Austausch mit ihrer Umwelt fortwährend zu regenerieren. Übertragen auf psychosoziale Prozesse bedeutet das: Menschen erzeugen ihre Wirklichkeitskonstruktionen nicht als Reaktion auf die Welt „da draußen", sondern im Rahmen ihrer eigenen inneren Strukturen. Sie nehmen nicht einfach auf - sie erschaffen, interpretieren, filtern, gewichten. Und sie verändern sich nicht, weil jemand ihnen sagt, dass sie sich verändern sollen, sondern weil sie in sich selbst einen Sinn für Veränderung erkennen.

In der Beratung bedeutet diese Erkenntnis einen Paradigmenwechsel: Veränderung kann nicht von außen „gemacht" werden. Es ist nicht möglich, jemand anderen zu verändern - so sehr man es auch versuchen oder sich wünschen mag. Die Veränderung eines Menschen ist immer seine eigene Entscheidung und immer nur dann möglich, wenn sie von innen heraus als sinnvoll, stimmig und machbar erlebt wird. Berater:innen können Veränderung anregen, sie begleiten, Impulse geben - aber sie können sie nicht erzwingen.

Diese Sichtweise ist herausfordernd, vor allem dann, wenn man als Berater:in spürt, was Klient:innen „gut tun würde". Die Versuchung, Lösungen zu präsentieren oder Verhalten zu bewerten, ist groß. Doch der konstruktivistische Zugang mahnt zur Zurückhaltung: Was für mich als „Lösung" erscheint, kann für das Gegenüber nicht stimmig, nicht anschlussfähig, nicht tragbar sein. Veränderung ist kein technischer Vorgang - sie ist ein hochkomplexer, individueller Prozess, bei dem innere Strukturen, biografische Erfahrungen, emotionale Muster und systemische Bezüge zusammenspielen.

Das bedeutet auch: Menschen verändern sich nicht auf Knopfdruck. Sie brauchen Zeit, Raum und oft auch Erlaubnis, um sich neue Denk- und Handlungsmöglichkeiten zu erschließen. Sie müssen mit sich selbst in Resonanz treten können. Wenn wir als Berater:innen diesen Prozess achtsam begleiten wollen, brauchen wir vor allem eines: Geduld. Und Vertrauen in die Fähigkeit des Gegenübers, die für ihn oder sie passende Lösung zu finden - auch wenn sie sich uns zunächst nicht erschließt.

Ein zentrales Element autopoietischer Systeme ist ihre Strukturiertheit. Das bedeutet: Jede:r bringt seine eigenen Bedingungen mit, unter denen bestimmte Impulse angenommen oder abgelehnt werden. Ein und derselbe Impuls - etwa eine Frage oder eine Rückmeldung - kann bei verschiedenen Menschen völlig unterschiedliche Wirkungen entfalten. Was für die eine Klientin erhellend ist, kann für den nächsten irritierend oder gar verletzend sein. Deshalb ist es so wichtig, den Beratungsprozess permanent zu beobachten, zu reflektieren und feinfühlig auf Reaktionen zu achten.

Ein Beispiel: Eine Beraterin stellt die Frage: „Was würde sich in deinem Leben verändern, wenn du dieses Verhalten loslassen könntest?" - Für manche Klient:innen ist das eine inspirierende Einladung zum Perspektivwechsel. Für andere eine überfordernde Konfrontation. Die Reaktion hängt nicht vom Inhalt der Frage ab, sondern von der Struktur des Systems, das angesprochen wird. Die gleiche Frage kann ermutigen oder blockieren - je nachdem, ob das System in der Lage ist, sie aufzunehmen.

Diese Erkenntnis bringt eine wichtige Einsicht mit sich: Wir als Berater:innen sind nicht die Verursacher:innen von Veränderung - wir sind Impulsgeber:innen in einem offenen Prozess. Was daraus wird, liegt nicht in unserer Hand. Und genau darin liegt die Würde und die Freiheit des

Menschen: Er bleibt Urheber seiner Entwicklung. Maturana formulierte es so:

„Jedes Lebewesen ist frei, auf seine Weise zu antworten und nicht zu antworten, bis es nicht mehr antworten kann."

Diese Haltung ist zutiefst respektvoll. Sie anerkennt, dass Menschen sich nur in dem Maß verändern, wie es ihnen selbst möglich und sinnvoll erscheint. Beratung wird dadurch nicht zum Reparaturversuch, sondern zur Einladung zur Selbstwirksamkeit. Der Mensch bleibt der zentrale Akteur - auch dann, wenn er sich gerade ohnmächtig oder verstrickt fühlt.

Die Aufgabe der Beratung besteht dann nicht darin, eine bestimmte Richtung vorzugeben, sondern Bedingungen zu schaffen, unter denen Selbstorganisation und Entwicklung möglich werden. Dazu gehören Sicherheit, Wertschätzung, Offenheit und ein Raum, in dem Komplexität sein darf. Ein Raum, in dem Klient:innen nicht funktionieren müssen, sondern sich in ihrem Tempo bewegen dürfen. Ein Raum, in dem Widersprüche erkundet werden dürfen, ohne sie sofort aufzulösen.

Beratung wird so zu einem Resonanzraum, in dem etwas entstehen darf, was vorher nicht gedacht werden konnte. Neue Bedeutungen, neue Muster, neue Perspektiven. Doch was genau entsteht - das liegt nicht in unserer Kontrolle. Es ist das Ergebnis eines Wechselspiels, in dem wir mitwirken, aber nicht dirigieren. Dieses Wechselspiel ist dynamisch, lebendig - und nie planbar. Wenn wir uns als Berater:innen auf diese Unvorhersehbarkeit einlassen, begeben wir uns in ein Spannungsfeld: zwischen Steuerung und Loslassen, zwischen Einfluss und Vertrauen, zwischen Klarheit und Nichtwissen. Genau dieses Spannungsfeld ist der Ort, an dem sich Beratung entfaltet. Und in dem sich Autopoiese - die Fähigkeit zur Selbstgestaltung - zeigen darf.

Letztlich heißt das: Beratung kann nie „machen", sondern nur ermöglichen. Sie kann den Boden bereiten, den Blick weiten, Impulse setzen - aber sie kann nicht erzwingen, dass etwas wächst. Veränderung bleibt ein Selbstgestaltungsprozess. Und diese Erkenntnis - so herausfordernd sie ist - ist zugleich eine große Entlastung: Wir dürfen begleiten, aber wir müssen nicht retten. Wir dürfen zuhören, aber wir müssen nicht wissen. Wir dürfen einladen - und vertrauen, dass die Klient:innen den für sie stimmigen Weg finden.

Über Zuschreibungen und Verhaltensweisen

Im Alltag sprechen wir häufig in Zuschreibungen. Aussagen wie „Ich bin zu sensibel", „Er ist einfach faul", „Sie ist total unzuverlässig" begegnen uns überall - in Familien, Partnerschaften, am Arbeitsplatz, in der Beratung. Diese Formulierungen scheinen zunächst harmlos, sind aber hochwirksam: Sie fixieren Menschen auf ein bestimmtes Bild, das nicht nur beschreibend, sondern oft auch bewertend ist. Gerade in der psychosozialen Beratung lohnt es sich, genau hinzuhören, wo überall Zuschreibungen im Spiel sind - und wie sie Entwicklung blockieren können. Zuschreibungen beschreiben nicht Verhalten, sondern definieren Identität. Sie machen aus dem, was jemand tut, ein scheinbares Wesen: Aus „Sie reagiert manchmal kontrollierend" wird „Sie ist kontrollsüchtig". Aus „Ich ziehe mich oft zurück" wird „Ich bin ein verschlossener Mensch". Diese Etikettierungen sind nicht nur sprachliche Verkürzungen, sie haben auch tiefgreifende psychologische Wirkung: Sie reduzieren die Vielfalt menschlichen Verhaltens auf ein statisches Etwas - auf ein „So bist du". Und was so festgelegt wurde, erscheint nur noch schwer veränderbar.

Gerade im beraterischen Kontext ist diese Unterscheidung essenziell: Wenn Klient:innen beginnen, sich mit ihren Zuschreibungen zu identifizieren, entsteht eine Verengung des Denkens und Fühlens. Sie erleben sich als festgelegt, starr, determiniert - und verlieren damit den Zugang zu ihrer eigenen Gestaltungskraft. Aus einem Moment des Rückzugs wird ein Persönlichkeitsmerkmal, aus einem misslungenen Gespräch ein Beweis für grundlegendes Versagen. Wer so über sich denkt, erlebt oft Scham, Schuld oder Resignation - und glaubt nicht mehr an Veränderung.

Der konstruktivistische Ansatz setzt genau hier an: Er unterscheidet klar zwischen dem, was jemand tut, und dem, was jemand angeblich ist. Verhalten ist kontextabhängig, situativ, veränderbar.

Identitätszuschreibungen hingegen wirken wie in Stein gemeißelt. Wenn wir also in der Beratung beobachten, dass Klient:innen sich selbst - oder andere - in festen Bildern beschreiben, ist es hilfreich, diese Sprachmuster behutsam zu hinterfragen. Statt „Ich bin zu ungeduldig" könnte die Frage lauten: „In welchen Situationen merkst du, dass dir Geduld schwerfällt? Was ist dir in diesen Momenten besonders wichtig?" Damit wird Verhalten wieder zurück in den Fluss gebracht - und aus einem Defizit wird eine Ressource: ein Hinweis auf Bedürfnisse, Werte, Überzeugungen.

Ein besonders sensibles Beispiel für die Macht von Zuschreibungen ist der Begriff „Alkoholiker". Auch wenn er aus medizinischer Sicht als Diagnosekategorie verwendet wird, bleibt er gesellschaftlich oft stigmatisierend. Selbst Menschen, die seit Jahren abstinent leben, tragen diesen Begriff weiter mit sich - als „trockene Alkoholiker:innen", als ob ein Teil ihrer Identität unumstößlich mit dieser Zuschreibung verknüpft wäre. Aus konstruktivistischer Sicht wäre es hilfreicher, von Verhalten zu sprechen: „Ein Mensch mit Erfahrung im Umgang mit Suchtverhalten" - eine Beschreibung, die Wandel ermöglicht, statt festzulegen.

Auch im zwischenmenschlichen Bereich haben Zuschreibungen eine enorme Wirkung. Wer in einer Partnerschaft hört „Du bist immer so distanziert", wird sich eher zurückziehen, als sich zu öffnen. Wer im Team als „Besserwisser" abgestempelt ist, wird weniger gehört - unabhängig vom Inhalt seiner Beiträge. Zuschreibungen wirken wie Filter, durch die alle weiteren Beobachtungen hindurchgedeutet werden. Sie erzeugen sogenannte self-fulfilling prophecies - Erwartungen, die sich selbst bestätigen, weil sie das Verhalten aller Beteiligten beeinflussen.

In der Beratung lohnt es sich daher, den Blick gezielt auf sprachliche Muster zu richten. Wo sprechen Menschen über sich in fixen Bildern? Wo verwenden sie Generalisierungen wie „immer", „nie", „typisch ich"? Solche Aussagen laden dazu ein, genauer hinzusehen: Ist das wirklich immer so? Was wäre ein Beispiel, wo es anders war? Welche Ausnahmen gibt es? Was passiert, wenn wir statt „immer" einmal sagen „manchmal" - und damit die Möglichkeit von Veränderung wieder eröffnen?

Gleichzeitig ist es wichtig, auch auf die Zuschreibungen zu achten, die wir als Berater:innen unbewusst vornehmen. Vielleicht erleben wir eine Klientin als „schwierig", einen Klienten als „resistent" oder „wenig motiviert". Doch was passiert, wenn wir diese innere Etikettierung loslassen? Was verändert sich in unserem Blick, wenn wir statt „schwierig" sagen: „Ich verstehe ihn noch nicht ganz"? Solche Perspektivwechsel sind keine bloße Wortkosmetik - sie beeinflussen die Tiefe unserer Verbindung und die Qualität der Beziehung, die wir gestalten.

Ein zentraler Schritt in der Beratung ist es daher, Klient:innen beim Umstieg von Zuschreibungen zu Verhaltensbeschreibungen zu begleiten. Statt zu fragen „Wer bin ich?", wird gefragt: „Was tue ich? In welchen Kontexten zeige ich dieses Verhalten? Und was erhoffe ich mir davon?" Dieser Zugang ermöglicht Differenzierung, Reflexion - und eröffnet die Möglichkeit, Verhaltensalternativen zu entdecken, die zum jeweiligen Lebenskontext besser passen.

Besonders wirksam ist dieser Zugang, wenn er mit Fragen nach der positiven Absicht verknüpft wird: Was wollte ich mit diesem Verhalten erreichen? Welche Funktion hatte es? Welches Bedürfnis sollte erfüllt werden? So entsteht ein respektvoller Umgang mit der eigenen Geschichte, mit alten Mustern - und mit dem Wunsch nach Veränderung.

Aus konstruktivistischer Sicht ist Veränderung nicht die Folge von Selbstoptimierung, sondern das Ergebnis eines veränderten Blicks auf sich selbst. Wenn Menschen sich erlauben, sich anders zu sehen - weniger als „so bin ich" und mehr als „so kann ich mich auch erleben" - dann wächst die Freiheit, sich selbst neu zu entwerfen. Und genau das ist ein zentraler Moment gelingender Beratung: Wenn sich im Denken über das eigene Selbst neue Räume öffnen, in denen Entwicklung wieder möglich wird.

Wer Probleme konstruieren kann, kann sie auch lösen

Probleme nehmen im Leben vieler Menschen eine zentrale Rolle ein. Sie beanspruchen Aufmerksamkeit, beeinflussen das Denken, lähmen Handlungen und rauben Lebensfreude. In der Beratung begegnen uns Probleme oft als Ausgangspunkt: Klient:innen kommen, weil sie „ein Problem haben". Doch was genau ist ein Problem? Wann wird etwas zu einem Problem? Und für wen ist es überhaupt eines?

Aus konstruktivistischer Perspektive sind Probleme keine objektiven Gegebenheiten, sondern individuelle Bedeutungszuschreibungen. Ein Problem ist das Ergebnis eines bestimmten Blicks auf eine Situation - geprägt von inneren Bewertungen, Erfahrungen, Normen, Erwartungen und Kontextbedingungen. Was für den einen eine belastende Krise ist, ist für den anderen eine willkommene Herausforderung. Was für die eine Person dramatisch erscheint, wirkt auf jemand anderen vielleicht banal. Probleme entstehen also nicht aus den Dingen selbst, sondern aus der Art und Weise, wie wir über diese Dinge denken, wie wir sie deuten, in welchen Bedeutungsrahmen wir sie einordnen. Epiktet hat das schon in der Antike prägnant formuliert:

> *„Nicht die Dinge selbst beunruhigen uns,*
> *sondern unsere Meinungen über die Dinge."*

Das bedeutet nicht, dass Probleme nicht ernst zu nehmen wären - ganz im Gegenteil. Denn in der jeweiligen subjektiven Wirklichkeitskonstruktion der Klient:in sind sie real, dringlich und belastend. Der konstruktivistische Zugang stellt also nicht die Existenz des Problems infrage, sondern hinterfragt den Erklärungsrahmen, innerhalb dessen es als unlösbar erscheint.

In der Beratung begegnen uns Probleme oft als festgefahrene Narrative: „Ich bin überfordert", „Ich bekomme das einfach nicht hin", „Es wird sich nie etwas ändern". Solche Aussagen zeigen, dass sich die betroffene Person in einem inneren Deutungsraum bewegt, in dem es keinen Handlungsspielraum mehr zu geben scheint. Alles ist eng, starr, alternativlos.

Genau hier setzt Beratung an: nicht durch Lösungen, sondern durch Fragen. Fragen, die die Wirklichkeitskonstruktion hinter dem Problem erkunden. Fragen, die Differenzierung ermöglichen. Fragen, die neue Perspektiven eröffnen.

Denn: So wie wir unsere Welt konstruieren, so konstruieren wir auch unsere Probleme. Und das eröffnet eine wichtige Möglichkeit: Wenn wir ein Problem konstruiert haben, können wir es auch umdeuten - nicht im Sinne von Bagatellisierung, sondern im Sinne eines Perspektivwechsels. Was passiert, wenn ich das vermeintliche Problem als Signal betrachte? Als Hinweis auf ein unerfülltes Bedürfnis? Als Ausdruck eines inneren Widerspruchs? Oder sogar als Motor für notwendige Veränderung?

Ein Beispiel: Eine Klientin berichtet, dass sie sich durch ihre ständige Unsicherheit im Beruf blockiert fühlt. Auf den ersten Blick scheint dies ein klassisches „Selbstwertproblem" zu sein. Doch im Laufe der Beratung zeigt sich: Diese Unsicherheit ist eng verknüpft mit einem hohen Verantwortungsgefühl, mit dem Wunsch, niemandem zur Last zu fallen, mit früheren Erfahrungen von Beschämung. Die Unsicherheit erfüllt eine Funktion: Sie schützt. Sie bremst, wo es gefährlich werden könnte. Sie ist nicht das Problem - sie ist Teil der bisherigen Lösung.

Wenn Beratung gelingt, gelingt oft nicht in erster Linie das „Lösen" von Problemen, sondern das Verstehen, Einordnen und Umdeuten. Der Druck fällt ab, wenn Klient:innen begreifen, dass sie nicht falsch sind, sondern dass ihr Verhalten, ihre Emotionen, ihre vermeintlichen Defizite einen inneren Sinn haben. Und dass Probleme nicht immer „weggehen" müssen, sondern sich wandeln können - in Fragen, in Entwicklungsthemen, in offene Prozesse.

Wichtig dabei ist: Konstruktivistische Beratung nimmt das Problem ernst, ohne sich vom Problem dominieren zu lassen. Sie vermeidet es, vorschnell mit gut gemeinten Sätzen wie „Das ist doch gar nicht so schlimm" oder „Das wird schon wieder" zu reagieren - denn solche Aussagen entwerten das subjektive Erleben. Ebenso wenig dramatisiert sie das Problem, um Bedeutung zu erzeugen. Stattdessen achtet sie auf die innere

Logik des Problems: Woher kommt es? Welche Funktion erfüllt es? Und: Was will es sagen?

Denn häufig zeigen sich Probleme nicht als isolierte Themen, sondern als Symptome innerer oder äußerer Ungleichgewichte. Sie markieren Stellen im Leben, an denen etwas nicht mehr zusammenpasst: zwischen Wunsch und Realität, zwischen Selbstbild und Fremdbild, zwischen innerem Anspruch und äußerer Möglichkeit. In diesen Spannungsfeldern entstehen emotionale Reibung, Unsicherheit, Frustration - kurz: das, was wir als „Problem" benennen.

In der Beratung entsteht durch einen konstruktivistischen Zugang ein Raum, in dem diese Spannungen nicht gelöst, sondern exploriert werden dürfen. Der oder die Klient:in wird eingeladen, mit sich selbst in einen Dialog zu treten: Was genau ist hier los? Was macht das mit mir? Welche Gedanken, Bilder und Gefühle tauchen auf? Welche inneren Stimmen melden sich - und wie stehen sie zueinander? Gleichzeitig behalten wir als Berater:innen im Blick: Unsere Deutungen sind nicht „richtiger" als jene der Klient:innen. Auch unser Blick auf das Problem ist eine Konstruktion. Deshalb arbeiten wir nicht mit „Wahrheiten", sondern mit Hypothesen. Wir bieten unsere Sichtweise an - nicht als Lösung, sondern als Einladung zum Weiterdenken. Wir fragen, nicht um zu analysieren, sondern um neue innere Bewegungen zu ermöglichen.

Letztlich geht es darum, Probleme als Anteile innerer Wirklichkeitskonstruktion zu enttarnen, die verändert, ergänzt oder verlassen werden können. Und um den Mut, der nötig ist, diese Veränderung zuzulassen. Denn auch das gehört zur Wahrheit: Probleme zu verändern bedeutet oft, vertraute Sichtweisen, Identitätsanteile oder Gewohnheiten loszulassen - und das kann verunsichern.

Doch genau hier liegt auch das große Potenzial: Wenn es gelingt, den Fokus von der problemzentrierten Enge in einen offenen Möglichkeitsraum zu verschieben, entsteht oft genau die Bewegung, die so lange gefehlt hat. Die Sicht weitet sich. Neue Fragen tauchen auf. Und mit ihnen neue Antworten - nicht von außen gegeben, sondern von innen entdeckt.

Wir verstehen Beratung als ein Angebot

Bevor Menschen sich dazu entschließen, eine psychosoziale Beratung in Anspruch zu nehmen, haben sie meist schon einen langen inneren Weg hinter sich. Sie haben das Problem vielfach durchdacht, möglicherweise mit anderen besprochen, vielleicht verschiedene Lösungsversuche unternommen - oft ohne Erfolg. Erst wenn das Erleben von Belastung stärker wird als die Hoffnung auf Selbstlösung, entsteht die Bereitschaft, Hilfe von außen anzunehmen. Allein dieser Schritt verdient große Anerkennung - denn er bedeutet, sich einzugestehen: *Allein komme ich hier nicht weiter.*

In konstruktivistischer Perspektive ist jede Beratungssituation einzigartig. Und jede Form der Unterstützung, die wir anbieten, ist genau das: ein Angebot. Keine Wahrheit, kein Rezept, kein funktionierender „Fahrplan". Beratung beginnt mit einer Haltung des Nicht-Wissens und des aufrichtigen Interesses. Sie verzichtet auf das Bedürfnis, zu wissen, was für andere richtig ist - und richtet stattdessen den Fokus auf das, was im Gegenüber als sinnvoll erlebt wird.

Diese Haltung verändert alles. Denn sie nimmt Klient:innen ernst - in ihrer Autonomie, ihrer Würde, ihrer Lebenskompetenz. Es geht nicht darum, dass wir ihnen Lösungen liefern. Sondern darum, gemeinsam Möglichkeiten zu erkunden, die zu ihrer inneren Logik, ihrer Biografie, ihren Ressourcen passen.

Jede Frage, jede Rückmeldung, jede Intervention - sei sie noch so subtil - ist in dieser Haltung eine Einladung: zum Nachdenken, zum Spüren, zum Perspektivwechsel. Und wie jede Einladung kann sie angenommen, abgelehnt oder auf später verschoben werden. Es gibt keinen Zwang zur Reaktion. Kein „Du musst das jetzt sehen", kein „So ist es aber richtig". Das Gegenüber bleibt frei, selbst zu entscheiden, was anschlussfähig ist - und was (noch) nicht.

Genau darin liegt die Kraft dieses Ansatzes: Er entzieht sich der Logik von Kontrolle und Effektivität. Er öffnet den Raum für Resonanz statt

Reaktion. Und er macht deutlich, dass Beratung kein Reparaturmechanismus ist, sondern ein lebendiger Prozess zwischen zwei Menschen, die sich auf eine Begegnung mit offenem Ausgang einlassen.

Gerade weil viele Menschen mit einem hohen Erwartungsdruck in Beratung kommen - „Jetzt muss sich etwas ändern" -, ist es wichtig, ihnen zu vermitteln: Es geht nicht darum, sofort Lösungen zu produzieren. Es geht um Orientierung, um Sinn, um das Wiedergewinnen von Handlungsfähigkeit. Manchmal entsteht diese Veränderung nicht im Gespräch selbst, sondern in der Zeit danach. Ein Satz bleibt hängen, ein Gedanke reift, eine kleine Handlung wird möglich. Beratung wirkt nicht linear. Sie wirkt in Wellen, im Nachklang, manchmal erst viel später - und immer dort, wo sie vom Gegenüber als stimmig erlebt wird.

Diese Haltung fordert auch von Berater:innen die Bereitschaft, sich von „Macherfantasien" zu verabschieden. Wir können keine Veränderung „herbeiführen". Wir können Angebote machen, Impulse setzen, Räume öffnen - mehr nicht. Und genau das ist auch genug. Denn wenn Klient:innen selbst in Resonanz mit sich kommen, ihre eigene innere Stimme wieder hören, ihre Autonomie wieder spüren, dann beginnt echte Veränderung.

Deshalb ist es in der Beratung hilfreich, sich immer wieder selbst zu fragen: Bin ich gerade im Angebotsmodus - oder im Lösungsmodus? Gebe ich meinem Gegenüber Raum zur Entscheidung - oder möchte ich, dass er oder sie „endlich versteht", „endlich tut", „endlich einsieht"? Solche Fragen helfen, in der eigenen Haltung klar zu bleiben und die Beziehung auf Augenhöhe zu gestalten.

Manchmal ist das beste Angebot in der Beratung das Schweigen. Ein bewusstes, achtsames Schweigen, das signalisiert: *Ich bin da. Ich halte aus. Ich muss nichts sagen - und du musst nichts sagen.* In diesem Schweigen kann etwas entstehen, das in Worten nicht erreichbar ist: ein Moment von echter Verbindung, von Dasein, von innerem Innehalten.

Beratung ist dann nicht nur Hilfe zur Problemlösung. Sie ist ein Ort des Innehaltens, des Wieder-in-Beziehung-Tretens mit sich selbst, ein Resonanzraum für das, was vielleicht lange unter der Oberfläche gelegen ist. Und sie ist vor allem eines: ein Angebot, das mit Respekt, mit Geduld und mit Vertrauen in die Selbstwirksamkeit des Gegenübers gegeben wird.

Systemisches Denken: Menschen in Wechselwirkung

Menschen leben von Geburt an in Systemen. Das erste prägende System ist die Familie, später kommen Kindergarten, Schule, Peer-Gruppen, Sportvereine, Institutionen, Betriebe, digitale Netzwerke und viele weitere soziale Kontexte hinzu. Diese Systeme sind nicht bloß Rahmenbedingungen, in denen sich das Leben abspielt - sie sind lebendige Kontexte, die unser Denken, Fühlen und Handeln wesentlich mitgestalten und mitdefinieren. Jeder Mensch ist immer auch ein Beziehungsmensch - eingebettet in soziale Felder, in denen wechselseitiger Einfluss geschieht.

Jedes System hat eine eigene Struktur, eigene Dynamiken, Regeln, Rituale und Kommunikationsformen, die es einzigartig machen. Manche dieser Regeln sind explizit, schriftlich festgelegt oder bewusst ausgesprochen - wie Hausordnungen, Schulgesetze, Dienstanweisungen. Viele aber wirken implizit, unausgesprochen - sie leben durch Wiederholung, durch Vorbild, durch Tabus, durch nonverbale Signale. Gerade diese impliziten Muster sind besonders wirksam, weil sie kaum hinterfragt werden, aber Erwartungen und Zugehörigkeitsgefühle prägen.

Ein System ist in der systemischen Logik mehr als die Summe seiner Einzelteile. Es lebt durch die Beziehungen seiner Elemente zueinander. Und diese Beziehungen sind nicht starr, sondern dynamisch, zirkulär, anpassungsfähig. Menschen passen sich an - oft unbewusst, oft aus dem Bedürfnis heraus, dazugehören zu wollen. Das bedeutet: Verhalten ist nicht nur persönlich, sondern auch systemisch bedingt. Es ergibt sich in Resonanz auf das, was im System geschieht - und es wirkt gleichzeitig zurück auf das System selbst. So kann sich ein Mensch im Familiensystem fürsorglich und kontrollierend zeigen, im Berufssystem rational und zurückhaltend, im Freundeskreis humorvoll und spontan - und in sich selbst das Gefühl haben, all diese Facetten gehören zu ihm. Und das tun sie auch. Menschen „verstellen" sich nicht zwangsläufig - sie verhalten sich systemangemessen. Systeme erzeugen Spielräume und Grenzen. Sie erlauben bestimmte Rollen und schließen andere aus. Sie fördern bestimmte Kommunikationsformen und sanktionieren andere.

Ein System erzeugt Zugehörigkeit und grenzt sich gleichzeitig von Außenstehenden ab. Es entsteht ein „Wir" - und damit auch ein „Nicht-Wir". Dieser Mechanismus schafft Sicherheit, Stabilität und Identität - aber auch blinde Flecken. Wer Teil eines Systems ist, erkennt oft nicht, wie stark sein Verhalten davon geprägt wird. Wer neu dazukommt, spürt sofort: Es gibt unausgesprochene Regeln. Bestimmte Worte. Rituale. Codes. Ein gemeinsamer Humor. Ein gemeinsames Schweigen.

In der Beratung ist es hilfreich, Klient:innen nicht isoliert zu betrachten, sondern eingebettet in ihre Systeme. Nicht nur: „Was machst du?" - sondern: „In welchem Kontext tust du das?", „Wie ist dein Platz dort?", „Welche Erwartungen spürst du - offen oder unausgesprochen?" Das System mitzubedenken heißt, nicht nur die Person, sondern auch die Struktur zu sehen, in der diese Person handelt. Diese systemische Brille schützt vor Individualisierung von Problemen. Ein Kind, das in der Schule als „verhaltensauffällig" gilt, verhält sich womöglich im familiären Kontext ruhig, hilfsbereit, angepasst. Ein Mitarbeiter, der im Team als unkooperativ beschrieben wird, kann in einem anderen Projektumfeld kreativ und kommunikativ agieren. Das zeigt: Verhalten ist immer auch eine Antwort auf systemische Bedingungen - auf Kommunikation, Beziehung, Rollenerwartung, Machtverhältnisse, unausgesprochene Dynamiken.

Systeme beeinflussen nicht nur das Verhalten - sie beeinflussen Identität. Wer bin ich in diesem System? Was darf ich zeigen, was muss ich verstecken? Welche Rolle wird mir zugeschrieben - und welche übernehme ich aktiv? Identität entsteht nicht nur aus innerem Erleben, sondern im Spiegel sozialer Rückmeldung. Und dieser Spiegel ist immer geprägt durch das System, in dem wir uns gerade befinden.

Auch die Beratung selbst ist ein System. Sie hat eine eigene Kultur, eigene Sprachregelungen, ein bestimmtes Machtverhältnis - nämlich das zwischen Klient:in und Berater:in. Es gibt einen geschützten Rahmen, eine andere Art von Gespräch, eine bewusste Unterbrechung gewohnter Kommunikationsmuster. Schon das kann etwas in Bewegung bringen: ein neuer Kontext, in dem neue Perspektiven entstehen dürfen.

Systemisches Denken lädt uns also ein, nicht nur nach Ursachen, sondern nach Zusammenhängen zu fragen. Nicht nach „Warum ist das so?", sondern nach „In welchem Gefüge zeigt sich dieses Verhalten?" Es sensibilisiert uns dafür, wie sehr Menschen in Wechselwirkung mit ihrer Umwelt stehen - und dass Veränderung dann möglich wird, wenn sich das Zusammenspiel verändert.

Vom linearen zum zirkulären Denken

Viele Menschen sind es gewohnt, in linearen Ursache-Wirkungsketten zu denken: A passiert, also folgt B. Diese Denkweise ist tief in uns verankert. Sie wird in der Schule gelehrt, durch Sprache gefestigt und gesellschaftlich belohnt. Wer eine klare Ursache für ein Problem benennen kann, wirkt rational, strukturiert, sachlich. Doch lineares Denken hat auch eine Kehrseite: Es reduziert komplexe Zusammenhänge auf einfache Erklärungsmuster - oft auf der Suche nach Schuldigen.

Der Satz „Er ist so, weil sie immer nörgelt" ist ein typisches Beispiel für lineares Denken. Die Handlung eines Menschen wird als direkte Reaktion auf das Verhalten eines anderen erklärt - als ob menschliches Verhalten sich linear ableiten ließe. Diese Denkweise verleitet dazu, Verantwortung abzugeben und sich selbst als Opfer fremder Einflüsse zu erleben. Sie unterstellt, dass der andere zuerst angefangen hat, dass man selbst lediglich reagiert - und dass damit auch keine eigene Veränderung möglich ist, solange der andere sich nicht zuerst ändert.

Paul Watzlawick, einer der Pioniere systemischen Denkens, hat diese Dynamik eindrücklich beschrieben. In seinem bekannten Beispiel erzählt er von einem Paar, in dem der Mann sich zunehmend zurückzieht - während die Frau immer mehr nörgelt. Sie erklärt ihr Verhalten mit seiner Passivität: „Wenn du endlich mal aktiv wärst, müsste ich dich nicht kritisieren." Er wiederum begründet seine Zurückhaltung mit ihrer Nörgelei: „Solange du mich ständig angreifst, ziehe ich mich eben zurück." Beide erleben ihr Verhalten als Reaktion auf das Verhalten des anderen - und erkennen dabei nicht, dass sie sich gegenseitig in einem Kreislauf stabilisieren.

Aus systemischer Sicht handelt es sich hier nicht um Ursache und Wirkung, sondern um eine zirkuläre Dynamik. Beide Verhaltensweisen bedingen und verstärken sich wechselseitig. Keiner „hat angefangen" - und gleichzeitig tragen beide zur Fortsetzung des Musters bei. Der Konflikt bleibt bestehen, weil beide auf die Veränderung des anderen warten - und damit die eigene Handlungsfähigkeit aus der Hand geben.

Dieses Beispiel zeigt, wie systemisches Denken neue Sichtweisen eröffnet. Anstatt nach einem Auslöser zu suchen, fragen wir nach den Wechselwirkungen. Statt zu analysieren, „wer schuld ist", fragen wir: „Wie wirkt das Verhalten von A auf B - und umgekehrt?" Dadurch entstehen neue Möglichkeiten, das Muster zu unterbrechen. Wenn ich erkenne, dass mein Verhalten nicht nur eine Folge, sondern auch ein Beitrag zum Geschehen ist, gewinne ich ein Stück Gestaltungsmacht zurück.

In der Beratung ist diese Haltung besonders hilfreich. Viele Klient:innen kommen mit dem Wunsch, jemand anderen zu verändern: den Partner, die Kinder, die Kollegin, den Chef. Systemisches Denken verschiebt die Aufmerksamkeit auf das eigene Verhalten - nicht im Sinne von Schuld, sondern im Sinne von Einfluss. Es geht darum zu erkennen: Ich bin Teil des Systems - und damit auch Teil der Dynamik. Wenn ich mich verändere, verändert sich auch etwas im System. Dieser Perspektivwechsel ist kraftvoll. Er entlastet von der Frage „Warum ist das so?" und öffnet den Raum für „Was trägt dazu bei, dass es so bleibt - und was könnte anders werden?" Es entsteht Bewegung im Denken - und aus Bewegung kann Veränderung entstehen.

Ein weiteres Merkmal linearer Erklärungen ist ihre Tendenz zur Vereinfachung. Wenn etwas schiefläuft, suchen wir gerne nach der einen Ursache. Das gibt Sicherheit, ist übersichtlich und oft emotional entlastend. Doch in komplexen Lebenssituationen greift diese Logik zu kurz. Denn menschliches Verhalten entsteht nie aus einer einzigen Ursache. Es ist das Ergebnis vieler Einflussfaktoren: biografischer Erfahrungen, aktueller Bedürfnisse, systemischer Positionen, verdeckter Loyalitäten, unausgesprochener Erwartungen, kollektiver Muster.

Zirkuläres Denken erlaubt es, dieser Komplexität gerecht zu werden. Es anerkennt, dass Systeme sich selbst organisieren, dass Veränderungen an einer Stelle Wirkungen an anderer Stelle erzeugen - manchmal sichtbar, manchmal subtil. Es lädt dazu ein, neugierig zu sein, verschiedene Perspektiven einzunehmen, Zusammenhänge zu erkunden. Und es verzichtet darauf, vorschnell Lösungen anzubieten, ohne die Dynamik verstanden zu haben.

In der Beratungspraxis bedeutet das auch: Wir achten auf Muster, nicht auf einzelne Ereignisse. Auf Beziehungen, nicht auf Einzelpersonen. Auf Prozesse, nicht auf Symptome. Wir interessieren uns für Fragen wie: Wer spricht mit wem über was - und wer nicht? Wer übernimmt welche Rolle? Was passiert, wenn sich jemand anders verhält als gewohnt? Welche Reaktionen folgen - und welche bleiben aus? Indem wir so arbeiten, ermöglichen wir Veränderung dort, wo vorher Verstrickung war. Wir laden unsere Klient:innen ein, aus der Logik der Schuld in die Logik der Verantwortung zu wechseln - und damit in die eigene Handlungsfähigkeit zurückzufinden.

In Zusammenhängen und Auswirkungen denken

Systemisch zu denken heißt, sich von einfachen Ursache-Wirkung-Zusammenhängen zu verabschieden. An ihre Stelle tritt ein Denken in Zusammenhängen, Wechselwirkungen, Beziehungen und Dynamiken. Nicht „A verursacht B", sondern „A beeinflusst B - und B beeinflusst A - und beides geschieht eingebettet in ein größeres Geflecht". In der psychosozialen Beratung ist dieses Denken besonders fruchtbar, weil es uns hilft, komplexe Lebenssituationen nicht zu vereinfachen, sondern in ihrer Vielschichtigkeit zu würdigen.

Wenn wir uns auf systemisches Denken einlassen, erkennen wir, dass es nie nur eine:n Schuldige:n gibt - und auch keine monokausale Erklärung für Konflikte oder Störungen. Eine Beziehung, die gelingt, gelingt deshalb, weil beide Seiten aufeinander reagieren, sich synchronisieren, aufeinander Bezug nehmen. Ebenso ist eine Beziehung, die sich verfestigt, in ihrem Schmerz, in ihrer Sprachlosigkeit oder im Konfliktmuster das

Ergebnis wechselseitiger Dynamiken. Systemische Beratung richtet deshalb ihren Blick nicht auf den Einzelnen, sondern auf das, was *zwischen* den Menschen geschieht. Sonja Radatz bringt dies in ihrem Buch „Beratung ohne Ratschlag" prägnant auf den Punkt:

> *„Ein Problem entsteht dadurch, dass (fast immer) mehrere Menschen aktiv daran arbeiten, dieses Problem entstehen zu lassen, es aufrechtzuerhalten oder es zu verstärken."*

Diese Sichtweise verändert den Fokus unserer beraterischen Arbeit grundlegend. Wir analysieren nicht, wer was falsch gemacht hat. Wir fragen vielmehr: *Wer ist alles beteiligt - aktiv oder passiv? Was wird kommuniziert - und was bleibt unausgesprochen? Welche unausgesprochenen Aufträge oder Loyalitäten wirken mit? Welche Reaktionen bleiben aus, obwohl sie erwartet werden?* Auch Unterlassungen haben Bedeutung. Auch Schweigen kommuniziert.

In der systemischen Beratung wird so der Blick geweitet. Wir achten nicht nur auf Verhalten, sondern auch auf Rollen, Muster, Kontexte, Historien. Wir nehmen wahr, wie sich Systeme stabilisieren, wie sie Veränderung verhindern - und wo kleine Irritationen Bewegung erzeugen könnten. Die Grundhaltung dabei bleibt stets eine ohne Schuldzuweisung. Niemand „ist schuld". Vielmehr: Alle sind auf ihre Weise beteiligt - sichtbar oder verborgen, aktiv oder durch Unterlassung.

Auch das eigene Denken und Handeln wird in dieser Perspektive neu betrachtet: Als Berater:in bin ich nicht außenstehende:r Beobachter:in, sondern Teil des Systems, sobald ich mitwirke. Jede meiner Fragen, jede Hypothese, jede Intervention hat Auswirkungen - auf das Denken, Fühlen und Handeln meines Gegenübers. Systemisches Denken bedeutet, diese Wirkungen mitzudenken. Nicht, um sie zu kontrollieren, sondern um achtsam mit ihnen umzugehen. In diesem Zusammenhang ist auch der berühmte Satz von Dschalâl-ed-dîn Rumî bedeutsam:

> *„Jenseits von richtig und falsch liegt ein Ort. Dort treffen wir uns."*

Dieser Ort ist das Herz systemischer Beratung: Ein Raum, in dem Bewertungen bewusst zurückgestellt werden. In dem nicht gefragt wird: „Wer hat recht?" - sondern: „Was passiert hier eigentlich zwischen uns?" In dem sich Berater:in und Klient:in auf Augenhöhe begegnen und gemeinsam erforschen, welche Dynamiken wirken - und was es braucht, um neue Bewegungen zu ermöglichen.

Auch der Umgang mit Verantwortung verändert sich durch diese Haltung. Verantwortung wird nicht delegiert, sondern anerkannt - für das eigene Verhalten, für die gewählten Reaktionen, für die Wirkungen, die daraus entstehen. Es geht nicht darum, alles richtig zu machen, sondern darum, sich bewusst für ein bestimmtes Verhalten zu entscheiden und dessen mögliche Auswirkungen mitzutragen. Albert Einstein formulierte es treffend:

„Wir können der Tatsache nicht ausweichen, dass jede einzelne Handlung, die wir tun, ihre Auswirkung auf das Ganze hat."

Dieses Bewusstsein prägt systemisch arbeitende Berater:innen. Jede Frage kann etwas in Bewegung setzen. Jede Intervention ist ein Eingriff ins System. Manchmal löst ein scheinbar beiläufiger Satz einen intensiven inneren Prozess aus - nicht, weil er besonders klug war, sondern weil er zur rechten Zeit in ein offenes Systemfeld fiel. Diese Unvorhersehbarkeit ist kein Mangel - sie ist Wesensmerkmal systemischer Prozesse.

Systemisches Denken erfordert deshalb Demut. Es erinnert uns daran, dass wir nie alle Wirkungen unserer Handlungen kennen können - und dass wir trotzdem verantwortlich sind. Nicht im Sinne von „schuld", sondern im Sinne von: achtsam und wach für das, was wir auslösen. Wir intervenieren nicht „richtig" oder „falsch", sondern passend oder unpassend, resonanzfähig oder irritierend. Und beides kann - je nach Zeitpunkt, Person und System - hilfreich oder blockierend sein.

In diesem Sinn ist systemisches Denken kein Konzept, das man „anwendet". Es ist eine Haltung. Eine Art, auf Menschen zu schauen. Eine Form der Weltwahrnehmung, die sich nicht auf einfache Antworten verlässt, sondern das Zusammenspiel in den Vordergrund stellt. Es ist eine Einladung, das Komplexe nicht zu scheuen - und in der Komplexität neue Möglichkeitsräume zu entdecken.

Muster, Ohnmacht und der Weg zur Selbstverantwortung

Wenn wir in ständigem Austausch mit unseren Systemen stehen, dann sind wir nicht nur Empfangende von Einflüssen - wir sind auch Sender. Wir wirken zurück. Unser Verhalten beeinflusst die Systeme, in denen wir leben, genauso wie diese Systeme unser Verhalten formen. In diesem wechselseitigen Prozess gestalten wir unsere Wahrnehmungen, unsere Bewertungen, unsere Reaktionen. Wir machen Erfahrungen, entwickeln Überzeugungen, bilden Werte - und schaffen damit unsere ganz persönliche Weltsicht.

Diese Weltsicht ist hilfreich. Sie gibt uns Orientierung, schützt uns vor Überforderung, hilft uns, Entscheidungen zu treffen. Aber sie ist auch begrenzt. Sie ist das Ergebnis unserer bisherigen Erfahrungen - nicht ein Spiegel objektiver Realität. Und genau das kann in bestimmten Lebensphasen zum Problem werden: nämlich dann, wenn wir mit den bisherigen Denk- und Handlungsmustern nicht mehr weiterkommen. Wenn wir mit vertrauten Strategien keine befriedigenden Ergebnisse mehr erzielen. Wenn wir - obwohl wir „alles wie immer" machen - plötzlich scheitern.

In solchen Momenten geraten viele Menschen in ein Gefühl der Ohnmacht. Die vertraute Welt bricht ein Stück weit weg, das eigene Erleben erscheint fremd oder nicht mehr steuerbar. Es ist verständlich, dass in solchen Phasen das Bedürfnis nach Erklärung, nach Entlastung, nach Schuldzuweisung wächst. Wer oder was ist schuld daran, dass ich in dieser Situation bin? Und häufig richtet sich dieser Blick dann nach außen: die Umstände, die anderen, das System. Eine Haltung entsteht, die wir in der Beratung oft als Opferhaltung bezeichnen - nicht wertend, sondern beschreibend. Sie ist geprägt vom Erleben, ausgeliefert zu sein, keine Wahl mehr zu haben, fremdbestimmt zu sein.

Die Opferrolle ist dabei nicht nur ein passiver Zustand. Sie bietet - paradoxerweise - auch Sicherheit. Wer sich selbst als Opfer sieht, muss keine Verantwortung übernehmen. Wer sich von äußeren Kräften dominiert erlebt, kann zwar nichts ändern, muss aber auch nichts riskieren. Der Preis dafür ist hoch: Selbstwirksamkeit, Gestaltungskraft und Hoffnung gehen verloren. Veränderung scheint nur dann möglich, wenn sich die anderen verändern - oder die Welt. Nicht aber man selbst.

Aus systemischer Sicht ist dieses Erleben ernst zu nehmen - und gleichzeitig zu hinterfragen. Denn auch die Opferrolle ist ein Muster, eine Konstruktion, eine Antwort auf frühere Erfahrungen. Sie ist nicht falsch. Sie war vielleicht sogar einmal überlebenswichtig. Aber sie ist nicht alternativlos. Und genau hier liegt die Kraft systemischer Beratung: Sie hilft dabei, aus dieser Perspektive wieder herauszutreten. Nicht, indem sie sie entwertet, sondern indem sie sie in Beziehung setzt: Zu den Systemen, in denen sie entstanden ist. Zu den Möglichkeiten, die jenseits davon liegen.

Systemisch-konstruktives Denken geht davon aus: Menschen tragen alle Voraussetzungen in sich, um ein Problem, das durch die eigene Denkweise entstanden ist, auch selbst zu verändern. Oft sehen sie diese Möglichkeiten nicht - noch nicht. Es braucht eine Irritation, eine kleine Verstörung des gewohnten Musters, um den Blick zu weiten. Diese Irritation kann durch eine Frage entstehen, durch eine neue Perspektive, durch einen Moment des Innehaltens. Und genau hier setzen systemische Interventionen an: Sie unterbrechen, erweitern, verflüssigen. Dabei ist es wichtig, dass wir als Berater:innen nicht in die Retterrolle rutschen. Auch wir sind Teil des Systems - und auch wir können durch unsere Haltung Ohnmacht verstärken, wenn wir zu schnell erklären, deuten oder „helfen wollen". Systemisches Arbeiten bedeutet, Möglichkeitsräume zu eröffnen, nicht Lösungen zu liefern. Es bedeutet, dem Gegenüber zuzutrauen, den eigenen Weg zu finden - in seinem Tempo, auf seine Weise.

Oft genügt es, die Perspektive zu verschieben: Statt zu fragen „Warum passiert mir das?", fragen wir „Was will mir diese Situation zeigen?" Oder: „Was genau tue ich, wenn ich mich ohnmächtig fühle?" Und:

„Wann war das früher auch schon so - und was hat damals geholfen?"
Solche Fragen führen zurück zur Selbstwirksamkeit. Sie machen deutlich:
Ich bin nicht nur Betroffene:r, ich bin auch Beteiligte:r. Ich bin Teil des
Systems - und damit Teil der Lösung.

Dieser Prozess ist nicht immer einfach. Veränderung erfordert Mut. Sie
bringt Unsicherheit mit sich. Sie verlangt, alte Muster zu hinterfragen -
auch wenn sie einmal sinnvoll waren. Und sie bedeutet, Verantwortung
wieder zu übernehmen. Nicht im Sinne von Schuld, sondern im Sinne von
Gestaltung. Wer das eigene Verhalten als Beitrag zur aktuellen Situation
erkennt, erkennt darin auch die Möglichkeit zur Veränderung.

Beratung wird in diesem Sinne zu einem Ort der Rückverbindung mit der
eigenen Kraft. Zu einem Raum, in dem es wieder möglich wird, Entscheidungen zu treffen, neue Perspektiven einzunehmen und Handlungsspielräume zu entdecken. Und vielleicht ist das die stärkste Wirkung systemischer Beratung: dass sie Menschen wieder daran erinnert, dass sie nicht
Opfer ihrer Umstände sind - sondern Gestalter:innen ihres Lebens.

Verstörung, Irritation und Verantwortung im Beratungskontext

Veränderung entsteht häufig nicht in ruhigen, linearen Prozessen, sondern in Momenten der Irritation - wenn das Gewohnte ins Wanken gerät
und alte Muster kurzzeitig durchbrochen werden. Solche Verstörungen
können zunächst als unangenehm empfunden werden, da sie Unsicherheit und Widerstand auslösen. Doch genau in diesen Momenten eröffnet
sich der Raum für Neuanfang, für alternative Sichtweisen und für das Entdecken ungenutzter Potenziale.

Im Beratungskontext können bewusst gesetzte Irritationen dazu dienen,
eingefahrene Denk- und Handlungsmuster zu hinterfragen. Ein gut gewählter Impuls - eine provokante Frage, ein stiller Moment, ein überraschendes Spiegeln - kann einen Moment der Verunsicherung erzeugen,
der jedoch auch die Tür zu neuen Perspektiven öffnet. Diese Verstörung
ist niemals Selbstzweck, sondern ein gezieltes Mittel, um die Wahrnehmung zu erweitern und festgefahrene Prozesse aufzubrechen.

Dabei ist es wichtig, dass Berater:innen stets die Verantwortung für die Wirkung ihrer Interventionen übernehmen. Jede Frage, jede Rückmeldung hat Auswirkungen - nicht nur auf den Inhalt des Gesprächs, sondern auch auf die emotionale und systemische Dynamik. Es gilt daher, sensibel zu sein für die Intensität der erlebten Verstörung: Welche Emotionen werden ausgelöst? Wo stößt der Klient an seine Grenzen? Welche Erinnerungen oder alten Muster werden reaktiviert?

Diese Reflexion ist zentral, um die Wirkung der eigenen Arbeit achtsam zu steuern. Wenn sich ein Klient durch eine Intervention irritiert oder gar überfordert fühlt, bietet das Gespräch die Möglichkeit, gemeinsam zu erkunden, was diese Reaktion auslöst und welche alternativen Wege möglich wären. So wird die Verstörung nicht als Störung im negativen Sinn verstanden, sondern als ein Signal, das aufzeigt, wo das bestehende System an seine Grenzen stößt und wo Veränderungen möglich werden.

Verantwortung im Beratungskontext bedeutet auch, dass wir uns bewusst sind, dass unsere eigenen Denk- und Handlungsweisen in das Gespräch hineinfließen. Wir sind nicht nur neutrale Beobachter:innen, sondern aktiv Teil des systemischen Feldes. Unsere Interventionen sind Impulse, die weit über den gesprochenen Inhalt hinaus wirken. Deshalb ist es essenziell, regelmäßig in die Selbstreflexion einzutauchen: Wie wirke ich? Welche Vorannahmen trage ich in mir? Inwiefern beeinflusst mein eigenes Erleben die Dynamik im Gespräch? Diese Fragen helfen, die eigene Rolle als Mitgestalter:in des Prozesses zu verstehen und die eigene Verantwortung für die entstehenden Veränderungen anzuerkennen.

Ein zentraler Aspekt dabei ist, dass Verstörung nicht gleichbedeutend mit Fehlerhaftigkeit ist. Vielmehr ist sie ein natürlicher Bestandteil von Veränderungsprozessen - ein Signal, dass das Gewohnte nicht mehr ausreichend ist und Raum für Neues geschaffen werden muss. Der Mut, sich auf diese Unsicherheit einzulassen, ist ein Zeichen von Selbstwirksamkeit und offenbart das Potenzial zur Weiterentwicklung.

Im Beratungskontext geht es darum, gemeinsam mit Klient:innen zu erarbeiten, wie aus einer initialen Irritation ein neuer Orientierungspunkt werden kann. Es gilt, das auszuloten, was im Moment der Verstörung möglich ist, welche neuen Sichtweisen sich eröffnen und wie diese in das weitere Leben integriert werden können. Der Dialog wird so zu einem kreativen Prozess, in dem nicht die Stabilität des Bekannten, sondern die Flexibilität im Umgang mit dem Unbekannten im Mittelpunkt steht.

Abschließend kann gesagt werden, dass systemisches Arbeiten nicht darauf abzielt, sämtliche Unsicherheiten zu eliminieren - vielmehr geht es darum, sich ihrer bewusst zu werden und sie als Teil des lebendigen Prozesses zu integrieren. Verantwortung zu übernehmen heißt, zu akzeptieren, dass jede einzelne Handlung und jedes Wort Auswirkungen hat, die weit über den unmittelbaren Moment hinausreichen. Es ist eine Einladung, mit Achtsamkeit und Mitgefühl sowohl sich selbst als auch das System, in dem man wirkt, kontinuierlich weiterzuentwickeln.

Störungen im System

In der systemischen Beratung gehen wir davon aus, dass jedes lebendige System, sei es eine Familie, ein Team, eine Organisation oder ein innerpsychisches Gefüge, über eine eigene Ordnung, Dynamik und Regulationsstruktur verfügt. Diese Ordnung ist nicht willkürlich, sondern folgt einer inneren Logik, die dem Erhalt des Systems dient. Sie entwickelt sich aus den Bedürfnissen nach Sicherheit, Zugehörigkeit, Bedeutung und Stabilität - und stellt sicher, dass das System über längere Zeit bestehen kann, auch unter belastenden Bedingungen.

Solange diese systeminterne Ordnung stimmig erlebt wird und die Mitglieder des Systems sich mit ihren Rollen, Beziehungen und Aufgaben im Gleichgewicht befinden, entsteht ein tragfähiger innerer Zusammenhang. Doch wenn zentrale Prinzipien verletzt, Rollenverteilungen unklar oder Loyalitäten überdehnt werden, gerät das System aus dem Gleichgewicht. Es kommt zu Störungen im System, die sich nicht selten verdeckt äußern, in Form von innerem Druck, Spannung, Krankheit, chronischen Konflikten oder scheinbar irrationalem Verhalten einzelner Beteiligter.

Solche Störungen sind kein Zufall. Sie erfüllen meist eine Funktion: Sie weisen auf etwas hin, das nicht mehr stimmig ist, eine Verletzung, eine Überforderung, ein Ungleichgewicht. Systemische Störungen wirken nie isoliert. Sie entfalten ihre Wirkung über Beziehungen, Dynamiken und Wechselwirkungen - und betreffen stets das ganze System, auch wenn sie sich vordergründig nur an einer Stelle zeigen.

Die Kraft systemischer Bilder: Das Mobile

Ein oft verwendetes und anschauliches Bild zur Verdeutlichung dieser Dynamik ist das Mobile - ein fein ausbalanciertes Gebilde, das aus verschiedenen Elementen besteht, die durch Fäden oder Stäbe miteinander verbunden sind. Wenn eine Figur in Bewegung gerät, schwingen alle anderen mit - direkt oder indirekt. Kein Element ist völlig unabhängig, jede Bewegung hat Rückwirkungen auf das Ganze.

Stellen wir uns nun vor, eine dieser Figuren gerät aus dem Gleichgewicht oder verheddert sich: Das System beginnt, sich zu regulieren. Es versucht, die Unruhe auszugleichen. Vielleicht neigen sich andere Figuren in eine Gegenrichtung. Vielleicht wird das Mobile insgesamt schief, aber es kommt dennoch wieder zur Ruhe. Die Bewegung hört auf, doch der Knoten bleibt. Die Störung wurde nicht gelöst - sie wurde kompensiert. Und mit der Zeit wird diese Kompensation zur neuen Normalität.

Diese Metapher lässt sich direkt auf soziale Systeme übertragen. Eine konflikthafte Beziehung in einer Familie, eine unbewältigte Trauer, ein generationsübergreifendes Schweigen oder ein unausgesprochenes Schuldgefühl kann das gesamte Gefüge beeinflussen. Vielleicht passt sich ein Kind an und übernimmt unbewusst die Rolle eines fehlenden Familienmitglieds. Vielleicht zieht sich jemand zurück, um Spannungen zu vermeiden. Vielleicht wird ein Mensch zum „Symptomträger", indem er durch auffälliges Verhalten, Krankheit oder innere Unruhe auf das Ungleichgewicht hinweist, das im System besteht, aber nicht benannt werden darf.

So gesehen sind Störungen im System Hinweise auf eine tiefer liegende Bewegung, auf ein Bedürfnis nach Klärung, Ordnung oder Integration. Sie zeigen an, dass etwas nicht in seiner natürlichen Position ist - dass ein Gleichgewicht fehlt, das wichtig wäre, um sich als Person innerhalb des Systems frei bewegen zu können.

Systemische Störungen sind oft unsichtbar, aber nie wirkungslos

Besonders herausfordernd ist, dass viele dieser Störungen lange Zeit im Verborgenen bleiben. Sie werden verdrängt, beschönigt oder schlicht ignoriert - manchmal aus Angst vor Schmerz, manchmal aus Loyalität, manchmal aus einem tiefen Bedürfnis, das System zu schützen. Doch das System „merkt" sich die Störung. Es arbeitet weiter mit ihr - oft um den Preis von Symptombildung, inneren Konflikten oder destruktiven Beziehungsmustern.

In der psychosozialen Beratung begegnen wir solchen Phänomenen immer wieder: Menschen, die sich ständig überfordern, ohne zu wissen warum. Menschen, die sich selbst sabotieren, obwohl sie sich Veränderung wünschen. Menschen, die in Beziehungen verharren, die sie nicht nähren, und dabei gleichzeitig eine unerklärliche Schuld empfinden, wenn sie an Trennung denken. Hinter solchen Mustern stehen häufig systemische Verstrickungen, die durch frühere Ereignisse, unausgesprochene Loyalitäten oder generationsübergreifende Bindungen geprägt sind.

Dabei handelt es sich nicht um Pathologien im klassischen Sinne, sondern um Bindungen - manchmal um Bindungen an vergangenes Leid, an ausgeklammerte Familienmitglieder, an ungesagte Wahrheiten. Diese Bindungen wirken fort, solange sie nicht gewürdigt oder neu eingeordnet werden. Und sie verlangen nach Anerkennung - nicht im Sinne von Schuldzuweisung, sondern im Sinne eines **achtsamen Hinschauens**, das es ermöglicht, das System zu entlasten.

Die Sprache der Symptome verstehen lernen

Systemische Symptome sind nicht das Problem - sie sind der Ausdruck eines Problems. Sie sind die Sprache, mit der das System auf eine Verletzung, eine Unordnung oder ein Ungleichgewicht hinweist. Wer systemisch berät, versteht Symptome daher nicht als Störungen, die beseitigt werden müssen, sondern als Signale, die verstanden werden wollen.

Diese Sichtweise verändert unsere Haltung als Beratende grundlegend. Sie lädt dazu ein, neugierig zu sein. Fragen zu stellen, die über das Offensichtliche hinausgehen. Nachzuforschen: Wer ist noch Teil dieses Systems - auch wenn er nicht anwesend ist? Wer darf dazugehören - und wer nicht? Welche unausgesprochenen Regeln oder Tabus bestimmen das Handeln? Wer trägt was für wen? Und was wird durch diese Störung möglicherweise bewahrt?

Drei Grundformen systemischer Störungen

Um in der Beratung Orientierung zu schaffen, hat sich die Einteilung systemischer Störungen in drei übergeordnete Kategorien bewährt. Diese Kategorien sind keine festen Diagnosen, sondern **nützliche Denkmodelle**, die helfen können, Dynamiken einzuordnen, Interventionen gezielt auszuwählen und Klient:innen dabei zu unterstützen, sich selbst und ihre Verstrickungen besser zu verstehen:

1. **Ausgleichsstörungen** - wenn das Gleichgewicht von Geben und Nehmen gestört ist, etwa durch ein übermäßiges Verantwortungsgefühl, ein Unvermögen, Hilfe anzunehmen, oder durch unbewusste Schuldgefühle.
2. **Ordnungsstörungen** - wenn Rollenverteilungen, Rangfolgen oder systemische Grenzen verletzt oder unklar sind, z.B. bei Parentifizierung, Triangulierung oder hierarchischer Verwirrung.
3. **Bindungsstörungen** - wenn Zugehörigkeit, emotionale Nähe oder Beziehungskontinuität beeinträchtigt sind, häufig als Folge von Verlust, Trauma oder Ausschluss eines Familienmitglieds.

Diese Kategorien sind in der Praxis nicht trennscharf. Oft überschneiden sie sich oder bedingen einander. Wichtig ist daher nicht, eine „richtige" Zuordnung zu finden, sondern sensibel dafür zu werden, wo das System aus seiner inneren Ordnung geraten ist, und wie durch Beratung wieder neue Balance entstehen kann.

Systemische Haltung: Keine Schuld - aber Verantwortung

Ein zentraler Gedanke in der systemischen Arbeit ist, dass niemand „schuld" ist an einer Störung - aber alle auf ihre Weise beteiligt sind. Die Frage nach der Schuld führt oft in Sackgassen. Die Frage nach der Beteiligung hingegen öffnet Räume: für Reflexion, für Verantwortung, für neue Bewegungsmöglichkeiten.

Wenn wir als Berater:innen mit systemischen Störungen arbeiten, dann bewegen wir uns oft auf heiklem Terrain: Es geht um alte Verletzungen, um generationenübergreifende Muster, um unbewusste Loyalitäten. Unsere Aufgabe ist es nicht, diese Muster vorschnell zu deuten oder aufzulösen, sondern achtsam Räume zu schaffen, in denen neue Sichtweisen möglich werden. Räume, in denen Menschen sich selbst - und ihr System - in einem neuen Licht sehen können.

Ausgleichsstörung

Wenn Geben und Nehmen aus dem Gleichgewicht geraten

Im Zentrum jeder stabilen sozialen Beziehung steht ein ausgewogenes Verhältnis von Geben und Nehmen. Dieses Prinzip findet sich in allen Formen menschlichen Miteinanders - in Familien, in Partnerschaften, in Freundschaften, in Teams. Wenn dieses Gleichgewicht über längere Zeit gestört ist, kann es zu systemischer Unruhe und persönlicher Belastung kommen. In der systemischen Beratung sprechen wir dann von einer **Ausgleichsstörung**.

Ausgleichsstörungen äußern sich oft subtil: Menschen übernehmen dauerhaft mehr Verantwortung, als ihnen zusteht, sie kümmern sich um andere aufopferungsvoll, leisten permanent mehr als gefordert - und vernachlässigen dabei sich selbst. Häufig fällt es ihnen schwer, Hilfe anzunehmen, um Unterstützung zu bitten oder die eigenen Bedürfnisse ernst zu nehmen. Sie fühlen sich erschöpft, überfordert, innerlich leer, manchmal auch wütend oder traurig - ohne genau zu wissen, warum.

Diese Dynamik ist nicht bloß ein individuelles Verhaltensmuster, sondern Ausdruck einer systemischen Schieflage. Sie deutet oft darauf hin, dass das Prinzip von Gegenseitigkeit im Herkunftssystem verletzt oder nicht gelernt wurde. Viele Betroffene haben in ihrer Herkunftsfamilie früh erfahren, dass sie gebraucht werden, dass ihre Daseinsberechtigung an ihr Funktionieren oder ihre Fürsorglichkeit geknüpft ist. Das eigene Ich wurde zurückgestellt - zugunsten der Bedürfnisse anderer. Wer gelernt hat, „erst die anderen, dann ich", tut sich oft schwer damit, sich selbst als wertvoll und bedürfnisberechtigt zu erleben.

In der Beratung zeigt sich das oft in Formulierungen wie:

- „Ich kann doch nicht einfach um Hilfe bitten."
- „Ich will niemandem zur Last fallen."
- „Ich komme schon klar - die anderen brauchen es dringender."
- „Ich mache das einfach, sonst bleibt's eh wieder an niemandem hängen."

Hinter diesen Haltungen steckt oft eine tiefe, unbewusste Überzeugung: *Nur wenn ich gebe, bin ich liebenswert.* Oder: *Ich darf nichts annehmen, weil andere mehr gelitten haben als ich.* Diese inneren Sätze sind Ausdruck von Bindungsmustern, Loyalitäten und systemischen Dynamiken, die häufig über Generationen weitergegeben wurden.

Die systemische Wurzel: Verstrickung mit schwerem Schicksal

Ausgleichsstörungen haben nicht selten ihren Ursprung in einem belasteten oder traumatisierten Familiensystem. Dort, wo Schicksale nicht verarbeitet oder integriert wurden - etwa durch Totgeburten, Suizide, Vertreibungen, Kriegserfahrungen, psychische Erkrankungen oder das Verschwinden von Familienmitgliedern - entsteht oft ein innerer Druck im System, das Ungleichgewicht zu kompensieren. Jüngere Generationen übernehmen dann unbewusst eine Art Ausgleichspflicht: Sie fühlen sich verantwortlich für das Leid der Vorfahren, ohne zu wissen, warum.

In systemischer Sprache sprechen wir hier von verdeckten Loyalitäten. Diese wirken nicht über Worte, sondern über emotionale Felder, über unausgesprochene Erwartungen, über innere Bilder, die in einer Familie weitergegeben werden. Ein Kind, das spürt, dass seine Mutter immer traurig ist, beginnt vielleicht, sie zu entlasten - emotional, organisatorisch, sogar existenziell. Es verzichtet auf eigene Bedürfnisse, um dem System Stabilität zu geben. Dieses Muster wird verinnerlicht - und bleibt oft auch im Erwachsenenalter wirksam, obwohl die ursprüngliche Situation längst vergangen ist.

Der Preis des Ungleichgewichts

Solche unbewussten Ausgleichsbewegungen fordern ihren Preis: Viele Betroffene leiden unter Erschöpfung, depressiven Verstimmungen, psychosomatischen Symptomen oder einem chronischen Gefühl von innerer Leere. Sie fühlen sich für alles und jeden verantwortlich - nur nicht für sich selbst. Nicht selten begegnen uns in der Beratung Menschen, die „funktionieren", aber nicht wirklich leben. Die ständig im Außen wirken, aber innerlich keine Verbindung mehr zu sich selbst spüren.

Häufig sind diese Menschen beruflich erfolgreich, beliebt, engagiert - doch unter der Oberfläche brodelt es. Sie haben verlernt, zu empfangen. Hilfe, Zuwendung, Unterstützung erzeugen in ihnen Unbehagen - oder gar Schuldgefühle. Dahinter steht eine systemische Ordnung, die aus dem Gleichgewicht geraten ist: das Nehmen wurde entwertet, das Geben überhöht.

Formen der Ausgleichsstörung

Im Beratungskontext begegnen uns verschiedene Erscheinungsformen dieser Dynamik. Drei besonders häufige sind:

Lebenshemmung durch Schuldgefühle

Menschen, die nicht „mehr nehmen durften als andere", entwickeln oft unbewusste Schuldgefühle, wenn sie sich selbst etwas Gutes tun oder wenn es ihnen besser geht als anderen in ihrem Herkunftssystem. Sie hemmen sich selbst im Erleben von Lebensfreude, Erfolg oder Nähe - aus Angst, damit jemanden zu verraten, der weniger hatte. Das Leben bleibt dann innerlich „angehalten", aus Loyalität zu jenen, denen es verwehrt war.

Übernahme von fremdem Schicksal

Betroffene übernehmen Gefühle, Rollen oder Pflichten von Familienmitgliedern, deren Leid nicht anerkannt wurde - etwa einem früh verstorbenen Geschwisterkind oder einem ausgeschlossenen Onkel. Diese Übernahme geschieht meist unbewusst, äußert sich aber in unerklärlichen Schuldgefühlen, in konflikthaftem Verhalten oder in einem inneren Fremdheitsgefühl. Das eigene Leben scheint nicht wirklich das eigene zu sein.

Nachahmung als Ausgleich

In Konfliktsituationen innerhalb des Herkunftssystems übernehmen Kinder manchmal Eigenschaften oder Gewohnheiten eines abgelehnten Familienmitglieds, um so einen inneren Ausgleich zu schaffen. Dabei geraten sie selbst in Gewissenskonflikte, insbesondere wenn sie gleichzeitig die Ablehnung dieses Familienmitglieds spüren. Auch hier ist die Lösung nicht durch Anpassung möglich, sondern durch Bewusstwerdung und Würdigung der ursprünglichen Dynamik.

Systemische Intervention: Wieder in Balance kommen

Im Zentrum der Beratung bei Ausgleichsstörungen steht nicht die Verhaltensänderung, sondern die systemische Klärung: Woher kommt dieses Muster? Wem gilt die Loyalität? Was wurde übernommen - aus Liebe, aus Pflicht, aus unbewusster Verbundenheit? Und wie könnte es gelingen, das System zu würdigen, ohne sich selbst aufzugeben?

Ziel ist es nicht, „weniger zu geben", sondern wieder nehmen zu dürfen, ohne Schuld. Wieder ein Gefühl von Gleichgewicht zu entwickeln. Wieder zu erleben: *Ich darf leben. Ich darf empfangen. Ich darf gut für mich sorgen - und damit zugleich in gesunden Kontakt mit anderen treten.*

Dazu braucht es nicht selten eine bewusste Arbeit mit inneren Bildern, mit Symbolen, mit Aufstellungen, mit sprachlicher Würdigung des Übernommenen. Oft liegt die Kraft darin, etwas zurückzugeben, das einem nie gehört hat - nicht aus Ablehnung, sondern aus Respekt.

Drei systemische Grundregeln für den Ausgleich

Im systemischen Denken gelten einige grundlegende Ordnungsprinzipien, die dabei helfen können, das Prinzip von Geben und Nehmen wieder ins Gleichgewicht zu bringen:

Der Frühere gibt, der Spätere nimmt.
Kinder dürfen nehmen, was Eltern geben können. Sie sind nicht dafür da, ihre Eltern zu retten oder zu ersetzen.

Nur wer genug genommen hat, kann auch geben.
Wer sich innerlich genährt fühlt, kann aus vollem Herzen geben - nicht aus Pflicht, sondern aus Fülle.

Jedem ist sein Schicksal zuzumuten.
Es gehört zur Würde eines Menschen, sein eigenes Leben zu tragen - auch wenn es schwer ist. Niemand kann einem anderen das Schicksal abnehmen, ohne sich selbst zu verlieren.

Ordnungsstörung

Wenn Plätze und Grenzen unsicher werden

In jedem System - sei es eine Familie, ein Team, ein institutioneller Kontext oder eine soziale Gruppe - braucht es eine gewisse Ordnung, damit sich Menschen orientieren können. Diese Ordnung entsteht nicht durch starre Regeln, sondern durch implizite Hierarchien, Rollenverteilungen und unausgesprochene Absprachen, die im Idealfall zu einem stabilen Gleichgewicht führen. Wenn jedoch grundlegende Ordnungsprinzipien verletzt oder dauerhaft übergangen werden, kommt es zu Irritationen, die sich auf das gesamte System auswirken. In der systemischen Beratung sprechen wir dann von einer Ordnungsstörung.

Ordnungsstörungen zeigen sich häufig dort, wo Menschen ihren Platz im System nicht kennen oder sich nicht sicher sein können, ob dieser Platz ihnen überhaupt zusteht. Es herrscht Unklarheit darüber, wer wofür zuständig ist, welche Rollen vergeben oder übernommen wurden, wer welche Verantwortung trägt - und ob diese überhaupt übernommen werden darf. Wenn die Grenzen zwischen Zuständigkeiten verschwimmen, Hierarchien kippen oder übergangen werden, entsteht nicht nur Unsicherheit, sondern oft auch innerer Druck und emotionaler Stress.

Verwirrte Rollen - verunsicherte Identität

Besonders deutlich zeigt sich diese Dynamik in Familien, in denen Kinder die Rolle von Erwachsenen übernehmen müssen - sei es emotional, organisatorisch oder durch Delegation von Verantwortung. Dieses Phänomen wird als Parentifizierung bezeichnet: Das Kind wird zur Stütze für die Mutter, zum Ersatzpartner für den Vater oder zum Familienvermittler zwischen streitenden Elternteilen. Eine klare Trennung zwischen Erwachsenen- und Kinderrolle fehlt. Die Hierarchie ist umgekehrt - mit weitreichenden Folgen.

Solche Kinder entwickeln häufig ein hohes Maß an Verantwortungsbewusstsein, Reife und Pflichtgefühl - oft schon in sehr jungen Jahren. Nach außen wirken sie „besonders vernünftig", „reif für ihr Alter" oder wie „kleine Erwachsene". Doch innerlich fehlt ihnen der Raum, Kind zu sein. Sie wachsen unter einer emotionalen Last auf, die sie nicht tragen können - und auch nicht tragen sollten. Später im Leben zeigen sich oft Symptome wie Perfektionismus, Überanpassung, Schuldgefühle oder das Gefühl, für alles und jeden zuständig zu sein - ein Echo der frühen Rollenumkehr.

Auch im organisationalen Kontext treten Ordnungsstörungen auf: etwa, wenn unklare Führungsstrukturen bestehen, Verantwortungen diffus verteilt sind oder Machtverhältnisse verdeckt undurchschaubar sind. In solchen Fällen zeigen sich typische Dynamiken wie: „Niemand weiß, wer entscheidet", „Jede:r macht irgendetwas", oder: „Wer sich am lautesten durchsetzt, übernimmt die Führung - unabhängig von Kompetenz oder Funktion."

Triangulierung - wenn Dritte instrumentalisiert werden

Eine besondere Form der Ordnungsstörung ist die Triangulierung. Sie beschreibt eine Dreiecksbeziehung, in der eine dritte Person in einen bestehenden Konflikt zwischen zwei anderen hineingezogen wird. Klassisch ist das Beispiel aus der Familie: Das Kind wird zur Vertrauten eines Elternteils, wird mit Informationen versorgt oder gar instrumentalisiert, um eine Allianz gegen den anderen Elternteil zu bilden. Das Kind verliert dadurch seine Unschuld und wird Teil einer Dynamik, die es emotional überfordert.

Diese Konstellation führt beim Kind oft zu Loyalitätskonflikten, innerer Zerrissenheit und einem gestörten Verhältnis zu Autoritäten. Später zeigt sich diese Erfahrung häufig in einer übermäßigen Misstrauenshaltung gegenüber Führungspersonen, in einem ambivalenten Verhältnis zu Nähe und Abgrenzung oder in einem übertriebenen Bedürfnis, selbst Kontrolle zu behalten - aus Angst, wieder in eine solche Lage zu geraten.

Triangulierung findet nicht nur in Familien statt. Auch in Teams oder Organisationen kann es zu solchen Konstellationen kommen, etwa wenn

Mitarbeitende gegeneinander ausgespielt werden, in Loyalitätskonflikte geraten oder verdeckt Konflikte austragen, die eigentlich auf einer anderen Ebene liegen. Die Beteiligten spüren, dass „etwas nicht stimmt", können es aber oft nicht klar benennen.

Wenn die Ordnung kippt: Ursachen und Auslöser

Systemische Ordnungsstörungen haben oft ihre Wurzel in Krisen und Brüchen, in denen das System gezwungen war, sich neu zu organisieren - häufig ohne ausreichende Klärung. Dazu zählen:

- Der Tod eines Elternteils oder Geschwisters
- Scheidung oder Trennung ohne begleitende Kommunikation
- Langzeitkrankheiten, psychische Erkrankungen, Sucht
- Tabuisierte Traumata oder Schuldgeschichten innerhalb des Systems
- Rollenwechsel durch finanzielle, soziale oder kulturelle Umstände

In all diesen Fällen kann es dazu kommen, dass systemische Grenzen verschwimmen. Jüngere übernehmen Aufgaben von Älteren, schwächere Mitglieder tragen mehr als stärkere, und Rollen werden willkürlich oder aus Not neu verteilt. Das System versucht, sich zu stabilisieren - oft mit Lösungen, die kurzfristig hilfreich erscheinen, langfristig jedoch zu Verwirrung und Überforderung führen.

Symptome und Erscheinungsformen

Menschen, die von einer Ordnungsstörung betroffen sind, berichten häufig:

- Sie wissen nicht, „wohin sie gehören"
- Sie übernehmen Verantwortung für andere - unbewusst oder übermäßig
- Sie leiden unter innerer Unruhe, manischen Tendenzen oder einem übertriebenen Ordnungsdrang

- Sie haben Schwierigkeiten, Grenzen zu setzen oder Grenzen anderer zu respektieren
- Sie zeigen starke emotionale Reaktionen in Beziehungen mit unklarer Rollenverteilung

Diese Symptome sind Ausdruck einer tiefen Sehnsucht nach Ordnung, Klarheit und Zugehörigkeit - und sie können durch systemische Interventionen sichtbar und veränderbar gemacht werden.

Systemische Intervention: Platz klären - Ordnung würdigen

In der Beratung geht es nicht darum, eine „richtige" Ordnung zu etablieren, sondern darum, die Dynamik zu verstehen, die hinter der Unordnung steht. Welche Rollen wurden übernommen - aus Liebe, aus Pflicht, aus Angst? Wer fehlt im System - physisch, emotional, symbolisch? Wer ist „verrutscht", weil eine Grenze nicht gehalten wurde?

Eine der wirksamsten Interventionen in diesem Zusammenhang ist die Platzklärung - sei es in der Sprache, in einer systemischen Aufstellung oder durch das bewusste Nachvollziehen der Systemstruktur. Es geht darum, wieder spürbar zu machen, wer wofür zuständig ist, wer an welcher Stelle steht - und wie sich das anfühlt. Manchmal genügt es, einen inneren Satz auszusprechen: *„Ich bin das Kind. Du bist die Mutter."* Oder: *„Ich darf meine Position wieder einnehmen."*

Ziel ist es, dass Menschen wieder in ihre eigene Rolle zurückkehren können - nicht als Anpassung an äußere Erwartungen, sondern als Ausdruck innerer Stimmigkeit.

Systemische Regeln für Ordnung

Die systemische Sichtweise beruht auch hier auf klaren Grundsätzen, die als Orientierung dienen können:

- **Innerhalb eines Systems hat der Ältere Vorrang vor dem Jüngeren.**

Die Zugehörigkeit bestimmt die Rangfolge - wer früher da war, hat Vorrang.

- **Das jüngere System hat Vorrang vor dem älteren.**
  Eine neue Partnerschaft hat Vorrang vor der früheren, die neue Familie vor der Herkunftsfamilie.

Diese Prinzipien helfen nicht, um moralisch zu urteilen, sondern um systemische Dynamiken zu klären. Sie laden ein, Rollen bewusst wahrzunehmen - und sich von übernommenen Verantwortungen zu entlasten, die nicht die eigenen sind.

Bindungsstörung

Wenn Zugehörigkeit und emotionale Nähe nicht gelingen

Bindung ist ein Grundbedürfnis des Menschen. Von Geburt an sind wir darauf angewiesen, uns mit anderen zu verbinden, Nähe zu erleben, Zuwendung zu erhalten und emotionale Sicherheit zu spüren. Ohne stabile Bindungserfahrungen kann kein Mensch gesund wachsen - weder körperlich noch emotional noch sozial. Die systemische Beratung betrachtet Bindung jedoch nicht nur als psychologisches Bedürfnis, sondern auch als **systemisches Phänomen**: Bindung ist die Grundlage für Zugehörigkeit. Und Zugehörigkeit ist das zentrale Ordnungsprinzip in jedem sozialen System.

Wenn dieses Bedürfnis nach Bindung und Zugehörigkeit verletzt, unterbrochen oder nicht ausreichend beantwortet wurde, sprechen wir von einer **Bindungsstörung**. Sie zeigt sich nicht nur in Beziehungsproblemen, sondern auch in diffusen Gefühlen von Einsamkeit, Leere, innerer Unruhe oder dem chronischen Empfinden, „nicht wirklich dazu zu gehören". Bindungsstörungen sind oft schwer zu benennen, weil sie selten mit einem konkreten Ereignis verbunden sind. Vielmehr geht es um das, **was nicht da war** - um das, was gefehlt hat, obwohl es so wesentlich gewesen wäre.

Das Streben nach Zugehörigkeit - ein existenzieller Motor

John Bowlby, der Begründer der Bindungstheorie, hat gezeigt, dass Menschen ein biologisch verankertes Bedürfnis nach sicheren Bindungen haben. Diese frühen Bindungserfahrungen prägen unser Beziehungserleben ein Leben lang - sie beeinflussen, wie wir vertrauen, wie wir uns öffnen, wie wir Nähe gestalten und wie wir mit Trennung, Verlust oder Zurückweisung umgehen. Die Qualität unserer frühen Bindungserfahrungen bildet ein inneres Arbeitsmodell: eine Art emotionale Landkarte, die unser Verhalten in späteren Beziehungen - privat wie beruflich - mitsteuert.

In der systemischen Arbeit erweitern wir diesen Blick: Nicht nur die individuelle Bindung zwischen Eltern und Kind ist entscheidend, sondern auch die systemische Ordnung von Zugehörigkeit. Wer durfte dazugehören - und wer nicht? Gab es in der Familiengeschichte Personen, über die nicht gesprochen wurde? Wurden Menschen ausgeschlossen, vergessen oder verdrängt? Wo gab es unausgesprochene Loyalitäten, die die Bindung zu bestimmten Personen belastet haben?

Bindungsstörungen können durch viele Ereignisse ausgelöst werden - etwa durch:

- den frühen Tod eines Elternteils oder Geschwisters
- emotionale oder physische Vernachlässigung in der frühen Kindheit
- Missbrauch oder Misshandlung
- Abwesenheit der Mutter oder des Vaters in einer prägenden Lebensphase
- emotionale Kälte, Unverfügbarkeit oder Ambivalenz der Bezugspersonen
- Adoption oder Pflegeverhältnisse ohne stabile Bezugspersonen
- tabuisierte Familiengeheimnisse oder systemische Ausschlüsse

Die Folge ist oft ein gebrochenes Gefühl von Zugehörigkeit. Betroffene erleben sich als „außen vor", als nicht wirklich verbunden - auch in Gegenwart anderer Menschen. Manche entwickeln ein tiefes Misstrauen gegenüber Nähe, andere klammern sich verzweifelt an Beziehungen, aus Angst, erneut verlassen zu werden. Bindungsstörungen können sich in Suchtverhalten, depressiven Episoden, dissoziativem Erleben oder in instabilen Beziehungsmustern zeigen. Oft wechseln Nähe und Distanz abrupt - was eben noch sicher erschien, kippt plötzlich in Unsicherheit oder Rückzug.

Unterbrochene Hinbewegung - das frühe Bedürfnis nach Kontakt

Ein zentrales Konzept im systemischen Arbeiten mit Bindungsstörungen ist die **unterbrochene Hinbewegung**. Sie beschreibt ein Phänomen, das viele Menschen intuitiv kennen, aber selten benennen können: den tiefen Wunsch nach Nähe - und die gleichzeitige Angst davor. Die Ursache liegt häufig in einer frühen Erfahrung, in der sich das Kind auf die Mutter oder eine andere wichtige Bezugsperson zubewegen wollte - körperlich oder emotional - und in diesem Bemühen enttäuscht, verletzt oder gar abgewiesen wurde.

Diese Erfahrung speichert sich tief im emotionalen Gedächtnis. Sie erzeugt ein Muster, das sich später in vielen Beziehungen wiederholt: Die Hinbewegung wird unbewusst mit Schmerz, Verlust oder Enttäuschung verknüpft. Daraus entsteht ein innerer Konflikt: Das Bedürfnis nach Verbindung bleibt bestehen, aber der Weg dorthin ist mit Angst belegt. Betroffene ziehen sich zurück, obwohl sie sich Nähe wünschen - oder sie binden sich zu schnell und intensiv, um einem erneuten Verlassenwerden zuvorzukommen.

In der Beratung äußert sich dieses Muster oft in Sätzen wie:

- „Ich fühle mich wie abgeschnitten - obwohl ich unter Menschen bin."
- „Ich komme nie wirklich an."
- „Ich habe Angst, mich zu öffnen - es wird ja doch wieder wehtun."
- „Ich halte Beziehungen nicht aus - sie sind zu viel oder zu wenig."

Die Herausforderung besteht darin, diesen inneren Mechanismus **bewusst zu machen**, ohne ihn zu bewerten. Es geht nicht darum, Menschen zu „normalisieren", sondern darum, ihnen zu helfen, ihre emotionale Landkarte neu zu lesen - und vielleicht ein Stück weit umzuschreiben.

Identifizierung und Nachfolge: Wenn das eigene Ich sich verliert

Ein weiterer Ausdruck von Bindungsstörung zeigt sich in der **Identifizierung** mit einem ausgeschlossenen oder leidtragenden Familienmitglied. Aus unbewusster Loyalität übernehmen manche Menschen Verhaltensweisen, Haltungen oder sogar Symptome von Personen, die im Familiensystem keinen Platz hatten. Das kann ein verstorbener Vater sein, ein verstoßener Großvater, eine uneheliche Tante oder ein Kind, über das nie gesprochen wurde.

Diese **Übernahme fremder Anteile** geschieht meist aus einem tiefen Bedürfnis nach Ausgleich und Würdigung: „Wenn du keinen Platz hattest, gebe ich dir einen durch mein Leben." Doch sie führt auch zu Selbstentfremdung. Die Betroffenen spüren, dass „etwas nicht stimmt", dass sie nicht wirklich sie selbst sind - können es aber oft nicht greifen. Erst wenn klar wird, wem sie innerlich treu geblieben sind, kann die Abgrenzung und Rückverbindung zum eigenen Selbst gelingen.

Auch das Phänomen der **Nachfolge** gehört in diesen Zusammenhang: Menschen fühlen sich unbewusst verpflichtet, dem Schicksal eines früheren Familienmitglieds zu folgen - etwa durch selbstschädigendes Verhalten, Risikobereitschaft oder Suizidgedanken. Dieses Verhalten ist nicht irrational, sondern ein stiller Ausdruck von Zugehörigkeit: „Wenn du gegangen bist, darf ich nicht bleiben." Die systemische Arbeit lädt hier dazu ein, diese Bindung zu würdigen - und gleichzeitig eine neue Form des Gedenkens zu entwickeln, die Leben ermöglicht, statt Leben nimmt.

Systemische Intervention: Zugehörigkeit ermöglichen

Die wichtigste systemische Grundannahme in Bezug auf Bindung lautet:

Jeder, der dazugehört, hat das Recht, dazuzugehören.

Diese einfache Regel hat tiefgreifende Bedeutung. Sie erinnert uns daran, dass Systeme immer bestrebt sind, sich vollständig zu erleben. Was ausgeschlossen wird, kehrt über Umwege zurück - oft als Symptom, als Spannung, als Verwirrung. Aufgabe systemischer Beratung ist es daher, Räume zu schaffen, in denen Zugehörigkeit wieder hergestellt werden kann: innerlich, symbolisch, sprachlich oder rituell.

In der Praxis kann das bedeuten:

- Versöhnungsarbeit mit ausgeschlossenen Familienmitgliedern

- symbolische Rückgabe übernommener Schicksale
- Integration abgelehnter Persönlichkeitsanteile
- Arbeit mit dem inneren Kind
- Klärung von Loyalitäten und Bindungen
- neue Narrative über Zugehörigkeit, ohne Schuld

Diese Prozesse sind zart und tief. Sie erfordern Zeit, Geduld und eine Haltung der Achtung gegenüber dem, was war - ohne es festzuhalten. Bindung kann sich wieder neu entwickeln, wenn das System bereit ist, die Ausgeschlossenen zurückzuholen, die Trauer anzuerkennen und neue Formen der Verbindung zu erlauben.

Integration und Fazit

Wenn das System aus der Balance gerät

Systemische Störungen treten nicht punktuell auf - sie entfalten ihre Wirkung im gesamten Gefüge. Ausgleichsstörungen, Ordnungsstörungen und Bindungsstörungen sind dabei keine klar voneinander trennbaren Diagnosen, sondern dynamische Felder, in denen sich die Verletzlichkeit und Regulierungsversuche eines Systems zeigen. Sie sind Ausdruck eines inneren Gleichgewichtskampfes, bei dem das System versucht, Ordnung, Zugehörigkeit und Stabilität wiederherzustellen - manchmal auf Kosten des Einzelnen.

Wenn wir die drei Kategorien systemischer Störungen noch einmal gemeinsam betrachten, erkennen wir darin unterschiedliche Ebenen, auf denen das systemische Gleichgewicht gestört sein kann - und gleichzeitig miteinander verbundene, sich überlappende Muster:

- **Ausgleichsstörungen** verweisen auf das Prinzip von **Reziprozität**: Geben und Nehmen, Verantwortung und Selbstfürsorge, Schuld und Wiedergutmachung. Wenn dieses Prinzip verletzt wird - sei es durch ungleiche Verteilungen, übermäßige Loyalität oder verdrängte Schuld - entstehen innere Spannungen, die sich in Überforderung, Schuldgefühlen oder Lebenshemmung äußern. Ausgleichsstörungen machen deutlich, wie tief Menschen bereit sind, für das System Verantwortung zu übernehmen - auch wenn sie dabei selbst zu kurz kommen.

- **Ordnungsstörungen** betreffen die **systemische Struktur**: Wer hat welchen Platz? Wer ist zuständig? Wer steht in welcher Rangfolge? Wenn diese Ordnung ins Wanken gerät - etwa durch Parentifizierung, Triangulierung oder das Fehlen klarer Grenzen - entsteht ein inneres Chaos, das häufig zu Unsicherheiten in Identität, Rollenverhalten und Beziehungsführung führt. Ordnung bedeutet in diesem Zusammenhang nicht Kontrolle, sondern Klarheit - und damit Sicherheit.

- **Bindungsstörungen** berühren das **emotionale Fundament** des Systems: das Bedürfnis nach Zugehörigkeit, Nähe und Anerkennung. Wenn Bindungen gestört oder unterbrochen wurden - durch Verlust, Ausschluss, Tabus oder fehlende Resonanz - entsteht ein Gefühl innerer Leere, des „Danebenstehens", der Isolation. Bindungsstörungen sind häufig der tiefste Ausdruck einer Störung im System - sie erzählen von dem, was nicht gesagt werden durfte, von dem, was gefehlt hat, und von dem, was weiterhin unbewusst wirkt.

Was alle drei Störungskategorien verbindet, ist ihre systemische Funktion: Sie sind keine „Fehler" oder pathologische Abweichungen, sondern Versuche des Systems, eine tiefere Ordnung aufrechtzuerhalten - auch wenn dies für einzelne Mitglieder mit großem Leid verbunden ist. Das Verhalten, das wir im Beratungskontext beobachten, ist oft ein Ausdruck dieser systemischen Loyalitäten und Ordnungsversuche: Ein Mensch übernimmt mehr, als er tragen kann. Ein Kind stellt sich zwischen die Eltern. Eine erwachsene Frau vermeidet Beziehungen, weil Nähe mit Gefahr verknüpft ist. All das ist nicht „irrational", sondern tief eingebettet in die Geschichte des jeweiligen Systems.

Gerade in der psychosozialen Beratung ist es wichtig, diesen Dynamiken mit einer Haltung der Neugier, des Respekts und der Entlastung zu begegnen. Wir müssen verstehen: Was wirkt hier gerade im Hintergrund? Welche Geschichte wird durch das Verhalten weitererzählt? Wem oder was gilt die Loyalität? Und was wäre möglich, wenn die Ordnung wieder hergestellt, der Ausgleich ermöglicht und die Bindung gewürdigt würde?

Systemische Störungen lassen sich nicht „lösen" im klassischen Sinn. Es geht nicht um Reparatur, sondern um Bewusstwerdung, Würdigung und Umorientierung. Wenn ein Mensch erkennt, dass sein Verhalten Teil einer größeren Dynamik ist - und nicht allein seine „Schuld" oder sein „Versagen" –, entsteht ein erster Schritt in Richtung Veränderung. Es ist, als würde Licht in ein lange dunkles Zimmer fallen. Die Dinge werden sichtbar - und damit gestaltbar.

Die Aufgabe der Beratung besteht also nicht darin, das System zu beurteilen oder „richtigzustellen". Vielmehr geht es darum, Räume zu öffnen, in denen Menschen beginnen können, sich selbst und ihr System mit neuen Augen zu sehen. Räume, in denen sie lernen, dass sie loslassen dürfen, was nicht zu ihnen gehört. Dass sie sich neu zuordnen dürfen - ohne Schuld. Und dass sie sich wieder zu anderen hinbewegen dürfen - ohne Angst.

In der Begleitung dieser Prozesse brauchen wir als psychosoziale Berater:innen nicht nur Fachwissen, sondern vor allem eine systemisch geerdete Haltung:

- Eine Haltung, die erkennt, dass Symptome eine Geschichte erzählen.
- Eine Haltung, die auf Zugehörigkeit achtet, ohne zu bewerten.
- Und eine Haltung, die Veränderung nicht erzwingt, sondern einlädt.

Wenn wir systemische Störungen als Ausdruck tiefer Bindung verstehen, und unsere Klient:innen darin unterstützen, diese Bindung in eine gesunde Form zu überführen, dann wird Beratung zu einem Ort der Würdigung und Neuorientierung. Und vielleicht ist genau das der Moment, in dem das System zu heilen beginnt.

Teil 3: Methodik der Beratung

Vom Verstehen zum Gestalten

Im ersten Teil dieses Buches haben wir uns mit den Grundlagen der psychosozialen Beratung beschäftigt. Wir haben uns gefragt, was psychosoziale Beratung ausmacht, welche Haltung sie trägt, in welchem Rahmen sie stattfindet und wie ein Beratungsprozess Schritt für Schritt verläuft. Dabei wurde deutlich, dass die Beziehungsgestaltung, die professionelle Grundhaltung und das Verständnis für die Lebensrealität der Klient:innen tragende Säulen jeder Beratung darstellen.

Im zweiten Teil haben wir uns mit den theoretischen Grundlagen auseinandergesetzt. Nun wenden wir uns einem ebenso zentralen Bereich zu: der Methodik psychosozialer Beratung. Methoden sind keine Zauberformeln und keine starren Werkzeuge, sondern lebendige Ausdrucksformen professioneller Gestaltungskraft. Sie ermöglichen es uns, Orientierung zu geben, innere Prozesse anzustoßen, Ressourcen zu aktivieren und tragfähige Lösungen zu entwickeln - und das alles in enger Abstimmung mit den individuellen Anliegen, Möglichkeiten und Grenzen unserer Klient:innen.

Methodisches Arbeiten in der Beratung bedeutet dabei nicht, einfach Techniken „anzuwenden", sondern mit Fingerspitzengefühl, Achtsamkeit und fachlicher Reflexion geeignete Zugänge zu wählen, um Veränderungsprozesse zu ermöglichen. Es geht darum, eine Balance zu finden zwischen Struktur und Offenheit, zwischen aktivem Lenken und empathischem Begleiten, zwischen zielorientierter Intervention und prozessorientierter Beziehungspflege.

Der zweite Teil dieses Buches soll dich als Berater:in dabei unterstützen, dein methodisches Repertoire zu erweitern und zu vertiefen. Du wirst eine Vielzahl unterschiedlicher Fragetechniken kennenlernen, die sich in der Praxis bewährt haben - von zielorientierten über ressourcenaktivierende bis hin zu hypothetischen und paradoxen Fragen. Darüber hinaus werden spezifische Methoden und Interventionstechniken vorgestellt, die in verschiedenen Settings und mit unterschiedlichen Zielgruppen hilfreich sein können.

Methodenvielfalt bedeutet auch, flexibel auf die jeweiligen Herausforderungen im Beratungsalltag reagieren zu können. Gerade in komplexen oder krisenhaften Situationen braucht es ein sicheres methodisches Fundament, das es erlaubt, gleichzeitig strukturiert und empathisch zu agieren. Der professionelle Einsatz von Fragen, Visualisierungen, kreativen Zugängen oder systemischen Interventionen kann dabei helfen, neue Perspektiven zu eröffnen und Entwicklungsschritte zu ermöglichen.

Dieser Buchteil lädt dich ein, Methoden nicht nur zu lernen, sondern sie zu durchdringen - in ihrem Sinn, ihrer Wirkung und ihren Grenzen. Du wirst ermutigt, mit den vorgestellten Ansätzen zu experimentieren, sie an deine persönliche Beratungspraxis anzupassen und dabei deine eigene Haltung stets mit im Blick zu behalten. Denn letztlich ist jede Methode nur so wirksam wie die Person, die sie einsetzt.

Begib dich also auf eine Reise durch das methodische Herzstück psychosozialer Beratung - mit Offenheit, Neugier und dem Vertrauen in deine professionelle Intuition. Der folgende Abschnitt versteht sich als praktische Werkzeugkiste, aber auch als Einladung zur Reflexion über die eigene beraterische Identität und das, was dich im Kern als Berater:in ausmacht.

Der Ablauf psychosozialer Beratung

Prozessgestaltung mit Struktur und Haltung

Psychosoziale Beratung ist mehr als ein Gespräch unter vier Augen. Sie ist ein bewusster, professioneller Prozess, der darauf ausgerichtet ist, Menschen in schwierigen Lebenslagen zu unterstützen, Orientierung zu geben, neue Perspektiven zu eröffnen und Ressourcen zur Selbsthilfe zu aktivieren. Dieser Prozess folgt keiner starren Logik und keiner linearen Abfolge, aber er ist auch kein bloßes Sich-Treibenlassen. Vielmehr bewegt sich psychosoziale Beratung im Spannungsfeld von Struktur und Offenheit, von methodischer Klarheit und individueller Freiheit.

Menschen, die Beratung in Anspruch nehmen, kommen mit ganz unterschiedlichen Anliegen. Manche suchen rasch eine Entscheidungshilfe, andere ringen mit langanhaltenden inneren Konflikten. Wieder andere befinden sich in akuten Krisen oder wollen sich in Übergangsphasen neu orientieren. Die Spannweite reicht von diffusen Gefühlen der Unzufriedenheit über Beziehungsprobleme bis hin zu Fragen der Identität, des Selbstwerts oder des Sinns.

Was diese Menschen miteinander verbindet, ist der Wunsch nach Veränderung, und gleichzeitig oft die Angst davor. Denn jede Entwicklung bedeutet auch das Verlassen vertrauter Muster. Beratung kann diesen Prozess begleiten, klären, strukturieren, stabilisieren, aber sie kann ihn nicht abnehmen. Veränderung geschieht nicht auf Knopfdruck. Sie braucht Raum, Zeit, Resonanz und eine gute Prozessführung.

Daher ist es für Berater:innen essenziell, nicht nur über Fachwissen und Methodenkompetenz zu verfügen, sondern auch den Beratungsprozess als solchen zu verstehen und gestalten zu können. Gute Beratung braucht einen inneren Fahrplan, nicht, um jeden Schritt vorherzusehen, sondern um die eigene Orientierung zu bewahren, auch wenn der Weg unklar wird.

Prozesskompetenz bedeutet, zu wissen, **wo im Beratungsverlauf man sich gerade befindet**, welche Schritte notwendig oder hilfreich sind, wann es Zeit ist zu strukturieren, und wann man Raum geben muss. Wer ohne Prozessverständnis berät, läuft Gefahr, sich im Inhalt zu verlieren, in Aktionismus zu verfallen oder Klient:innen mit gut gemeinten Ratschlägen zu überrollen.

Ein klarer Prozessrahmen bietet Sicherheit, für beide Seiten. Für Klient:innen schafft er Orientierung: Was passiert wann? Worauf arbeiten wir hin? Was darf ich erwarten, und was nicht? Für Berater:innen bietet er Struktur: Welche Phase braucht gerade besondere Aufmerksamkeit? Wo braucht es methodisches Arbeiten, wo eher Präsenz und Aushalten?

Gleichzeitig schützt ein gut strukturierter Prozess davor, zu schnell zu weit zu gehen. Viele Beratungsprozesse scheitern nicht an mangelnder Empathie, sondern an zu rascher Zielorientierung. Wer zu früh Lösungen sucht, übersieht oft, dass das Problem noch nicht verstanden, der Schmerz noch nicht gewürdigt oder die Beziehung noch nicht tragfähig ist. Der Wunsch, etwas „gut zu machen", kann dann zu einem Übergehen führen, und zur Re-Inszenierung alter Muster von Überforderung oder Nicht-Gesehen-Werden.

Ein weiterer wichtiger Aspekt in der Prozessgestaltung ist die Haltung der Berater:in. Sie ist nicht die Expert:in für das Leben der Klient:in, sondern Expert:in für den Prozess. Diese Haltung schützt vor Bevormundung, Retterfantasien oder vorschneller Bewertung. Sie ermöglicht es, offen zu bleiben, auch für das Unerwartete, das sich zwischen den Worten zeigt.

Ein strukturierter Beratungsprozess unterstützt also nicht nur die Zielerreichung, sondern auch die Beziehungsgestaltung. Denn gerade die Verlässlichkeit, mit der Phasen aufgebaut und gehalten werden, schafft das Vertrauen, das Veränderung möglich macht. Vertrauen in die Berater:in, aber vor allem: Vertrauen in sich selbst.

Es ist dabei wichtig zu betonen, dass jeder Beratungsprozess einzigartig ist. Kein Mensch ist wie der andere, kein Thema verläuft gleich, keine

Beziehung ist identisch. Deshalb darf ein Prozessmodell nie als Schablone verstanden werden. Es ist eine Orientierungshilfe, kein Korsett. In der Praxis können Phasen verschwimmen, sich wiederholen, übersprungen oder bewusst offen gelassen werden. Manche Themen brauchen mehr Zeit, andere lassen sich in einer Sitzung klären. Der Prozess orientiert sich immer am Menschen, nicht umgekehrt.

Und doch ist es hilfreich, gerade in der Ausbildung und auch in der Praxis, ein Modell zur Hand zu haben, das Struktur bietet, ohne rigide zu sein. Ein Modell, das sowohl Klarheit als auch Beweglichkeit ermöglicht. Ein Modell, das hilft, die Dynamik eines Beratungsprozesses zu verstehen, zu begleiten und zu steuern.

In der psychosozialen Beratung hat sich dafür ein **sechsstufiges Prozessmodell** bewährt, das den Verlauf von der ersten Kontaktaufnahme bis zur abschließenden Evaluation und dem Transfer des Erarbeiteten in den Alltag beschreibt. Dieses Modell bietet nicht nur eine nachvollziehbare Struktur, sondern integriert auch die zentralen Prinzipien psychosozialer Beratung: Beziehung, Selbstverantwortung, Ressourcenorientierung und Reflexion.

Bevor wir uns im weiteren Verlauf des Buches jeder einzelnen Phase im Detail widmen, folgt hier ein kompakter Überblick über die sechs Phasen des Beratungsprozesses.

Das sechsstufige Phasenmodell der psychosozialen Beratung

1. Kontaktphase

In der ersten Phase wird die Grundlage für die spätere Zusammenarbeit geschaffen. Es geht um den Aufbau einer vertrauensvollen Beziehung, die Klärung des Rahmens, die formale und inhaltliche Begrüßung, erste Orientierung sowie die Vereinbarung von Erwartungen und Zielen. Hier entscheidet sich oft, ob eine tragfähige Arbeitsbeziehung entstehen kann. Die Berater:in schafft Sicherheit, Transparenz und einen offenen, zugewandten Einstieg in den Prozess.

2. Problemerfassung

Diese Phase dient dem vertieften Verstehen des Anliegens. Es geht darum, die Lebensrealität der Klient:in zu erfassen, ihre Sichtweise, emotionale Lage, Handlungsmuster und das soziale Umfeld in den Blick zu nehmen. Ziel ist nicht die schnelle Lösung, sondern ein tiefgehendes Verständnis für das, was die Klient:in belastet oder bewegt. Es wird exploriert, geordnet, gespiegelt, ohne zu analysieren oder zu interpretieren.

3. Zielklärung

Sobald ein ausreichendes Verständnis des Problems entstanden ist, geht es um die Klärung der Frage: Wohin soll die Beratung führen? Was möchte die Klient:in erreichen oder verändern? Zielklärung bedeutet, vage Wünsche in konkrete, erreichbare und überprüfbare Ziele zu überführen. In dieser Phase zeigt sich oft, ob die Motivation zur Veränderung tragfähig ist, oder ob verdeckte Blockaden oder Ambivalenzen bearbeitet werden müssen.

4. Ressourcenaktivierung

In dieser Phase wird bewusst der Fokus auf Stärken, Kompetenzen und förderliche Erfahrungen der Klient:in gerichtet. Was hat früher funktioniert? Welche Menschen, inneren Haltungen oder Fähigkeiten könnten jetzt hilfreich sein? Ziel ist es, Selbstwirksamkeit zu stärken und vorhandene Kräfte zu mobilisieren. Die Aktivierung von Ressourcen ist nicht nur motivierend, sondern oft der Schlüssel zu tragfähigen, nachhaltigen Lösungen.

5. Lösungsfindung

Aufbauend auf Problemverständnis, Zielklarheit und Ressourcenaktivierung wird nun an konkreten Veränderungsmöglichkeiten gearbeitet. Es geht um Perspektivwechsel, Entscheidungsfindung, neue Handlungsstrategien oder auch erste kleine Umsetzungsschritte. Die Berater:in unterstützt mit passenden Methoden, lösungsorientiert, empathisch und strukturiert. Wichtig ist, dass die Lösung zur Klient:in passt, nicht umgekehrt.

6. Evaluation & Transfer

In der abschließenden Phase wird der Beratungsverlauf gemeinsam reflektiert. Was hat sich verändert? Welche Ziele wurden erreicht? Was war hilfreich, und was nicht? Ebenso wird der Blick auf die Zukunft gelenkt: Wie kann das Erarbeitete im Alltag verankert werden? Welche Strategien sichern Nachhaltigkeit? Gibt es Bedarf an weiterer Begleitung? Ziel dieser Phase ist ein bewusster Abschluss, der das Gelungene würdigt und das Erreichte absichert.

1. Kontaktphase

Beziehungsaufbau, Rahmenklärung und erster Schritt in den Beratungsprozess

Die erste Begegnung zwischen Berater:in und Klient:in ist mehr als ein Auftakt, sie ist ein sensibler Moment, in dem sich entscheidet, ob sich Vertrauen entwickeln kann. In dieser Phase entsteht der erste Eindruck, das „Grundgefühl" im Kontakt, das über die Bereitschaft zur weiteren Zusammenarbeit mitentscheidet. Die Kontaktphase ist damit die Tür zum Beratungsprozess, und sie verdient besondere Aufmerksamkeit, Sensibilität und Klarheit.

Viele Ratsuchende kommen nicht in Beratung, weil sie ein Problem haben. Sie kommen, weil sie das Gefühl haben, es **nicht allein** lösen zu können. Diese Einsicht ist oft mit Unsicherheit, Scham, Skepsis oder Angst verbunden. Wer sich öffnet, macht sich verletzlich. Umso wichtiger ist es, dass Berater:innen in der Kontaktphase ein Klima schaffen, das Sicherheit vermittelt, durch Haltung, Präsenz und eine achtsame Gestaltung des Rahmens.

Erstkontakt: Der allererste Eindruck zählt

Ob die Kontaktaufnahme telefonisch, per E-Mail, über ein Online-Formular oder in einem kurzen persönlichen Gespräch erfolgt, der Erstkontakt ist der Beginn einer potenziellen Beziehung. Hier zeigt sich bereits, wie offen, empathisch und professionell reagiert wird. Ratsuchende sind oft in einem inneren Spannungsfeld zwischen dem Bedürfnis nach Hilfe und der Angst vor Bewertung. Eine wohlwollende, ruhige, strukturierte Reaktion auf die Anfrage kann bereits Entlastung schaffen und die Schwelle senken.

Im telefonischen Erstgespräch oder bei der Terminvereinbarung kann bereits eine grobe Orientierung gegeben werden: Was erwartet die Klient:in in der Beratung? Welche Themen sind im Rahmen der psychosozialen Beratung bearbeitbar, und welche nicht? Welche organisatorischen Rahmenbedingungen (Dauer, Kosten, Absageregelung etc.) gelten? Hier beginnt bereits die professionelle Prozessführung.

Die erste Sitzung: Willkommen heißen, Halt geben, Rahmen setzen

Die erste persönliche Sitzung, ob vor Ort oder online, ist ein entscheidender Moment. Es geht darum, die Ratsuchenden willkommen zu heißen, ihnen den Raum zu zeigen, eventuelle Unsicherheiten zu nehmen und ein erstes Beziehungsangebot zu machen. Die Berater:in sollte präsent, offen und zugewandt sein, nicht aufgesetzt freundlich, sondern echt interessiert, zuhörend, klar in der Kommunikation.

Bereits in den ersten Minuten entsteht oft ein implizites „Vertragsgefühl": Wie wird miteinander umgegangen? Ist da jemand, der zuhört, ohne sofort zu bewerten? Gibt es Raum für Stille, für Nachdenken, für vorsichtige Formulierungen? Der Ton der Beziehung wird hier gesetzt, und er prägt den gesamten weiteren Verlauf.

Wichtig ist, in der Kontaktphase nicht zu früh inhaltlich einzusteigen. Zuerst steht die **Beziehungsstabilisierung** im Vordergrund: Kann die Klient:in sich sicher fühlen? Gibt es ein Mindestmaß an Vertrauen? Ist die Atmosphäre tragfähig genug, um sich einem möglicherweise schwierigen Thema zu nähern?

Auftragsklärung: Worum geht es wirklich?

Ein zentraler Aspekt der Kontaktphase ist die **kontraktuelle Klärung**. Das bedeutet: Der Rahmen der Zusammenarbeit wird gemeinsam definiert, inhaltlich, formal und psychologisch.

- Worum geht es aus Sicht der Klient:in?
- Ist Beratung das passende Format, oder braucht es andere Unterstützung?

- Welche Erwartungen, Hoffnungen oder Befürchtungen sind präsent?
- Was ist möglich, und was liegt außerhalb des Angebots?
- Wie sieht der zeitliche Rahmen aus?
- Welche Vereinbarungen gelten für Absagen, Schweigepflicht, Datenschutz, Dokumentation?

Diese Klärung geschieht nicht „nebenbei". Sie ist ein integraler Bestandteil professioneller Beratung. Wer zu früh in die Problembearbeitung einsteigt, riskiert, unklare Erwartungen zu bedienen oder ungewollt falsche Hoffnungen zu nähren. Auftragsklärung bedeutet nicht, alles sofort zu definieren, sondern bewusst miteinander zu entscheiden, **was jetzt im Raum steht** und was gemeinsam tragbar ist.

Beziehung statt Methode

Die Kontaktphase ist eine **Phase des Beziehungsaufbaus**, nicht der Intervention. Auch wenn schon erste wichtige Informationen geteilt werden und die Ratsuchenden sich oft bereits erleichtert fühlen, sollte die Berater:in sich innerlich darauf einstellen, dass es zunächst mehr um **Kontaktqualität** als um Inhalte geht.

Menschen entscheiden sich nicht allein auf Basis rationaler Überlegungen für eine Beratung, sondern vor allem auf Basis ihres inneren Gefühls: *"Fühle ich mich hier gemeint? Gehört? Gesehen? Respektiert?"* Dieses Gefühl entscheidet darüber, ob ein weiterer Termin vereinbart wird. Oder nicht.

Deshalb ist die Berater:in in dieser Phase vor allem gefragt als:

- Resonanzpartner:in für das innere Erleben der Klient:in
- Strukturgeber:in für einen noch unübersichtlichen Prozess
- vertrauenswürdige, präsente Bezugsperson, die Halt gibt, ohne sich aufzudrängen

Typische Herausforderungen

Die Kontaktphase kann mit Unsicherheiten verbunden sein, auf beiden Seiten. Ratsuchende schwanken oft zwischen Redebedarf und innerer Zurückhaltung. Manche erzählen sofort sehr viel, andere wirken verschlossen oder kontrolliert. Es ist Aufgabe der Berater:in, diesen ersten Eindruck achtsam zu begleiten, aber nicht vorschnell zu interpretieren. Der Aufbau einer tragfähigen Beziehung braucht Zeit, und darf auch Zeit brauchen.

Zudem ist in dieser Phase ein besonderes Augenmerk auf **Selbstklärung der Berater:in** gefragt: Ist dieses Anliegen in meinem Kompetenzbereich? Kann ich einen sicheren Rahmen bieten? Was löst die Klient:in in mir aus? Gibt es mögliche „rote Linien", die angesprochen oder reflektiert werden müssen?

Auch Themen wie Nähe und Distanz, kulturelle Hintergründe, Sprache, Gender oder spezielle Lebenserfahrungen der Klient:innen können in der Kontaktphase bereits spürbar werden, wenn auch noch unausgesprochen. Hier zeigt sich bereits, wie kultursensibel, differenzbewusst und achtsam die beraterische Haltung ist.

Abschluss der ersten Sitzung

Am Ende der ersten Sitzung ist es wichtig, den begonnenen Kontakt achtsam zu **strukturieren und zu rahmen.** Auch wenn inhaltlich noch vieles offenbleibt, sollte der Ausstieg nicht abrupt, sondern **bewusst gestaltet** sein. Klient:innen sind nach einer ersten Beratungseinheit oft bewegt, manchmal entlastet, manchmal verunsichert, manchmal erschöpft. Das, was in Bewegung gekommen ist, braucht einen verlässlichen Abschluss.

Ein gelungener Sitzungsabschluss beinhaltet mehrere Elemente:

- **Kurze Zusammenfassung des Gesprächsverlaufs:** Was stand heute im Mittelpunkt? Was wurde gemeinsam sichtbar oder fühlbar?
- **Offene Rückfrage an die Klient:in:** Wie geht es Ihnen jetzt? Was nehmen Sie aus dem Gespräch mit? Gibt es etwas, das Sie heute überrascht oder irritiert hat?
- **Klärung des weiteren Vorgehens:** Wünschen Sie einen weiteren Termin? Was wäre ein guter nächster Schritt? Gibt es etwas, das Sie bis dahin beobachten oder für sich notieren möchten?

Diese Form der gemeinsamen Reflexion am Ende der Sitzung hat eine wichtige psychologische Funktion: Sie gibt Orientierung, schafft Übersicht und signalisiert, dass der Prozess nicht „verläuft", sondern bewusst gestaltet wird. Für viele Klient:innen ist bereits das Gefühl, *„Ich werde hier ernst genommen, strukturiert begleitet und nicht allein gelassen",* eine erste wirksame Intervention.

Wertvoll kann auch eine **kurze Rückmeldung seitens der Berater:in** sein, keine Bewertung, sondern eine empathische, ressourcenorientierte Spiegelung. Etwa:

„Ich finde es beeindruckend, wie offen Sie heute über dieses schwierige Thema gesprochen haben."
„Ich habe gespürt, wie ernst es Ihnen ist, Klarheit zu gewinnen. Und wie viel Mut es Sie kostet, sich dem Thema zu stellen."

Solche Rückmeldungen stärken die Selbstwahrnehmung der Klient:in, fördern das Gefühl von Selbstwirksamkeit, und geben dem Gespräch eine menschlich-wertschätzende Note.

Ebenso wichtig ist es, **praktische Vereinbarungen** festzuhalten: Wann findet der nächste Termin statt? In welchem Setting (online, persönlich)? Gibt es etwas Organisatorisches zu klären (z. B. Zahlungsmodalitäten, Absageregeln, Erreichbarkeit zwischen den Sitzungen)?

Ein sensibler Aspekt ist auch der Umgang mit Klient:innen, bei denen die Berater:in bereits nach dem Erstkontakt zu dem Schluss kommt, dass eine **Weitervermittlung sinnvoll oder notwendig ist**, etwa bei Anzeichen für psychiatrische Erkrankungen, schwerwiegende Traumatisierungen oder hochriskante Situationen (z. B. akute Suizidalität). In solchen Fällen ist es wichtig, dies offen, klar und zugleich empathisch zu kommunizieren. Nicht im Sinne eines Ausschlusses, sondern als verantwortungsbewusste Orientierung:

„Ich nehme Ihr Anliegen sehr ernst, und gleichzeitig spüre ich, dass es hier eine Begleitung braucht, die über den Rahmen psychosozialer Beratung hinausgeht. Ich unterstütze Sie gerne dabei, eine passende Anlaufstelle zu finden."

Ein bewusster Sitzungsabschluss schützt nicht nur die Klient:in, sondern auch die Berater:in. Er bildet die psychologische Klammer um das Gespräch und gibt dem Prozess einen klaren Takt: *Es gibt einen Anfang, eine Mitte, und ein Ende.* Selbst wenn dieses Ende vorläufig ist, bietet es Halt.

Die Kontaktphase endet nicht abrupt, sondern klingt aus. Und oft zeigt sich erst im Gehen, was geblieben ist. Ein Satz. Ein Blick. Ein Gefühl von: *"Ich muss das nicht allein schaffen."* Oder einfach: *"Hier darf ich sein."*

2. Problemerfassung

Verstehen, ohne zu bewerten, das Anliegen in seiner Tiefe erfassen

Nach dem ersten Kontakt, in dem Vertrauen aufgebaut und der Rahmen geklärt wurde, beginnt in der zweiten Phase der eigentliche Einstieg in die inhaltliche Arbeit. Die Ratsuchenden haben sich entschieden, sich mit ihrem Thema auseinanderzusetzen, vielleicht noch vorsichtig, tastend, vielleicht schon drängend und voller Erwartung. Die Aufgabe der psychosozialen Berater:in in dieser Phase ist es, Raum zu geben, zu strukturieren, zu begleiten, und vor allem: **zuzuhören**.

Problemerfassung ist mehr als Informationssammlung. Sie ist ein Prozess des **verstehenden Begleitens**, in dem die Klient:in sich selbst, ihr Anliegen, ihre Situation und ihre inneren Anteile klarer sehen lernt. Die Berater:in nimmt dabei eine neugierige, offene und nicht-wertende Haltung ein. Es geht nicht darum, das „Problem zu lösen", sondern es in seiner Komplexität, Vielschichtigkeit und subjektiven Bedeutung zu erfassen.

Was ist das eigentliche Anliegen?

Nicht immer ist das, was zuerst formuliert wird, das zentrale Thema. Viele Ratsuchende sprechen über Symptome, Konflikte oder äußere Umstände, doch darunter liegen oft tiefere Themen: Ängste, alte Verletzungen, nicht erfüllte Bedürfnisse, wiederkehrende Muster. Die Berater:in hört nicht nur den Inhalt, sondern auch die Zwischentöne. Sie nimmt wahr, wie das Thema erzählt wird, mit welchen Gefühlen, mit welcher Körpersprache, mit welchen Worten.

Manche Menschen sprechen viel, andere nur zögerlich. Einige bringen klar formulierte Anliegen mit, andere sagen: *"Ich weiß gar nicht genau, worum es geht. Ich fühle mich einfach schlecht."* Auch das ist ein Anfang. Problemerfassung beginnt da, wo Worte fehlen. Und sie lebt davon, dass jemand mit Geduld, Empathie und echtem Interesse dabei bleibt, ohne Druck, ohne vorschnelle Deutungen.

Die zentrale Frage in dieser Phase lautet: **Was ist aus Sicht der Klient:in das Problem, und was bedeutet es für sie?**

Die subjektive Wirklichkeit ernst nehmen

Professionelle Problemerfassung nimmt die subjektive Realität der Klient:in als gültige Grundlage ernst. Nicht die Berater:in entscheidet, was problematisch ist, sondern die betroffene Person selbst. Auch wenn aus fachlicher Sicht bestimmte Themen harmlos oder nicht „dramatisch" erscheinen mögen, für die Klient:in kann genau dieses Thema leidvoll, einengend oder bedrohlich sein.

Diese Anerkennung des subjektiven Erlebens ist keine Beliebigkeit, sondern Ausdruck einer respektvollen, humanistischen Haltung. Wer ratsuchende Menschen ernst nimmt, begegnet ihnen nicht mit Diagnosen oder Bewertungen, sondern mit echtem Interesse:

„Was genau macht das so schwer für Sie?"
„Seit wann begleitet Sie dieses Thema?"
„Was verändert sich in Ihrem Alltag, wenn das auftaucht?"

Solche Fragen eröffnen Räume, statt sie zu schließen. Sie laden zum Erzählen ein, und machen deutlich: *"Ich höre dir zu, nicht nur mit den Ohren, sondern mit offenem Herzen und wachem Verstand."*

Struktur geben, ohne zu begrenzen

Problemerfassung bedeutet nicht, dass die Klient:in „frei erzählt" und die Berater:in passiv zuhört. Vielmehr ist die Berater:in aktiv beteiligt, sie strukturiert, fasst zusammen, fragt nach, spiegelt, klärt. Sie hilft, ein inneres Chaos zu ordnen, einzelne Aspekte voneinander zu unterscheiden, das Thema greifbarer zu machen. Gleichzeitig achtet sie darauf, nicht vorschnell zu sortieren, zu kategorisieren oder zu interpretieren.

Ein häufiger Fehler in dieser Phase ist es, zu früh „Lösungsangebote" zu machen oder Hypothesen zu äußern. Wenn das Problem noch nicht ausreichend verstanden wurde, emotional, kontextuell und systemisch, laufen Interventionen ins Leere oder werden sogar als übergriffig erlebt. Deshalb ist es klüger, sich zunächst auf das **Verstehen** zu konzentrieren, nicht auf das Verändern.

Gute Struktur entsteht durch:

- gezielte, offene Fragen
- Spiegelung zentraler Aussagen
- Zusammenfassen und Paraphrasieren
- Erfragen von Zusammenhängen (z. B. familiär, beruflich, biografisch)
- achtsames Sortieren, ohne vorschnell zu ordnen

Hilfreich ist auch, gemeinsam mit der Klient:in erste Überschriften oder Metaphern für das Thema zu entwickeln, z. B. *"Immer wieder im Kreis"*, *"Zuviel für mich allein"*, *"Zwischen zwei Welten"*. Solche inneren Bilder können Halt geben und den Beratungsprozess begleiten.

Beziehung bleibt zentral

Auch in der Problemerfassungsphase bleibt die **Beziehungsgestaltung** ein zentraler Wirkfaktor. Es geht nicht nur um das „Was", sondern immer auch um das „Wie": Wie wird erzählt? Wie reagiert die Berater:in? Wie werden emotionale Themen gehalten? Wird auch Schmerzhaftes gesagt, oder umkreist?

Ein feinfühliger Umgang mit Gefühlen ist hier besonders wichtig. Wenn Klient:innen weinen, schweigen, emotional reagieren, dann ist das Ausdruck von Vertrauen. Solche Momente brauchen keine schnellen Antworten, sondern Präsenz. Ein Satz wie *"Das scheint Sie sehr zu bewegen"* ist oft wirksamer als jede Methode.

In dieser Phase zeigt sich auch, wie sicher sich Klient:innen im Kontakt fühlen. Wer sich emotional öffnet, testet unbewusst: *Werde ich ausgehalten? Bleibst du da?* Eine stabile, tragfähige Beziehung ist die Voraussetzung dafür, dass Themen in die Tiefe gehen dürfen.

Inhalte dieser Phase können sein:

- Beschreibung des Anliegens und seiner Auswirkungen
- Historie: Seit wann besteht das Problem? Gab es frühere Lösungsversuche?
- Belastungsgrad: Wie sehr leidet die Klient:in darunter?
- Begleitende Emotionen (Scham, Wut, Angst, Schuld, Traurigkeit ...)
- Systemische Einbindung: Wer ist beteiligt oder betroffen?
- Bedeutung des Themas im biografischen Kontext
- Frühere Erfahrungen mit Unterstützung oder Beratung
- Erste Hinweise auf Ressourcen oder Ausnahmen vom Problem

Die Problemerfassung ist oft nicht nach einer Sitzung abgeschlossen. Je nach Thema, Persönlichkeit und Situation kann sich diese Phase über mehrere Treffen ziehen. Es ist nicht entscheidend, „schnell durchzukommen", sondern dass ein **verstehbarer, mitfühlend strukturierter innerer Lageplan** entsteht, gemeinsam, nicht im Alleingang der Berater:in.

Übergang zur nächsten Phase

Ein guter Übergang zur Zielklärungsphase ergibt sich meist dann, wenn das Anliegen greifbar geworden ist und sich zeigt: *"Das ist es, worum es im Kern geht."* Manchmal formuliert die Klient:in von sich aus erste Wünsche oder Veränderungsziele. Manchmal stellt die Berater:in eine orientierende Frage wie:

„Wenn wir nun eine Weile an diesem Thema arbeiten, was würden Sie sich am Ende des Beratungsprozesses anders wünschen?"

Damit beginnt die nächste Phase, **die Zielklärung.** Doch bevor dorthin weitergegangen wird, lohnt es sich, innezuhalten und gemeinsam wertzuschätzen, was bereits in dieser frühen Phase geschehen ist: Ein Mensch hat sich geöffnet. Ein Thema hat sich gezeigt. Beziehung ist entstanden. Und der Prozess hat begonnen.

3. Zielklärung

Von der Orientierungslosigkeit zur Richtung, Ziele sichtbar, greifbar und erreichbar machen

Nachdem in der Problemerfassungsphase Raum geschaffen wurde, um das Anliegen in seiner Tiefe zu verstehen, richtet sich der Blick in der Zielklärungsphase nach vorne: *Was soll sich verändern? Was wäre ein guter nächster Schritt? Wofür soll die Beratung genutzt werden?* Die Zielklärung gibt dem Beratungsprozess eine Richtung, nicht als starres Ziel, sondern als Orientierung, als Kompass inmitten von Unsicherheit.

Ziele helfen, sich im Prozess nicht zu verlieren. Sie bieten Struktur, Klarheit und Fokussierung. Sie machen es möglich, Veränderung messbar und sichtbar zu machen. Und sie eröffnen die Möglichkeit, am Ende der Beratung zu reflektieren: *Wurde erreicht, was erreicht werden sollte? Hat sich etwas bewegt, und wenn ja, in welche Richtung?*

Doch Zielklärung ist mehr als eine Frage nach dem „Was wollen Sie erreichen?" Sie ist ein gemeinsamer, feinfühliger Aushandlungsprozess, der viele Ebenen berührt: Hoffnung und Skepsis, Sehnsucht und Angst, Klarheit und Ambivalenz. Manchmal sind Ziele noch nicht greifbar, manchmal übergroß, manchmal unrealistisch oder fremdbestimmt. Die Aufgabe der Berater:in ist es, gemeinsam mit der Klient:in herauszufinden, *was wirklich gemeint ist, und was wirklich möglich ist.*

Der Sinn von Zielklärung

In der psychosozialen Beratung geht es nicht primär um Leistung oder Effizienz, sondern um Entwicklung, Selbstwirksamkeit und Veränderungsfähigkeit. Ziele sind in diesem Kontext keine Forderung, sondern ein Angebot: *"Lass uns gemeinsam herausfinden, was du brauchst, und was du erreichen möchtest."*

Die Zielklärung dient dazu, aus einem diffusen Zustand („Ich weiß nur, dass ich nicht mehr so weitermachen will") eine erste Richtung zu entwickeln. Sie wandelt Unschärfe in Fokus, Ohnmacht in Handlungsspielraum, Überforderung in machbare Schritte.

Ziele geben:

- **Orientierung**: Wohin soll die Reise gehen?
- **Struktur**: Was gehört zum Beratungsprozess, und was nicht?
- **Verbindlichkeit**: Woran wollen wir gemeinsam arbeiten?
- **Messbarkeit**: Wann ist ein Prozess erfolgreich oder reif für den Abschluss?

Ein weiterer wichtiger Aspekt: Ziele machen Veränderung **sichtbar**. Für viele Menschen ist es entlastend, wenn sie im Beratungsverlauf merken: *"Ich bin einen Schritt weiter."* Selbst kleine Fortschritte gewinnen Bedeutung, wenn sie mit dem angestrebten Ziel in Verbindung gebracht werden können.

Ziele müssen zu den Menschen passen, nicht umgekehrt

Nicht alle Ziele sind sofort formulierbar. Manche Klient:innen können ihre Wünsche noch nicht benennen, weil sie emotional erschöpft, innerlich orientierungslos oder tief verunsichert sind. In solchen Fällen gilt: Nicht drängen. Zielklärung darf sich entwickeln, durch Gespräche, Bilder, Fragen, Hypothesen.

Manche Menschen kommen mit scheinbar klaren Zielen: *"Ich will endlich wieder funktionieren."* Oder: *"Ich möchte mich wieder wie früher fühlen."* Doch bei genauerer Betrachtung zeigt sich: Diese Ziele sind oft Ausdruck von Hilflosigkeit oder innerem Druck, keine selbstbestimmten, tragfähigen Ziele, die den Veränderungsprozess sinnvoll leiten können.

Deshalb ist Zielklärung immer auch ein **Prozess des Klärens von Motiven, Erwartungen und inneren Aufträgen**. Es geht darum, zwischen echten Veränderungswünschen und übernommenen Ansprüchen zu unterscheiden. Zwischen eigenen Zielen und jenen, die von außen kommen, vom Partner, der Familie, dem Arbeitgeber, der Gesellschaft.

Berater:innen können diesen Prozess unterstützen, indem sie:

- systematisch nach Zielen fragen (*„Woran würden Sie merken, dass sich etwas verändert hat?"*)
- unrealistische Zielvorstellungen behutsam hinterfragen
- zwischen kurzfristigen und langfristigen Zielen unterscheiden
- Zwischenziele oder Etappen formulieren
- darauf achten, ob die Ziele mit der aktuellen Lebenssituation vereinbar sind
- darauf hinweisen, wenn ein Ziel vielleicht eher ein Bedürfnis verschleiert (*z. B. „Ich will nicht mehr traurig sein" → Bedürfnis nach Sicherheit, Verbindung oder Ausdruck*)

Merkmale guter Beratungsziele

Gute Beratungsziele sind:

- **realistisch**, im Rahmen der persönlichen Möglichkeiten
- **konkret**, greifbar und überprüfbar
- **positiv formuliert**, nicht nur „weg von…", sondern „hin zu…"
- **selbstverantwortlich**, nicht abhängig vom Verhalten anderer
- **in der eigenen Lebensrealität umsetzbar**, kompatibel mit Rollen, Verpflichtungen, Ressourcen

Beispielhafte Zielformulierungen:

- *„Ich möchte lernen, in Konflikten ruhig zu bleiben und meine Meinung auszudrücken."*
- *„Ich will verstehen, warum mich die Situation mit meinem Bruder so tief trifft."*
- *„Ich wünsche mir, wieder Freude an meinem Alltag zu erleben, und kleine Momente bewusst zu spüren."*

<u>Weniger hilfreich sind Ziele wie:</u>

- *„Ich will, dass mein Partner sich ändert."*
- *„Ich will keine Angst mehr haben."*
- *„Ich will, dass das aufhört."*

Hier lohnt sich die gemeinsame Reflexion: *"Was wäre stattdessen wünschenswert? Was würden Sie dann tun, fühlen, erleben?"*

Die emotionale Seite der Zielklärung

Ziele sind nicht nur kognitiv, sie sind emotional aufgeladen. Manche Ziele sind mit tiefer Sehnsucht verbunden, andere mit Angst. Das Formulieren eines Ziels kann Scham auslösen (*„Darf ich das überhaupt wollen?"*), Zweifel (*„Ob ich das schaffe?"*) oder alte Verletzungen berühren (*„Ich habe es schon so oft versucht..."*).

Berater:innen sollten diese emotionalen Schichten wahrnehmen und ernst nehmen. Zielklärung bedeutet nicht, ein SMARTes Ziel zu basteln, sondern gemeinsam zu erforschen, **was für diesen Menschen in dieser Lebenssituation wirklich bedeutsam ist.**

Fragen wie:

- *„Was würde es für Sie bedeuten, wenn das gelingt?"*
- *„Gibt es einen Teil in Ihnen, der diesem Ziel kritisch gegenübersteht?"*
- *„Was wäre anders, in Ihrem Alltag, in Ihren Beziehungen, in Ihrem Gefühl?"*

helfen, das Ziel innerlich zu verankern. Es geht darum, eine **emotionale Bindung an das Ziel** zu ermöglichen, nicht als Druck, sondern als Ermutigung.

Flexibilität und Prozessdynamik

Zielklärung ist keine einmalige Handlung. Ziele können sich im Prozess verändern, verschieben, differenzieren oder sogar ganz auflösen. Das ist kein Zeichen von „Fehlschlag", sondern Ausdruck eines lebendigen Beratungsverlaufs.

Deshalb ist es wichtig, Ziele **regelmäßig zu überprüfen**:

- *„Ist das, was Sie sich zu Beginn gewünscht haben, noch aktuell?"*
- *„Hat sich der Fokus verschoben?"*
- *„Gibt es neue Themen, die jetzt wichtiger erscheinen?"*

Diese regelmäßige Reflexion verhindert, dass die Beratung „am Ziel vorbeigeht", und ermöglicht gleichzeitig ein flexibles, menschenzentriertes Arbeiten.

Übergang zur nächsten Phase

Wenn die Zielklärung abgeschlossen oder zumindest so weit entwickelt ist, dass ein gemeinsamer Fokus erkennbar wird, beginnt die nächste Phase: **die Ressourcenaktivierung**. Hier werden Stärken, Kompetenzen und bereits vorhandene Bewältigungsmuster in den Blick genommen, als Vorbereitung auf die Lösungsarbeit.

Ein guter Übergang kann etwa so aussehen:

„Nun haben wir gemeinsam klarer gefasst, woran Sie arbeiten möchten. Bevor wir nun an konkreten Lösungen arbeiten, würde ich gerne mit Ihnen schauen, was Sie vielleicht schon mitbringen, an Erfahrungen, Fähigkeiten, unterstützenden Menschen oder inneren Stärken."

4. Ressourcenaktivierung

Was trägt? Was stärkt? Was ist schon da?, Innere und äußere Kraftquellen sichtbar machen

Wenn das Problem verstanden ist und ein erstes Ziel formuliert wurde, wendet sich der Beratungsprozess nun einer kraftvollen Perspektive zu: dem, was bereits vorhanden ist. Die vierte Phase der psychosozialen Beratung richtet den Blick gezielt auf **Ressourcen, Stärken, Fähigkeiten, Bewältigungskompetenzen und unterstützende Beziehungen**. Sie ist ein Gegenpol zur Problemorientierung, ohne die Realität zu beschönigen.

Für viele Menschen ist dieser Perspektivwechsel zunächst ungewohnt. Wer sich belastet fühlt, ist oft so stark mit dem Problem identifiziert, dass alles andere in den Hintergrund tritt. Manche reagieren sogar mit Skepsis: *"Wenn ich so viele Ressourcen hätte, wäre ich doch nicht hier."* Gerade deshalb ist es in dieser Phase so wichtig, behutsam und wertschätzend vorzugehen. Ressourcenarbeit ist kein positives Denken. Sie ist **gezielte Wirklichkeitsfokussierung**, verbunden mit der Haltung: *"Du bist mehr als dein Problem."*

Warum Ressourcenarbeit wirkt

Ressourcen zu aktivieren bedeutet, den Menschen wieder mit seiner Selbstwirksamkeit, seiner Geschichte, seinen Kompetenzen und seinem inneren Reichtum zu verbinden. Es geht nicht darum, etwas zu „erfinden", sondern darum, wieder in Kontakt zu kommen mit dem, was im Schatten des Problems verschüttet liegt.

Ressourcenarbeit wirkt:

- **stabilisierend**, weil sie emotionale Kraft mobilisiert
- **entlastend**, weil sie den Blick auf das Machbare richtet
- **ermächtigend**, weil sie Eigenverantwortung stärkt
- **verbindend**, weil sie Beziehungen, Zugehörigkeit und Unterstützungsnetzwerke sichtbar macht

- **ermutigend**, weil sie zeigt: *"Ich habe schon mehr geschafft, als ich dachte."*

Gerade bei Menschen in Krisen oder langanhaltender Belastung ist Ressourcenaktivierung oft der Wendepunkt im Prozess: Von der Frage *"Warum ist das alles so schwer?"* zur Frage *"Was hat mir bisher geholfen?"*

Ressourcen sind vielfältig

Ressourcen können unterschiedlichster Natur sein, sie sind so individuell wie die Menschen selbst. Es lohnt sich, weit und kreativ zu denken:

- **Innere Ressourcen**: Charakterstärken, Überzeugungen, Humor, Werte, Erfahrungen, Überlebensstrategien, Selbstfürsorge
- **Soziale Ressourcen**: unterstützende Beziehungen, Familie, Freund:innen, Kolleg:innen, Netzwerke, Zugehörigkeit
- **Körperliche Ressourcen**: Gesundheit, Energie, Bewegung, Entspannung, Selbstwahrnehmung
- **Kulturelle Ressourcen**: Spiritualität, Rituale, Musik, Kunst, Sprache, Herkunft
- **Biografische Ressourcen**: frühere Erfolge, bewältigte Krisen, Erinnerungen an gelungene Zeiten
- **Alltagsressourcen**: Routinen, Hobbys, Orte der Ruhe, Haustiere, Lieblingsorte, Natur

Ziel ist es, die Klient:in wieder in Kontakt mit diesen Kraftquellen zu bringen, emotional, erinnernd, erfahrungsbasiert.

Haltung vor Methode

Ressourcenaktivierung beginnt nicht mit der Methode, sondern mit der Haltung. Die Berater:in begegnet der Klient:in nicht als „defizitäres Wesen", sondern als Mensch mit Potenzial, Geschichte und Würde. Diese Haltung drückt sich in Sprache, Blickkontakt, Körperhaltung und Reaktionsweise aus. Sie zeigt sich in Sätzen wie:

„Sie wirken sehr klar, wenn Sie davon erzählen."
„Ich spüre, dass da etwas in Ihnen ist, das weiß, wie man mit Schwierigkeiten umgeht."
„Wie haben Sie das damals geschafft?"

Diese Resonanz öffnet Räume. Sie lenkt den Blick, oft erstmals seit Langem, auf das, was gelungen ist. Selbst wenn es klein wirkt.

Mögliche Fragen zur Ressourcenaktivierung

Gute Fragen können helfen, Ressourcen zu entdecken und zu benennen:

- *„Was hat Ihnen in ähnlichen Situationen geholfen?"*
- *„Wer war damals für Sie da, und wie?"*
- *„Was hat Ihnen schon einmal gutgetan?"*
- *„Wann haben Sie zuletzt gespürt, dass etwas gelingt?"*
- *„Was bringt Sie zur Ruhe, wenn alles zu viel wird?"*
- *„Welche Eigenschaften haben Ihnen im Leben schon öfter geholfen?"*
- *„Was sagen andere Menschen, was Sie gut können?"*

Diese Fragen sind keine Checkliste, sie sind Einladungen zur Selbstwahrnehmung.

Methodenbeispiele aus der Praxis

In der Ressourcenaktivierung können viele kreative und systemische Methoden unterstützend wirken:

- **Ressourcenkarten oder -listen**: Begriffe, Bilder oder Symbole, die Kraftquellen anregen
- **Das „Lebensfluss-Modell"**: Biografiearbeit mit Höhen und Tiefen, und dem, was getragen hat
- **Das „Ressourcenhaus"**: ein zeichnerisches oder bildliches Modell mit „Räumen" für Stärken, Menschen, Orte, Werte

- Der „**Erfolgsspiegel**": Erinnerung an gelöste Situationen, und was damals half
- **Symbolarbeit**: Gegenstände als Metapher für Stärken (z. B. ein Stein für Standfestigkeit, ein Seil für Verbindung)
- **Körperorientierte Zugänge**: Atem, Bewegung, Körperressourcen bewusst spüren lassen
- **Innere Anteile ansprechen**: z. B. *"Der mutige Teil in Ihnen, wie meldet er sich, wenn Sie an das Ziel denken?"*

Wichtig: Nicht jede Methode passt für jede Person. Die Auswahl sollte feinfühlig, passend und dialogisch erfolgen. Methoden sind Angebote, keine Interventionen „von außen".

Stolpersteine, und wie man sie achtsam umgeht

Manche Klient:innen reagieren zunächst ablehnend auf den ressourcenorientierten Blick: *"Ich habe keine Stärken."* oder *"Ich will nicht über das reden, was gut war, ich will, dass das Problem weggeht."* Das ist verständlich, und ernst zu nehmen.

In solchen Momenten braucht es Geduld. Ressourcen dürfen sich zeigen, sie können nicht erzwungen werden. Manchmal hilft es, auf Mikroressourcen zu schauen: *"Wie haben Sie es heute geschafft, herzukommen, obwohl es Ihnen so schwerfällt?"* Oder einfach zu benennen: *"Auch wenn Sie gerade keine Ressourcen sehen, ich spüre, dass etwas in Ihnen sich nicht aufgegeben hat."*

Manchmal sind es die Resonanz und das Wahrnehmen durch die Berater:in, die eine Ressource erst fühlbar machen.

Übergang zur Lösungsphase

Wenn die Ressourcen aktiviert sind, das heißt: bewusst, benannt, gefühlt oder zumindest angedeutet, kann die Beratung in die nächste Phase übergehen: **die Lösungsfindung**. Nun geht es darum, das Erarbeitete zu nutzen, um neue Wege zu entwickeln.

Ein passender Übergang könnte lauten:

„Sie haben einiges beschrieben, was Sie in schwierigen Zeiten trägt. Lassen Sie uns nun gemeinsam schauen, wie wir diese Kraftquellen nutzen können, um Schritt für Schritt an Ihrem Ziel zu arbeiten."

5. Lösungsfindung

Vom Problem zur Perspektive, neue Wege entwickeln und erste Schritte gehen

Nach der Zielklärung und der Aktivierung vorhandener Ressourcen öffnet sich im Beratungsprozess nun ein Raum für Veränderung: Es geht um Lösungen. Um Möglichkeiten. Um die Frage: *"Was ist jetzt, in diesem Leben, mit diesen Erfahrungen, diesem Ziel und diesen Kräften, möglich?"*

Die Lösungsphase ist nicht einfach die Phase, in der „das Problem weggeht". Sie ist der Abschnitt, in dem sich der Blick weitet, und das Denken, Fühlen und Handeln in Bewegung kommt. Sie ist ein kreativer, oft auch überraschender Prozess. Und sie ist zutiefst individuell: Was für den einen eine Lösung ist, kann für die andere der falsche Weg sein.

In dieser Phase zeigt sich die große Kunst psychosozialer Beratung: **Menschen dabei zu begleiten, eigene Wege zu finden**, anstatt ihnen Ratschläge oder vorgefertigte Pläne zu liefern. Es ist ein Prozess des gemeinsamen Forschens, Ausprobierens, Abwägens, und manchmal auch des Scheiterns und Neuanfangens.

Lösungen wachsen, sie werden nicht verordnet

Gute Lösungen entstehen **nicht aus dem Kopf allein**, sondern aus einem Zusammenspiel von Emotion, Intuition, Erfahrung, Beziehung, Kontext und Reflexion. Sie ergeben sich aus der Dynamik des Prozesses, als etwas, das sich „zeigt", wenn es dafür Raum gibt.

Lösungsfindung in der psychosozialen Beratung bedeutet deshalb:

- die Klient:in als Expert:in ihres Lebens anzuerkennen
- die bereits vorhandenen Ressourcen gezielt in die Lösungsentwicklung einzubeziehen
- verschiedene Optionen zu entwickeln und erfahrbar zu machen

- den Veränderungswunsch in konkrete Handlungsschritte zu übersetzen
- Zweifel und Ambivalenzen zuzulassen, ohne den Prozess zu blockieren

Oft ist es hilfreich, gemeinsam kleine Schritte zu definieren, sogenannte „nächste machbare Schritte". Denn Lösungen müssen nicht groß sein, um wirksam zu sein. Manchmal ist schon ein veränderter Gedanke, ein bewusster Akt der Selbstfürsorge oder ein klärendes Gespräch ein entscheidender Wendepunkt.

Haltung vor Technik

Wie in allen Phasen der Beratung gilt auch hier: Die **Haltung** ist entscheidender als die Methode. Berater:innen begleiten, strukturieren, spiegeln, stellen Fragen, aber sie lenken nicht. Sie geben Impulse, aber keine Anleitungen. Sie hören auf das, was unausgesprochen mitschwingt, und bringen es in den Prozess ein, ohne zu drängen oder zu interpretieren.

Typische Haltungen in der Lösungsphase:

- Neugier statt Bewertung: *"Was wäre, wenn...?"*
- Vertrauen in die innere Weisheit der Klient:in
- Akzeptanz von Umwegen, Verzögerungen oder inneren Widerständen
- Humor, Leichtigkeit und spielerisches Ausprobieren, wo es passt
- Geduld mit sich selbst und dem Tempo der Entwicklung

Beratung ist hier oft ein Prozess des gemeinsamen Ausprobierens, des spielerischen Denkens in Möglichkeiten, ein kreativer Raum, in dem neue Perspektiven wachsen dürfen.

Mögliche Methoden und Fragen in der Lösungsphase

- **Skalierungsfragen**: *"Auf einer Skala von 0 bis 10, wo stehen Sie heute? Was wäre ein Schritt in Richtung 7?"*
- **Zukunftsorientierte Visualisierungen**: *"Stellen Sie sich vor, Sie wachen morgen auf, und das Problem ist gelöst. Woran würden Sie es merken?"*
- **Ressourcenbasierte Rückblicke**: *"Gab es schon mal Situationen, in denen Sie dieses Gefühl überwunden haben? Was war damals anders?"*
- **Entwicklung konkreter Handlungsoptionen**: *"Welche Möglichkeiten hätten Sie, um XY zu beeinflussen?"*
- **Rollenspiele oder Perspektivwechsel**: z. B. die Sicht einer beteiligten Person einnehmen, aus der Zukunft sprechen
- **Hypothetische Fragetechniken**: *"Wenn Sie keine Angst hätten, was würden Sie tun?"*
- **Entscheidungshilfen**: z. B. Pro-und-Contra-Listen, Szenarien durchspielen, innere Anteile befragen

Ziel ist nicht, die „beste Lösung" zu finden, sondern **eine passende, stimmige, tragfähige Möglichkeit**, mit der die Klient:in sich identifizieren kann.

Emotionen in der Lösungsphase

Veränderung ist nicht nur ein kognitiver Prozess. In der Lösungsfindung kommen oft starke Gefühle ins Spiel: Hoffnung, Euphorie, aber auch Angst, Zweifel, Unsicherheit. *"Was, wenn es nicht klappt?"*, *„Was, wenn ich enttäuscht werde?"*, *„Bin ich gut genug dafür?"*

Diese Emotionen sind kein Hindernis, sie sind Teil des Prozesses. Gute Beratung gibt ihnen Raum, ohne sie dramatisieren zu müssen. Sie nimmt sie ernst, ohne sich von ihnen lähmen zu lassen. Und sie hilft, diese Emotionen **in Bewegung zu bringen**, statt sie zu bekämpfen.

Gerade hier zeigt sich die Stärke einer tragfähigen Beratungsbeziehung: Wenn Klient:innen spüren, dass sie auch mit ihren Zweifeln, Rückfällen und Ängsten willkommen sind, dann kann Veränderung wirklich Wurzeln schlagen.

Umgang mit Blockaden

Nicht immer verläuft die Lösungsarbeit reibungslos. Manche Menschen tun sich schwer, Optionen zu sehen. Andere sehen zu viele, und können sich nicht entscheiden. Wieder andere spüren Widerstände, Schuldgefühle oder Angst vor der Konsequenz einer Veränderung.

Typische Anzeichen für Blockaden:

- *„Ich weiß einfach nicht, was ich tun soll."*
- *„Es ist sowieso alles egal."*
- *„Ich müsste eigentlich, aber..."*

In solchen Momenten ist es wichtig, nicht in die Lösung „hineinzureden". Stattdessen hilft ein Schritt zurück:

- *„Was ist gerade besonders schwierig an dieser Entscheidung?"*
- *„Was würde passieren, wenn Sie einen kleinen Schritt in diese Richtung gehen, ohne sich gleich festzulegen?"*
- *„Gibt es einen inneren Anteil, der den Veränderungsschritt kritisch sieht?"*

Auch das Erlauben, dass gerade **keine Lösung** möglich ist, kann eine heilsame Entlastung sein.

Vom Denken ins Tun, Transfer vorbereiten

Lösungen entfalten ihre Wirkung erst dann, wenn sie **gelebt** werden. Deshalb geht es in der Lösungsphase auch darum, konkrete nächste Schritte zu planen: *"Was könnten Sie bis zur nächsten Sitzung* *ausprobieren?", "Welche Unterstützung brauchen Sie, um den Schritt zu gehen?", "Woran würden Sie merken, dass sich etwas verändert hat?"*

Wichtig ist, diese Schritte **klein, realistisch und motivierend** zu gestalten. Lieber ein machbarer Impuls, der gelingt, als ein zu großer Schritt, der überfordert.

Hier darf die Berater:in auch einmal etwas pragmatischer werden, im besten Sinne. Es geht um Umsetzung, nicht um Perfektion. Um Bewegung, nicht um Vollendung. Um Mut, nicht um Sicherheit.

Übergang zur letzten Phase

Die Lösungsphase mündet, wenn erste Schritte gegangen wurden und Veränderung erlebbar wird, in die letzte Phase: **Evaluation & Transfer**. Dort wird gemeinsam reflektiert, was sich bewährt hat, was noch offen bleibt, und wie das Erarbeitete in den Alltag integriert werden kann.

Ein gelungener Übergang kann etwa so lauten:

"Sie haben in den letzten Wochen einige mutige Schritte gesetzt. Ich würde gerne gemeinsam mit Ihnen betrachten, was sich dadurch verändert hat, und wie Sie diese Veränderung auch langfristig sichern können."

6. Evaluation & Transfer

Was war, was bleibt, was kommt,
den Beratungsprozess abschließen und den Alltag gestalten

Wenn im Beratungsprozess bereits konkrete Schritte gegangen wurden, wenn sich erste Veränderungen zeigen, Ziele greifbar werden oder sich zumindest die Perspektive erweitert hat, beginnt eine Phase, die in ihrer Bedeutung oft unterschätzt wird: der Abschluss. Evaluation und Transfer bilden den bewussten Endpunkt eines begleiteten Entwicklungswegs, und gleichzeitig die Brücke zurück in den Alltag.

Diese Phase ist mehr als ein freundliches Verabschieden. Sie ist eine Würdigung. Eine Reflexion. Eine Verankerung. Und nicht zuletzt eine Entscheidung: *Was nehme ich mit aus der Beratung, und wie gehe ich weiter?*

Warum der Abschluss wichtig ist

Viele Menschen haben in ihrer Biografie Erfahrungen mit offenen Enden gemacht: abgebrochene Beziehungen, ungeklärte Konflikte, abrupte Lebensveränderungen. Ein professioneller Beratungsprozess sollte diesen Mustern nicht folgen. Der bewusste Abschluss ist ein **Akt der Selbstwirksamkeit**, ein Zeichen: *"Ich habe mich auf diesen Weg eingelassen, ich bin ihn ein Stück gegangen, und ich kann ihn auch würdig beenden."*

Die Evaluation ist der Moment, in dem gemeinsam zurückgeblickt wird: Was war Thema? Was hat sich verändert? Was ist offen geblieben? Was war hilfreich? Und was hätte anders sein können? Es geht um Bilanz, um Integration, nicht um Bewertung im schulischen Sinn.

Der Transfer wiederum richtet den Blick nach vorne: *Wie kann das Erarbeitete im Alltag weiterwirken? Was braucht es, damit Veränderung stabil bleibt? Welche Ressourcen helfen beim Dranbleiben?* Ziel ist nicht,

einen perfekten Plan zu erstellen, sondern eine bewusste Übergangsge-
staltung.

Die innere Struktur dieser Phase

Ein guter Abschlussprozess beinhaltet folgende Elemente:

1. **Rückblick und Würdigung des Weges**

   - Was war zu Beginn Thema, und wie sehen Sie es heute?
   - Welche Veränderungen spüren Sie in sich, in Ihrem Denken, Ihrem Verhalten, Ihrem Erleben?
   - Was hat Sie überrascht, was war besonders bedeutsam?
   - Was nehmen Sie mit aus der Beratung, an Erkenntnissen, Stärkung, Klarheit?

2. **Reflexion der Zusammenarbeit**

   - Wie haben Sie unsere Zusammenarbeit erlebt?
   - Was war hilfreich, was vielleicht weniger?
   - Gab es einen Moment, der für Sie besonders wichtig war?

3. **Integration und Alltagstransfer**

   - Was hilft Ihnen, das Erarbeitete im Alltag zu verankern?
   - Gibt es Strategien, die Sie weiterführen möchten?
   - Was könnte Sie dabei unterstützen, auch in schwierigen Situationen bei sich zu bleiben?

4. **Abschied und Abschlussgestaltung**

   - Möchten Sie die Beratung beenden oder noch fortführen?
   - Wenn ja: Wann wäre ein guter Zeitpunkt für ein Wiedersehen oder ein Check-in?
   - Wenn nein: Wie möchten Sie diesen Prozess für sich innerlich abrunden?

Methoden zur Evaluation

Je nach Arbeitsweise und Person der Klient:in kann die Evaluation kreativ oder strukturiert gestaltet werden. Beispiele:

- **Skalierung**: Vergleich Anfang vs. Jetzt (z. B. *"Zu Beginn sagten Sie, Sie stehen bei 2 von 10, wo stehen Sie heute?"*)
- **Symbolarbeit**: Einen Gegenstand auswählen, der für den Prozess steht
- **Ressourcencollage** oder Mindmap: Was wurde entdeckt, aktiviert, gestärkt?
- **Brief an das Zukunfts-Ich**: Klient:in schreibt sich selbst eine Erinnerung
- **Feedbackbogen oder offenes Gespräch**: Was war hilfreich, was kann verbessert werden?

Wichtig ist, dass Evaluation keine Prüfungssituation ist, sondern ein **gemeinsames Nachspüren und Reflektieren**. Auch Berater:innen dürfen an dieser Stelle ehrlich und offen sein, etwa mit einem Satz wie:

„Ich habe unseren Prozess als sehr intensiv und berührend erlebt, und finde es beeindruckend, welchen Weg Sie gegangen sind."

Transferarbeit, der Alltag als Bühne der Veränderung

Veränderung ist kein punktuelles Ereignis. Sie entfaltet ihre Wirkung erst, wenn sie **in den Alltag integriert** wird, in Routinen, Beziehungen, Entscheidungen. Der Transferteil dieser Phase widmet sich genau dieser Frage: *Wie gelingt es, die Beratungserkenntnisse in den Alltag zu übersetzen, ohne sie zu verlieren?*

Hilfreiche Fragen zur Transferarbeit:

- *„In welchen Situationen könnte es Ihnen schwerfallen, das Neue beizubehalten?"*
- *„Was hilft Ihnen, sich selbst zu erinnern?"*

- *„Gibt es Menschen, mit denen Sie über Ihre Veränderung sprechen wollen?"*
- *„Was könnten kleine Anker sein, Sätze, Symbole, Orte, Rituale?"*

Es ist sinnvoll, **Rückfälle oder alte Muster als normalen Bestandteil** von Veränderung zu thematisieren, ohne Schuld oder Versagen. Veränderung ist ein Prozess, kein Endzustand.

„Es kann gut sein, dass es auch mal Rückschritte gibt, das heißt nicht, dass Sie gescheitert sind. Sondern nur, dass Sie Mensch sind."

Solche Sätze können entlasten und gleichzeitig ermutigen.

Offene oder geplante Abschlüsse?

Nicht jede Beratung endet mit einem klaren Endpunkt. Manche Prozesse laufen langsam aus, andere enden abrupt. Es ist Aufgabe der Berater:in, das Thema **Abschluss aktiv ins Gespräch zu bringen**, sobald sich ein Ziel als erreicht oder der Beratungsrahmen als erschöpft zeigt.

In manchen Fällen bietet es sich an, **einen Folgetermin mit Abstand** zu vereinbaren, z. B. in vier oder acht Wochen. Das kann den Übergang erleichtern und den Prozess innerlich runder machen. Auch die Möglichkeit zur späteren Wiederaufnahme sollte, sofern realistisch, thematisiert werden:

„Wenn Sie zu einem späteren Zeitpunkt das Gefühl haben, wieder Unterstützung zu brauchen, melden Sie sich gerne."

So entsteht kein abrupter Bruch, sondern ein bewusster, wertschätzender Abschluss.

Der Moment des Abschieds

Beratung endet nicht mit einem Händedruck. Sie endet im inneren Erleben der Klient:in. Im besten Fall mit einem Gefühl von Stärkung, Würdigung und Vertrauen in den eigenen Weg. Das bedeutet nicht, dass alles „gut" ist, aber vielleicht anders: bewusster, klarer, verbundener.

Ein wertschätzender Abschluss kann durch ein einfaches Ritual begleitet werden, etwa:

- eine letzte gemeinsame Metapher: *"Wenn dieser Prozess ein Bild wäre, was sehen Sie?"*
- ein Dank, von der Klient:in an sich selbst, oder auch von der Berater:in
- ein stilles Innehalten
- oder einfach ein Satz wie:

„Ich wünsche Ihnen, dass das, was hier entstanden ist, auch draußen weiterwirken darf."

Der Beratungsprozess noch einmal im Überblick

Ein lebendiger Weg in sechs Phasen,
Orientierung, Beziehung und Entwicklung

Jede psychosoziale Beratung ist einzigartig. Sie beginnt mit einem Anliegen, das oft noch nicht klar benennbar ist, entwickelt sich in einer dialogischen Beziehung, folgt keiner starren Dramaturgie, und doch entfaltet sich darin oft eine wiedererkennbare Struktur: ein **prozesshafter Weg, der Halt gibt, Orientierung schafft und Veränderung ermöglicht.**

Das hier beschriebene sechsstufige Modell ist nicht als starres Schema zu verstehen, sondern als **Landkarte,** die bei der Navigation durch komplexe Lebens- und Beratungssituationen hilft. Es verbindet systematische Struktur mit menschlicher Tiefe, methodischer Vielfalt mit beziehungsorientierter Haltung.

In der **Kontaktphase** entsteht der erste Eindruck. Hier entscheidet sich, ob Beziehung möglich ist. Vertrauen, Offenheit, Orientierung, das sind die Säulen, auf denen der Prozess fußt. Es geht noch nicht um Inhalt, sondern um Beziehung, Sicherheit und das gemeinsame Verstehen von Rahmen und Auftrag.

In der **Problemerfassungsphase** wird das Anliegen vertieft. Es geht um Verstehen, nicht um Analyse. Um empathisches Begleiten, nicht um Erklärungen. Die subjektive Wirklichkeit der Klient:in wird ernst genommen, sortiert, gespiegelt. In dieser Phase wird sichtbar, wie viel Kraft es kostet, sich ehrlich mit dem auseinanderzusetzen, was gerade schwierig ist.

Die **Zielklärung** gibt dem Prozess eine Richtung. Sie ist kein Leistungskatalog, sondern eine behutsame Bewegung in Richtung Selbstwirksamkeit. Aus diffusen Gefühlen werden greifbare Wünsche, aus innerem Chaos wird erste Orientierung. Die Berater:in begleitet diesen Prozess mit Achtung vor dem Tempo und der Tiefe der Klient:in.

In der **Ressourcenaktivierung** rückt das in den Fokus, was trägt. Diese Phase ist eine Einladung, die Aufmerksamkeit zu weiten: auf Erfahrungen, Fähigkeiten, Beziehungen, innere Haltungen. Sie ist ein Gegengewicht zur Problemperspektive, nicht im Sinne eines Wegschauens, sondern als bewusster Blick auf das, was bereits gelungen ist.

Die **Lösungsfindung** ist die kreative, oft dynamischste Phase. Hier wird experimentiert, ausprobiert, gedacht und gefühlt. Es geht um die Entwicklung stimmiger, alltagstauglicher Schritte, nicht um perfekte Antworten. Berater:innen strukturieren, begleiten, ermutigen, aber sie führen nicht. Sie vertrauen auf den inneren Kompass der Klient:in.

Die letzte Phase, **Evaluation & Transfer**, rundet den Prozess ab. Sie ist eine Rückschau, eine Würdigung, eine Brücke in den Alltag. Was wurde erreicht? Was bleibt? Was wird weitergetragen? Hier wird Beratung nicht „abgeschlossen", sondern verankert, als ein Teil des Lebenswegs der Klient:in.

Was macht diesen Prozess lebendig?

Nicht die Phasen allein machen gute Beratung aus, sondern die **Haltung**, mit der sie gestaltet wird. Es ist die innere Präsenz, das offene Ohr, der klare Rahmen und die Bereitschaft, mitzugehen, auch wenn der Weg unklar ist. Es ist das Vertrauen, dass Entwicklung möglich ist, nicht trotz, sondern gerade **durch** den Dialog.

Die Struktur des Modells hilft, sich nicht zu verlieren, weder in Inhalten noch in Emotionen. Gleichzeitig bleibt sie offen genug, um sich an die Individualität jeder Beratungssituation anzupassen. Manche Phasen gehen schnell, andere brauchen Zeit. Manchmal gehen Klient:innen zurück, um dann weiterzugehen. Manchmal bleibt etwas offen, und wirkt dennoch nach.

Professionelle Prozessgestaltung bedeutet nicht, Kontrolle auszuüben. Sie bedeutet, **Halt zu geben**, damit etwas in Bewegung kommen kann.

Sie schafft Räume, in denen Klient:innen sich selbst begegnen können, klarer, bewusster, mutiger.

Und nach dem Prozess?

Die Arbeit endet nie ganz mit der letzten Sitzung. In vielen Fällen wirkt Beratung über den formalen Abschluss hinaus weiter. Sätze bleiben im Ohr. Bilder tauchen auf. Neue Wege beginnen sich zu formen. Und manchmal kehrt eine Klient:in zurück, nicht, weil die Beratung unvollständig war, sondern weil das Leben eben nicht linear verläuft.

Für Berater:innen bedeutet das: Jeder Prozess ist ein Beitrag. Kein vollständiges Umgestalten des Lebens, kein Garant für Erfolg, aber oft ein **entscheidender Impuls**, ein geschützter Raum, ein Halt zur richtigen Zeit. Und das ist mehr als genug.

Professionelle Beziehungsgestaltung

Zwischen Nähe und Distanz, Präsenz und Zurückhaltung, die Kunst der begleiteten Begegnung

Wenn Menschen in die Beratung kommen, bringen sie nicht nur ihr Anliegen mit, sondern auch ihre Beziehungserfahrungen, ihre Erwartungen, ihre Ängste - und oft eine stille Frage: *"Kann ich dir trauen?"* Die professionelle Beziehungsgestaltung ist daher nicht ein Aspekt unter vielen, sondern das **Herzstück psychosozialer Beratung**. Sie ist der Raum, in dem alles stattfindet - Problem, Ziel, Veränderung, Lösung.

Beziehung ist nicht das Beiwerk zur Methode - sie **ist** Methode. Und zugleich mehr als das. Beziehung ist das Medium, durch das Beratung wirkt. Wenn sie gelingt, entsteht ein Raum der Offenheit, in dem Entwicklung möglich wird. Wenn sie scheitert, bleibt auch die beste Technik wirkungslos.

Beziehung ist Wirkfaktor - wissenschaftlich belegt, menschlich spürbar

In zahlreichen Studien zur Wirksamkeit von Psychotherapie und Beratung zeigt sich immer wieder: Nicht die Methode, nicht die Technik, nicht das Wissen sind die entscheidenden Faktoren - sondern die Qualität der Beziehung. Und diese Beziehung ist kein Zufallsprodukt. Sie wird bewusst aufgebaut, gepflegt, gestaltet. Sie lebt von **Einfühlungsvermögen, Klarheit, Authentizität, Respekt und Verlässlichkeit.**

Klient:innen brauchen keine Ratschläge. Sie brauchen ein Gegenüber, das **präsent** ist. Das bleibt, auch wenn es schwierig wird. Das zuhört - wirklich zuhört. Das ihnen zutraut, mit ihren Themen selbst in Kontakt zu treten. Und das weiß, dass Beratung nicht Machbarkeit, sondern **Möglichkeitsraum** bedeutet.

Nähe und Distanz - das sensible Gleichgewicht

Professionelle Nähe bedeutet: sich emotional berühren lassen, ohne sich vereinnahmen zu lassen. Die eigene Menschlichkeit einzubringen, ohne die professionelle Rolle zu verlieren. Es bedeutet, **greifbar zu sein - aber nicht verfügbar**. Für viele Klient:innen ist es heilsam zu erleben, dass jemand emotional erreichbar ist, ohne zu retten, zu urteilen oder zu vereinnahmen.

Professionelle Distanz bedeutet nicht Kühle. Sie bedeutet die Fähigkeit, das eigene Erleben von dem der Klient:in zu unterscheiden. Sie schützt vor Überforderung, vor Vermischung von Rollen, vor unbewusster Grenzüberschreitung. Distanz ist das Fundament, auf dem **Nähe tragfähig wird**.

Die Balance ist oft fein - und nie endgültig geklärt. Sie muss im Beratungsverlauf immer wieder neu gefunden werden. Nähe braucht Halt. Distanz braucht Präsenz. Und beides braucht die Bereitschaft zur Selbstreflexion.

Emotionale Präsenz - mitfühlen, ohne mitzuleiden

In der psychosozialen Beratung geht es oft um schwierige, schmerzhafte, existenzielle Themen: Verlust, Scham, Angst, Orientierungslosigkeit, biografische Brüche. Wer diese Prozesse begleitet, braucht nicht nur Methodenwissen, sondern auch **emotionale Präsenz**.

Das bedeutet: Da sein. Mitgehen. Standhalten. Aushalten, wenn Gefühle kommen - Tränen, Wut, Verzweiflung, Schweigen. Berater:innen, die in solchen Momenten nicht ausweichen, nicht bagatellisieren oder beschleunigen, ermöglichen ihren Klient:innen oft zum ersten Mal, sich selbst wirklich zu spüren.

Doch emotionale Präsenz ist nicht gleichzusetzen mit „Mitleid" oder emotionaler Übernahme. Mitleid schwächt - Mitgefühl stärkt. Professionelle Berater:innen fühlen mit, **ohne mitzuleiden**. Sie sind präsent, ohne

sich zu verlieren. Sie bleiben ansprechbar - ohne in das Thema hineingezogen zu werden.

Grenzen geben Sicherheit - für beide Seiten

Grenzen sind kein Zeichen von Abweisung - sie sind ein Zeichen von Klarheit und Respekt. Professionelle Beziehungsgestaltung heißt auch, **den
Rahmen deutlich zu machen**: Was ist möglich - und was nicht? Was gehört in diesen Raum - und was nicht? Was darf sein - und was nicht?

Das betrifft z. B.:

- klare Zeitabsprachen und Rahmenbedingungen
- Rollenklärung: keine Freundschaft, keine Abhängigkeit
- keine privaten Kontakte außerhalb des Settings
- keine emotionale Vereinnahmung oder Rollenumkehr
- keine sexuelle oder körperliche Grenzverletzung - weder subtil
  noch explizit

Gerade weil Beratung ein geschützter Raum ist, braucht es **klare, haltgebende Grenzen**. Klient:innen erleben diese oft nicht als Einschränkung,
sondern als Entlastung - weil sie den Prozess und die Beziehung als bere-
chenbar, sicher und strukturiert erleben können.

Selbstfürsorge der Berater:in -
Beziehung braucht innere Stabilität

Professionelle Beziehungsgestaltung ist nur möglich, wenn die Berater:in
sich selbst kennt - ihre Trigger, ihre Grenzen, ihre Bedürfnisse. Wer eigene Themen nicht reflektiert hat, läuft Gefahr, sie unbewusst in die Beziehung einzubringen: z. B. durch Helferfantasien, Retterrollen, Bedürftigkeit, Grenzverletzungen oder Vermeidung von Konflikten.

Gute Beziehungsgestaltung braucht daher auch:

- regelmäßige **Supervision**
- Zeit zur **Selbstreflexion**
- eine Haltung der **Selbstfürsorge**
- die Fähigkeit, auch **"Nein"** sagen zu können
- und das Bewusstsein: Ich bin nicht die Lösung - ich begleite auf dem Weg dorthin.

Nur wer **innerlich präsent und gleichzeitig innerlich frei** ist, kann in der Beziehung wirklich hilfreich sein.

Kultursensible Beziehungsgestaltung

In einer zunehmend diversen Gesellschaft ist auch die Beziehungsgestaltung mit **kultursensibler Achtsamkeit** zu versehen. Herkunft, Sprache, Religion, Genderidentität, sexuelle Orientierung oder sozialer Hintergrund beeinflussen, wie Menschen sich öffnen, Vertrauen entwickeln und Beziehung gestalten.

Professionelle Berater:innen sind sich bewusst, dass sie nie „neutral" sind - sondern immer geprägt durch ihre eigene Sozialisation. Sie achten darauf, **nicht zu verallgemeinern, nicht zu pathologisieren** und **nicht aus westlich-zentrierten Konzepten heraus zu urteilen**.

Fragen wie:

- *„Wie erleben Sie dieses Gespräch in Ihrer eigenen Sprache, in Ihrer Kultur?"*
- *„Gibt es etwas, das Sie aus Ihrer Herkunftsfamilie in Bezug auf Vertrauen oder Nähe geprägt hat?"*

sind Beispiele für eine respektvolle, öffnende Kommunikation, die Unterschiede anerkennt, ohne sie zu problematisieren.

Beziehung als Spiegel

Beratung ist auch immer ein Spiegelprozess. Die Beziehung, die entsteht, enthält oft Anteile früherer Beziehungserfahrungen der Klient:in - im Positiven wie im Schwierigen. Manchmal wird die Berater:in idealisiert, manchmal abgewertet, manchmal mit alten Mustern konfrontiert. Auch die Berater:in spürt möglicherweise innere Reaktionen: Sympathie, Widerstand, Ärger, Fürsorge.

Professionelle Beziehungsgestaltung heißt, diese **Übertragungs- und Gegenübertragungsphänomene zu erkennen und zu reflektieren**, nicht auszuleben. Sie sind wertvolle Hinweise auf Beziehungsmuster - und damit Teil des Veränderungsgeschehens.

Die Qualität der Beziehung bestimmt die Tiefe des Prozesses

In einer tragfähigen, klaren, authentischen Beziehung ist **viel möglich**: das Erzählen von Tabus, das Zulassen von Tränen, das Hinterfragen von Lebenskonzepten, das Neudenken von Identität. Beziehung schafft nicht nur Vertrauen - sie schafft einen inneren Raum, in dem **Heilung im Sinne von Integration** geschehen kann.

Doch Beziehung allein ist nicht genug. Sie braucht Struktur, Prozesskompetenz und eine klare Rolle. Deshalb ist sie nicht das Ziel der Beratung, sondern **der Boden, auf dem Entwicklung geschieht**.

Beratungsmethoden und Interventionstechniken

Vielfalt mit Haltung - wie methodisches Arbeiten Wirkung entfalten kann

Psychosoziale Beratung ist ein lebendiger, dynamischer Prozess, der weit mehr ist als ein reines Gespräch über Probleme. Sie lebt von Beziehung, Vertrauen und einer klar strukturierten Prozessgestaltung - aber ebenso von konkreten Methoden und Interventionstechniken, die den Weg durch komplexe Themen erleichtern können. Diese Methoden helfen, Gedanken zu ordnen, innere Bilder sichtbar zu machen, Gefühle in Worte zu fassen, Perspektiven zu erweitern und alternative Handlungsmöglichkeiten zu entdecken. Dabei sind Methoden keine standardisierten Werkzeuge, die man einfach „anwendet" wie ein Rezeptbuch. Vielmehr sind sie lebendige Mittel zur Prozessbegleitung, die mit Feingefühl, Kreativität, Intuition und situativer Intelligenz eingesetzt werden. Ihre Wirksamkeit hängt nicht nur von ihrer theoretischen Fundierung ab, sondern maßgeblich von der Haltung, mit der sie angeboten werden - eingebettet in Beziehung, Kontext und Timing.

Beratungsmethoden sind niemals Selbstzweck. Sie stehen im Dienst der Entwicklung, der Klärung, der Selbstwirksamkeit - und sie orientieren sich immer an der individuellen Lebenswelt der Klient:in. Eine gute Methode passt zur Fragestellung, zur Persönlichkeit, zum Beratungsziel - und zur Beziehung, die bereits besteht. Sie dient dazu, innere Prozesse anzustoßen, Orientierung zu schaffen oder dem Nicht-Sagbaren eine Ausdrucksform zu verleihen. Manche Methoden geben Struktur, andere öffnen Räume für Intuition und Kreativität. Entscheidend ist, dass sie dem Prozess folgen - und nicht umgekehrt. Die Berater:in wägt dabei bewusst ab, ob eine Methode förderlich ist, ob sie zur aktuellen Phase des Beratungsprozesses passt, und ob sich die Klient:in mit der gewählten Intervention wohlfühlt. Methoden entfalten ihre Wirkung nicht durch standardisierte Anwendung, sondern durch feinsinnige Passung zum Menschen im Hier und Jetzt.

Haltung vor Technik

Bevor über konkrete Methoden gesprochen wird, ist es wichtig, sich daran zu erinnern: Nicht die Methode wirkt - sondern der Mensch, der sie in Beziehung bringt. Eine Intervention kann in einem Moment hilfreich sein - und im nächsten übergriffig wirken. Entscheidend ist, wie achtsam, empathisch und transparent mit ihr gearbeitet wird.

Die Kunst besteht also nicht darin, möglichst viele Methoden zu kennen, sondern stimmige Zugänge zu entwickeln - situationssensibel, achtsam und zielgerichtet.

Im weiteren Verlauf dieses Buches werden wir uns vertieft mit einer Vielzahl an Methoden auseinandersetzen, ihre Anwendungsmöglichkeiten reflektieren und ihre Wirkung im Kontext psychosozialer Beratung beleuchten. An dieser Stelle jedoch genügt zunächst ein orientierender Überblick, der die Vielfalt möglicher Interventionsformen sichtbar macht und erste Einblicke in die methodischen Zugänge eröffnet.

Methodische Zugänge - ein Überblick

Gesprächsorientierte Methoden ohne Fragetechniken

Neben der dialogischen Gesprächsführung können strukturierende Methoden zur Visualisierung oder Selbstklärung unterstützen - auch ohne den Einsatz gezielter Fragen.

Beispiele:

- Themenlandkarte: Anliegen visuell auf einem Blatt skizzieren
- Priorisierung mit Symbolen oder Gegenständen: Was steht im Zentrum? Was am Rand?
- Strukturlegungen: z. B. Aufstellung von Begriffskarten zum Thema
- Reflexionsprotokolle: Die Klient:in fasst selbst das Gespräch zusammen
- Sprachspiegelung: Worte und Sätze der Klient:in werden wörtlich zurückgespiegelt, um deren Wirkung zu reflektieren

Diese Techniken helfen, Komplexität zu reduzieren, Klarheit zu fördern und das eigene Erleben bewusster wahrzunehmen.

Systemische und lösungsorientierte Methoden

Hier steht die Betrachtung von Kontexten, Zusammenhängen und Beziehungsdynamiken im Vordergrund. Auch ohne Fragetechniken können systemische Zugänge wirksam genutzt werden.

Beispiele:

- Beziehungslandkarten: Soziale Systeme zeichnerisch darstellen
- Rollenstühle: Wechsel zwischen Perspektiven in einem Gespräch mit sich selbst
- Symbolische Stellvertretung mit Figuren (z. B. im Familienbrett)
- Zeitstrahlarbeit: Verlauf eines Problems oder Entwicklung eines Themas sichtbar machen

- „So tun als ob"-Übungen: Eine neue Haltung oder Lösung spielerisch erproben

Diese Methoden schaffen Überblick und fördern die emotionale und kognitive Durcharbeitung von Beziehungen und Kontexten.

Kreative und expressive Methoden

Kreative Ausdrucksformen ermöglichen es, nonverbale Anteile zu integrieren, biografische Themen zu bearbeiten oder komplexe innere Prozesse sichtbar zu machen.

Beispiele:

- Lebensflussmodell: Eine Zeitlinie mit Höhen, Tiefen, Übergängen und Wendepunkten
- Maskengestaltung: Innere Rollen oder Persönlichkeitsanteile sichtbar machen
- Collagenarbeit: Themen mit Bildmaterial visualisieren
- Gegenstandscollagen: Alltagsobjekte als Symbole für innere Prozesse verwenden
- Kreatives Schreiben: innere Dialoge, Erinnerungsstücke, Loslass-Texte

Kreative Methoden ermöglichen eine vertiefte Auseinandersetzung mit Gefühlen, Mustern und Ressourcen - oft ohne den Umweg über rationale Reflexion.

Körperorientierte Methoden

In der Beratung ist der Körper oft der „stumme Zeuge" innerer Prozesse. Durch bewusste Körperarbeit kann ein ganzheitlicher Zugang zum Erleben geschaffen werden.

Beispiele:

- Körperkarten: Körpersilhouette ausfüllen - wo spürt man Anspannung, Kraft, Leere?
- Atemübungen zur Regulation und Beruhigung
- Körperstandpunkte: z. B. zwei Positionen im Raum markieren - cAlte Haltung" und „Neue Haltung"
- Balanceübungen mit Materialien: Symbolische Darstellung von Belastung und Stabilität
- Bewegungsexperimente: „Wie würde sich diese Entscheidung in einer Bewegung ausdrücken?"

Diese Methoden können insbesondere in Phasen der Orientierung oder beim Übergang von Reflexion zur Handlung hilfreich sein.

Imaginative und biografiebezogene Methoden

Innere Bilder und Erinnerungen sind Träger tiefer emotionaler Bedeutungen. Geführte Imaginationen oder biografische Zugänge helfen, das Erlebte zu integrieren und neue Perspektiven zu entwickeln.

Beispiele:

- Ressourcenreise in die Vergangenheit: Erinnerung an frühere Kraftmomente
- Zukunftsreise: Eine positive Vision des eigenen Wegs entwickeln
- Innere Orte aufsuchen: z. B. „Ort des inneren Friedens"
- Symbolarbeit mit Tierbildern oder Archetypen
- Biografiekarten: Lebensabschnitte und Wendepunkte benennen, zeichnen, würdigen

Diese Methoden öffnen den Raum für emotionale Tiefe, Selbstmitgefühl und die Neuverknüpfung innerer Erzählungen.

Methodenwahl als Prozess

Gute Berater:innen setzen Methoden nicht automatisch ein, sondern stimmen sie sorgfältig auf die individuelle Situation ab. Dabei sind folgende Fragen hilfreich:

- Was ist das Ziel der Intervention - Stabilisierung, Klärung, Aktivierung?
- Welcher Zugang könnte der Klient:in entsprechen?
- Gibt es kulturelle, persönliche oder emotionale Faktoren, die zu berücksichtigen sind?
- Welche Methoden liegen mir als Berater:in - und wo bin ich achtsam oder zurückhaltend?

Nicht jede Methode passt zu jeder Person - und nicht jedes Thema braucht eine Methode. Manchmal ist ein aufmerksames Zuhören die wirkungsvollste Intervention.

Methoden brauchen Beziehung - und Flexibilität

Die Wirksamkeit jeder Methode hängt von der Qualität der Beziehung ab, in der sie eingebettet ist. Methoden entfalten dort ihre Kraft, wo sie aus dem Prozess heraus sinnvoll und feinfühlig integriert werden.

Sie dürfen verworfen, angepasst, unterbrochen oder gemeinsam mit der Klient:in verändert werden. Sie sind keine Anleitungen - sie sind Angebote im Dienst des inneren Weges. Methoden wirken dann am stärksten, wenn sie sich wie ein natürlicher Bestandteil des Gesprächsflusses anfühlen - nicht wie ein fremder Einschub.

Fragen als Schlüssel in der Beratung

Fragen gehören zu den wirkungsvollsten Instrumenten in der psychosozialen Beratung. Sie strukturieren das Gespräch, regen zur Reflexion an, eröffnen neue Perspektiven und machen Unausgesprochenes sichtbar. Doch Fragen sind weit mehr als Werkzeuge zur Informationsgewinnung - sie sind ein Mittel der Beziehungsgestaltung, ein Zeichen von echtem Interesse und ein Impuls zur Selbstklärung. In ihrer besten Form ermöglichen sie einen inneren Dialog der Klient:in mit sich selbst, öffnen verschlossene Räume und aktivieren tiefere Bewusstseinsschichten. Gute Fragen laden nicht nur zur Antwort ein - sie fordern Stellungnahme, fördern Selbstverantwortung und lassen das Unsichtbare ins Licht treten. Sie können Orientierung schaffen inmitten von innerer Unruhe, sie helfen, Unklares zu benennen, und sie stärken die Autonomie, weil sie keine Antworten vorgeben, sondern zur eigenen Wahrheit hinführen.

In der zwischenmenschlichen Begegnung entstehen Fragen oft ganz intuitiv. Doch in einem professionellen Beratungskontext ist das bewusste, zielgerichtete Fragen eine Kunst für sich. Es erfordert nicht nur sprachliches Feingefühl, sondern auch ein hohes Maß an Achtsamkeit für Timing, emotionale Resonanz und die Beziehungsebene. Fragen wirken niemals neutral: Sie können öffnen oder verschließen, verunsichern oder bestärken, berühren oder ausweichen lassen. Genau darin liegt ihre Wirkungskraft - aber auch ihre Verantwortung.

Die Art und Weise, wie gefragt wird, verrät viel über die Haltung der beratenden Person. Wer offen, respektvoll und ressourcenorientiert fragt, lädt zur Selbstbegegnung ein. Wer suggestiv, kontrollierend oder belehrend fragt, erzeugt Druck oder Widerstand. Gute Fragen entstehen nicht aus einem Lehrbuch, sondern aus dem Moment, aus dem Kontakt, aus einem echten Mitgehen mit dem Erleben der Klient:in. Sie sind eingebettet in eine Beziehung, in der sich die Klient:in gesehen und gehalten fühlt.

Fragen können in der Beratung viele Funktionen erfüllen:

- Sie fördern das Verstehen und die Strukturierung komplexer Themen.
- Sie aktivieren Ressourcen und wecken Erinnerung an Bewältigungskompetenzen.
- Sie ermöglichen emotionale Vertiefung und Selbstkontakt.
- Sie laden zu neuen Perspektiven und Haltungen ein.
- Sie initiieren Veränderungsimpulse und Entscheidungsklarheit.
- Sie unterstützen die Zielentwicklung und fokussieren den Prozess.
- Sie spiegeln unausgesprochene Muster, Motive oder Ambivalenzen.

Dabei ist es nicht die einzelne Frage, die wirkt - sondern die dialogische Dynamik, die sie in Gang setzt. Fragen wirken nicht durch Brillanz, sondern durch Passung, Resonanz, Timing und Intention. Sie brauchen Raum zur Entfaltung, Stille zur Reflexion und manchmal auch den Mut, Unbequemes zur Sprache zu bringen. Manchmal kann eine kurze, offen gestellte Frage mehr in Bewegung bringen als eine lange Intervention. Und oft sind es gerade die einfachen, scheinbar naheliegenden Fragen, die tief berühren und Entwicklung anstoßen.

Gleichzeitig gilt: Nicht jede Frage ist für jede Situation geeignet. Manche Fragen können zu früh kommen, zu direkt wirken oder bei nicht ausreichend tragfähiger Beziehung als übergriffig erlebt werden. Professionelles Fragen erfordert also nicht nur methodisches Wissen, sondern auch emotionale Intelligenz, Fingerspitzengefühl und die Bereitschaft, sich selbst zurückzunehmen.

Fragen sind kein rhetorisches Mittel zur Steuerung des Gesprächs - sondern ein Resonanzangebot. Sie entfalten ihre Wirkung vor allem dann, wenn sie aus einer echten inneren Haltung des Nicht-Wissens, der Offenheit und des Vertrauens in die inneren Prozesse der Klient:in gestellt werden.

Im weiteren Verlauf dieses Kapitels werden wir verschiedene Fragetechniken kennenlernen und ihre Anwendungsmöglichkeiten, ihre Wirkungsweisen sowie mögliche Stolpersteine reflektieren. Den Anfang macht dabei die historisierende Fragetechnik, gefolgt von zielorientierten, fokussierenden und vielen weiteren Fragen, die je nach Situation, Anliegen und Prozessphase unterschiedlich wirksam sein können. Jede Technik wird dabei entlang einer festen Struktur vorgestellt: Zunächst erfolgt eine ausführliche Erklärung mit theoretischem Hintergrund, danach folgen typische Beispielfragen, besondere Hinweise für Berater:innen sowie ein konkretes Praxisbeispiel aus dem Beratungsalltag.

Beginnen wir mit der ersten Fragetechnik:

Historisierende Fragen

Historisierende Fragen zielen darauf ab, die Vergangenheit einer Person, eines Problems oder eines bestimmten Themas genauer zu beleuchten. Sie helfen dabei, Entwicklungen, Muster, wiederkehrende Erfahrungen oder Wendepunkte im Leben der Klient:in sichtbar zu machen. Indem die Vergangenheit systematisch erfragt wird, entsteht ein umfassenderes Verständnis für die Gegenwart. Vergangene Erfahrungen, sowohl belastende als auch stärkende, werden bewusst ins Gespräch geholt, um deren Einfluss auf das heutige Empfinden und Handeln zu reflektieren.

Diese Art der Fragestellung unterstützt die Klient:in dabei, biografische Kontinuitäten oder Brüche zu erkennen. Sie macht deutlich, dass aktuelle Herausforderungen oft nicht isoliert stehen, sondern in einen größeren persönlichen Lebenszusammenhang eingebettet sind. Historisierende Fragen bieten damit eine Brücke zwischen Vergangenheit und Gegenwart - und eröffnen oft auch neue Möglichkeiten der Neubewertung früherer Erlebnisse.

Darüber hinaus stärken historisierende Fragen die Selbstwahrnehmung und das Selbstverständnis der Klient:in. Wer sich erinnert, entdeckt sich selbst in Zusammenhängen. Wer frühere Bewältigungsstrategien wiedererkennt, kann neue Zuversicht schöpfen. Die Vergangenheit wird nicht zur Last, sondern zur Ressource - vorausgesetzt, sie wird achtsam und professionell in den Beratungsprozess integriert.

Typische Beispielfragen:

- „Wann haben Sie dieses Gefühl zum ersten Mal erlebt?"
- „Gab es ähnliche Situationen früher in Ihrem Leben?"
- „Wie sind Sie früher mit vergleichbaren Herausforderungen umgegangen?"
- „Was hat Ihnen in einer ähnlichen Lebensphase schon einmal geholfen?"
- „Was hat sich im Laufe der Zeit an diesem Thema verändert?"

Besondere Hinweise für die Berater:in:

- Historisierende Fragen können emotionale Tiefe auslösen - sie sollten deshalb nur bei ausreichender Beziehungsstabilität eingesetzt werden.
- Achten Sie darauf, dass die Vergangenheit nicht zum endlosen Rückblick wird: Ziel ist nicht das Verweilen in Erinnerungen, sondern das Erkennen von Mustern und Ressourcen.
- Vermeiden Sie wertende Reaktionen auf Lebensgeschichten - Respekt, Empathie und Raum für Ambivalenz sind hier zentral.
- Die Fragen sollten offen und explorativ gestellt werden, nicht konfrontativ oder interpretierend.

Konkretes Praxisbeispiel:

Eine Klientin kommt in die Beratung, weil sie sich in ihrer aktuellen Beziehung emotional abhängig und unsicher fühlt. Im Gespräch deutet sie an, dass sie ähnliche Gefühle bereits früher erlebt hat. Die Berater:in fragt behutsam: *„Gab es in Ihrer Biografie schon einmal eine Phase, in der Sie das Gefühl hatten, sich zu sehr anzupassen, um geliebt zu werden?"*. Die Klientin erinnert sich daraufhin an ihre Jugendzeit und berichtet von einem dominanten Vater, bei dem sie nur durch Anpassung Aufmerksamkeit erhielt. Diese Erkenntnis verändert ihren Blick auf die jetzige

Situation - sie erkennt ein Muster. In der Folge kann gemeinsam reflektiert werden, welche früheren Bewältigungsstrategien ihr damals geholfen haben und wie sich heute neue Wege entwickeln lassen.

Zielorientierte Fragen

Zielorientierte Fragen sind ein zentrales Instrument, um im Beratungsprozess Klarheit, Richtung und Handlungsfähigkeit zu fördern. Sie richten den Blick konsequent nach vorn: weg vom Problem, hin zu dem, was werden soll. Dabei geht es nicht um ein „Wegmachen" des Leids, sondern um das bewusste Setzen von Entwicklungsschritten, die sich an inneren Werten, Bedürfnissen und realistischen Möglichkeiten orientieren. Zielorientierte Fragen bringen Struktur in diffuse Anliegen und helfen der Klient:in, eigene Wünsche und Veränderungswünsche zu benennen, zu sortieren und zu priorisieren.

Im Unterschied zu problemzentrierten Fragen, die häufig analysieren, wie etwas entstanden ist oder warum es so schwer ist, legen zielorientierte Fragen den Fokus auf das „Wozu?" und „Wohin?". Sie fördern eine innere Bewegung - vom Stillstand zur Vorstellungskraft, von der Passivität zur Gestaltung. Sie machen Hoffnung sichtbar und stärken die Selbstwirksamkeit, weil sie die Klient:in ermutigen, die eigene Entwicklung aktiv in die Hand zu nehmen.

Zielorientierte Fragen können je nach Prozessphase unterschiedlich eingesetzt werden: Am Beginn, um Klarheit über den Beratungsauftrag zu schaffen; im Verlauf, um Ziele zu überprüfen oder zu konkretisieren; und am Ende, um zu reflektieren, was erreicht wurde und wie es weitergehen kann. Sie sind damit nicht nur methodisches Werkzeug, sondern auch eine Art Kompass im gesamten Prozess.

Typische Beispielfragen:

- „Was möchten Sie durch die Beratung erreichen?"
- „Woran würden Sie erkennen, dass sich etwas verändert hat?"
- „Wie würde Ihr Alltag aussehen, wenn es Ihnen besser ginge?"

- „Was wäre für Sie ein gutes erstes Ziel auf diesem Weg?"
- „Welche Veränderungen wären für Sie spürbar, wenn Ihr Anliegen gelöst wäre?"

Besondere Hinweise für die Berater:in:

- Zielorientierte Fragen sollten ressourcenorientiert und offen gestellt werden - keine versteckten Bewertungen oder Suggestionen enthalten.
- In frühen Phasen kann es hilfreich sein, gemeinsam Zwischenziele zu entwickeln, bevor größere Endziele benannt werden.
- Manche Klient:innen tun sich schwer, Ziele zu formulieren. Hier kann es helfen, mit kleinen Alltagssituationen zu arbeiten oder innere Bilder aufzubauen.
- Ziele sollten regelmäßig überprüft und ggf. angepasst werden - Beratung ist ein lebendiger Prozess.

Konkretes Praxisbeispiel:

Ein junger Mann kommt mit der Aussage in die Beratung: „Ich weiß einfach nicht mehr weiter." Im Gespräch zeigt sich, dass er sich im Job überfordert und innerlich leer fühlt. Die Berater:in fragt: „Was genau müsste sich ändern, damit Sie abends wieder mit einem guten Gefühl nach Hause gehen können?" Die Frage bringt ihn ins Nachdenken. Nach einigen Momenten sagt er: „Ich möchte mich wieder lebendig fühlen - als würde ich etwas Sinnvolles tun." In der Folge wird gemeinsam erarbeitet, was für ihn „Sinn" bedeutet, wie er diesem Gefühl im Alltag näherkommen kann und welche kleinen Schritte ihn dorthin führen könnten.

Fokussierende Fragen

Fokussierende Fragen helfen, den Blick zu bündeln und aus einer Vielzahl von Themen, Gedanken und Emotionen einen konkreten Fokus herauszuarbeiten. In der psychosozialen Beratung begegnet man häufig Klient:innen, die mit einem diffusen Anliegen kommen: „Es ist einfach alles zu viel", „Ich weiß gar nicht, wo ich anfangen soll" oder „Ich fühle mich einfach leer und überfordert." In solchen Momenten ermöglichen fokussierende Fragen eine erste Klärung und Zentrierung.

Sie dienen nicht dazu, Komplexität zu reduzieren oder zu vereinfachen, sondern unterstützen die Klient:in dabei, Prioritäten zu erkennen, Anliegen zu gewichten und sich im Gespräch nicht zu verlieren. Durch fokussierende Fragen wird die Aufmerksamkeit gelenkt - auf das, was gerade am dringendsten, wichtigsten oder berührendsten ist. Sie strukturieren das Gespräch, ohne es einzuengen, und fördern einen zielgerichteten Beratungsverlauf.

Besonders hilfreich sind sie zu Beginn eines Gesprächs, aber auch immer dann, wenn sich die Klient:in im Prozess verliert oder in einer gedanklichen Schleife kreist. Fokussierende Fragen bringen Klarheit in den Raum - sowohl für die Klient:in als auch für die Berater:in. Dabei geht es nicht darum, etwas festzulegen, sondern Orientierung zu schaffen: Wo lohnt es sich, genauer hinzuschauen? Was steht im Moment im Vordergrund?

Typische Beispielfragen:

- „Was genau beschäftigt Sie gerade am meisten?"
- „Womit möchten Sie heute beginnen?"
- „Wenn wir uns auf einen Aspekt konzentrieren - welcher wäre das?"
- „Welches Thema soll heute im Mittelpunkt stehen?"
- „Worüber möchten Sie in dieser Stunde auf jeden Fall sprechen?"

Besondere Hinweise für die Berater:in:

- Fokussierende Fragen sind besonders hilfreich bei komplexen, vielschichtigen Anliegen oder wenn die Klient:in emotional überflutet wirkt.
- Sie sollten behutsam gestellt werden - nicht als Eingrenzung, sondern als Einladung zur Selbstsortierung.
- Die gewählte Fokussierung darf sich im Gespräch verändern. Es geht nicht um Festlegung, sondern um Orientierung.
- Achten Sie darauf, nonverbal zu signalisieren, dass auch Nebenthemen Raum bekommen dürfen - wenn die Klient:in das braucht.

Konkretes Praxisbeispiel:

Eine Klientin betritt die Beratung mit einem Seufzen. „Ich weiß gar nicht, wo ich anfangen soll. Alles ist gerade zu viel - die Arbeit, die Familie, meine Gedanken kreisen ständig." Die Berater:in antwortet ruhig: „Was wäre ein guter Anfangspunkt für unser Gespräch heute? Was ist das Erste, worüber Sie sprechen möchten?" Die Klientin überlegt kurz und sagt dann: „Ich glaube, es ist mein Gefühl, ständig versagt zu haben - das sitzt gerade ganz oben." Von dort aus entwickelt sich ein tiefgehendes Gespräch über innere Antreiber, Selbstwert und Erwartungen. Ohne die Fokussierung wäre das Anliegen möglicherweise in einem Nebensatz verloren gegangen.

Unterschiedsbildende Fragen

Unterschiedsbildende Fragen dienen dazu, Differenzierungen sichtbar zu machen - in Erleben, Verhalten, Beziehungen oder im Verlauf eines Themas. Sie richten den Blick bewusst auf Kontraste: auf Unterschiede zwischen gestern und heute, zwischen Wunsch und Realität, zwischen verschiedenen Rollen oder Haltungen einer Person. In der psychosozialen Beratung ermöglichen sie, festgefahrene Sichtweisen zu lockern, neue Perspektiven einzunehmen und unerkannte Spielräume zu entdecken.

Solche Fragen eröffnen subtile, aber oft kraftvolle Veränderungen: Sie helfen, Nuancen zu erkennen, Entwicklungen wertzuschätzen und Alternativen denkbar zu machen. Die Arbeit mit Unterschieden ist ein zentraler Bestandteil lösungsorientierter und systemischer Zugänge - weil Veränderung immer dort ansetzt, wo etwas „anders" werden kann. Unterschiedsbildende Fragen unterbrechen Automatismen im Denken: Wer nur auf das Problem blickt, sieht oft nicht, was sich bereits verschoben hat oder wo Handlungsspielräume bestehen.

Gerade in Momenten, in denen die Klient:in das Gefühl hat, im Kreis zu laufen oder sich nichts zu verändern, können diese Fragen sehr wirksam sein. Sie lenken den Fokus weg vom Gefühl der Stagnation hin zur Wahrnehmung von kleinen Entwicklungen, emotionalen Nuancen oder situativen Variationen. Auch im Umgang mit Beziehungskonflikten oder innerer Ambivalenz sind sie hilfreich, um innere oder äußere Unterschiede greifbar zu machen.

Typische Beispielfragen:

- „Was war heute anders als gestern?"
- „Gab es Momente, in denen das Problem nicht so präsent war?"
- „Wie reagiert Ihre Partnerin darauf - und wie würden Sie es beschreiben, wenn sie anders reagiert hätte?"
- „Welche Reaktion überrascht Sie an sich selbst - im Vergleich zu früher?"
- „Woran merken Sie, dass sich etwas verändert hat, auch wenn es klein ist?"

Besondere Hinweise für die Berater:in:

- Unterschiedsbildende Fragen fördern feine Selbstwahrnehmung - sie sollten in einem entschleunigten Gesprächsklima gestellt werden.
- Sie eignen sich besonders gut, um den Fokus von problemfixiertem Denken zu lösen und vorhandene Ressourcen zu aktivieren.

- Die Berater:in sollte darauf achten, dass die Unterschiede nicht interpretiert oder bewertet werden - es geht um das Erkennen, nicht um das Erklären.
- Auch nonverbale Signale (z. B. veränderte Körpersprache) können aufgegriffen und in Unterschiede übersetzt werden.

Konkretes Praxisbeispiel:

Ein Klient berichtet, dass er sich seit Monaten emotional leer fühlt und keinerlei Fortschritt spürt. Die Berater:in fragt: „Gab es in den letzten Tagen einen Moment, in dem Sie sich für einen kurzen Augenblick etwas leichter oder präsenter gefühlt haben - auch wenn es nur sehr kurz war?" Der Klient denkt nach und erinnert sich an einen Moment beim Kaffeetrinken, als er das Vogelgezwitscher draußen bewusst wahrnahm. Diese kleine, unscheinbare Erinnerung wird zum Einstiegspunkt: Es wird gemeinsam erarbeitet, welche Bedeutung dieser Unterschied hat und wie solche Momente gezielter wahrgenommen und ausgeweitet werden können.

Skalierungsfragen

Skalierungsfragen gehören zu den bekanntesten und wirkungsvollsten Techniken in der lösungsorientierten und systemischen Beratung. Sie ermöglichen es, subjektive Einschätzungen, Gefühle, Veränderungsprozesse oder Zielerreichung sichtbar und vergleichbar zu machen. Durch die Visualisierung innerer Zustände auf einer Skala - meist von 0 bis 10 - erhalten diffuse Erfahrungen eine greifbare Form. So wird es Klient:innen leichter, Entwicklungen wahrzunehmen, Veränderungen einzuordnen und Handlungsschritte zu planen.

Der besondere Reiz von Skalierungsfragen liegt in ihrer Einfachheit. Trotz (oder gerade wegen) ihrer Struktur bieten sie eine hohe Flexibilität in der Anwendung. Sie lassen sich in nahezu jeder Phase des Beratungsprozesses einsetzen: zur Standortbestimmung, zur Zielklärung, zur Ressourcenaktivierung, zur Evaluation und zur Reflexion von Veränderungen.

Außerdem wirken sie oft entlastend, da sie keine präzisen sprachlichen Erklärungen verlangen, sondern ein intuitives Einordnen erlauben.

Skalierungsfragen fördern Selbstreflexion und Selbststeuerung. Indem Klient:innen überlegen, wo sie sich aktuell befinden, was sie schon geschafft haben und was der nächste kleine Schritt sein könnte, erleben sie sich als aktiv Handelnde. Die Skala schafft Raum für Nuancen - zwischen Schwarz und Weiß, zwischen Problem und Lösung. Schon der Unterschied zwischen 3 und 4 kann bedeutsam sein - und Gesprächsanlass geben.

Typische Beispielfragen:

- „Auf einer Skala von 0 bis 10 - wo stehen Sie heute, wenn 10 das Ziel ist?"
- „Was müsste passieren, damit Sie auf der Skala einen Punkt weiterkommen?"
- „Was war in der Vergangenheit schon einmal eine 5 - und was war da anders?"
- „Was hilft Ihnen, nicht auf der 0 zu stehen?"
- „Was würde Ihre beste Freundin sagen, wo Sie stehen?"

Besondere Hinweise für die Berater:in:

- Skalierungsfragen sollten nicht mechanisch verwendet werden - die Skala ist ein Werkzeug, kein Bewertungssystem.
- Es ist hilfreich, die Skala gemeinsam zu definieren (z. B. 0 = „gar nicht möglich", 10 = „vollständig erreicht") und die Bedeutung der Zahlen zu klären.
- Auch kleine Veränderungen auf der Skala verdienen Beachtung - sie können Ausdruck innerer Bewegung sein.
- Bei sehr niedrigen Skalenwerten ist es wichtig, nicht zu dramatisieren, sondern behutsam nach kleinen Ressourcen oder Ausnahmen zu fragen.

Konkretes Praxisbeispiel:

Eine Klientin kommt mit dem Gefühl großer innerer Unruhe und Unsicherheit in die Beratung. Auf die Frage „Auf einer Skala von 0 bis 10 - wie gut fühlen Sie sich derzeit mit sich selbst verbunden?" antwortet sie: „Vielleicht eine 3." Die Berater:in fragt: „Was macht diese 3 möglich - warum ist es nicht eine 1?" Die Klientin nennt Momente mit ihrer Katze und Spaziergänge im Park. Das Gespräch vertieft sich von dort aus in Richtung Selbstfürsorge und bewusster Alltagspausen. Am Ende formuliert sie: „Ich glaube, mit etwas mehr davon könnte ich die 4 erreichen."

Zirkuläre Fragen

Zirkuläre Fragen gehören zu den charakteristischen Werkzeugen der systemischen Beratung. Sie zielen darauf ab, Beziehungen, Sichtweisen und Wechselwirkungen innerhalb eines sozialen Systems sichtbar zu machen - etwa in Familien, Teams oder Partnerschaften. Anders als linear-kausale Fragen („Warum tun Sie das?") eröffnen zirkuläre Fragen ein Denken in Zusammenhängen und wechselseitigen Einflüssen. Sie erweitern die Perspektive, fördern Empathie und regen dazu an, sich selbst aus der Sicht anderer zu betrachten.

Zirkuläre Fragen helfen Klient:innen, ihre eigene Rolle innerhalb eines Systems bewusster wahrzunehmen, ohne sich schuldig oder verantwortlich fühlen zu müssen. Sie laden dazu ein, hypothetisch über Haltungen, Reaktionen oder Deutungen anderer Personen nachzudenken - oft mit überraschender Wirkung. Solche Fragen können insbesondere in konflikthaften Beziehungen neue Einsichten ermöglichen, da sie das starre Schwarz-Weiß-Denken durch ein differenzierteres Bild ersetzen.

Ein weiterer Vorteil liegt darin, dass sich über zirkuläre Fragen auch unausgesprochene Dynamiken, implizite Erwartungen oder loyale Bindungen behutsam ansprechen lassen - ohne direktiv oder konfrontativ zu wirken. Sie machen implizites Beziehungswissen bewusst und regen eine Art systemisches Selbstgespräch an.

Typische Beispielfragen:

- „Was glauben Sie, wie Ihre Tochter Ihre Entscheidung erlebt?"
- „Wenn ich Ihren Partner fragen würde, was ihn in dieser Situation am meisten irritiert - was würde er antworten?"
- „Wer in Ihrer Familie leidet Ihrer Meinung nach am stärksten unter der aktuellen Situation?"
- „Was würde Ihre beste Freundin sagen, warum Sie in dieser Lage zögern?"
- „Wie denken Sie, nimmt Ihre Kollegin Ihre Veränderung in letzter Zeit wahr?"

Besondere Hinweise für die Berater:in:

- Zirkuläre Fragen erfordern ein gutes Gespür für Beziehungssysteme und sollten erst gestellt werden, wenn genügend Vertrauen aufgebaut ist.
- Die Fragen sind hypothetisch - sie regen zum Denken an, sollen aber nicht zu Spekulationen oder Rechtfertigungen verleiten.
- Es ist hilfreich, nach der Antwort weiterzufragen: „Was bedeutet das für Sie?" oder „Wie verändert das Ihre Sicht auf sich selbst?"
- Diese Technik eignet sich besonders in Mehrpersonensettings (z. B. Paarberatung), kann aber auch im Einzelsetting sehr wirkungsvoll sein.

Konkretes Praxisbeispiel: Ein Klient schildert, dass er sich bei der Arbeit zunehmend isoliert fühlt, aber nicht genau versteht, warum. Die Berater:in fragt: „Wenn Ihre Teamleitung beschreiben müsste, wie Sie sich in Besprechungen verhalten - was glauben Sie, würde sie sagen?" Der Klient überlegt und erkennt, dass er sich in letzter Zeit häufig zurückgezogen hat. Die Folgefrage „Wie könnte das auf Ihre Kolleg:innen wirken?" führt zu einer vertieften Reflexion über seine Kommunikationsmuster. Er erkennt, dass sein Rückzug als Desinteresse gewertet werden könnte - obwohl er sich innerlich überfordert fühlt. Diese neue Perspektive bildet den Ausgangspunkt für eine veränderte Kommunikationsstrategie.

Perspektivische Fragen

Perspektivische Fragen ermöglichen es Klient:innen, die eigene Situation, Gedanken oder Emotionen aus einer neuen Blickrichtung zu betrachten. Sie laden dazu ein, einen inneren Schritt zur Seite zu machen - weg vom gewohnten Standpunkt, hin zu alternativen Sichtweisen. In der psychosozialen Beratung können sie helfen, festgefahrene Denk- und Verhaltensmuster zu lockern, Ambivalenzen zu klären oder neue Lösungsimpulse zu generieren.

Der Mensch neigt dazu, seine Welt durch die eigene subjektive Brille zu sehen - geprägt von Erfahrungen, Überzeugungen und Emotionen. Perspektivische Fragen stellen diese Selbstverständlichkeit behutsam in Frage. Sie schaffen Distanz zum Problem, eröffnen neue Bezugsrahmen und fördern kognitive wie emotionale Flexibilität. Gerade in Momenten der Erstarrung oder Überforderung eröffnen sie wieder Handlungsspielräume.

Diese Fragen können sowohl auf andere reale Personen (z. B. Freund:innen, Kolleg:innen, Familienmitglieder) bezogen sein als auch auf symbolische, imaginäre oder zukünftige Perspektiven. Sie sind besonders wirkungsvoll, wenn Klient:innen in ihren eigenen Bewertungen verhaftet sind oder wenn sich innere Anteile widersprechen. Perspektivische Fragen bringen Bewegung ins Denken - oft auch ins Fühlen.

Typische Beispielfragen:

- „Was würden Sie Ihrer besten Freundin raten, wenn sie in Ihrer Lage wäre?"
- „Wie würden Sie in zehn Jahren auf diese Situation zurückblicken?"
- „Wenn Sie die Sache aus der Sicht Ihres inneren Kindes betrachten - was würde es sagen?"
- „Was würde eine wohlwollende, neutrale Person über Ihre Entscheidung denken?"
- „Wie könnte Ihre zukünftige Version - die mit dem Problem gut umgegangen ist - auf das Heute schauen?"

Besondere Hinweise für die Berater:in:

- Perspektivische Fragen brauchen ein sicheres, vertrauensvolles Setting - sie setzen die Bereitschaft zur inneren Bewegung voraus.
- Die gewählte Perspektive sollte zur Klient:in passen und darf nicht als Manipulation erlebt werden - bieten Sie verschiedene Varianten an.
- Achten Sie auf nonverbale Reaktionen: Emotionale Reaktionen auf bestimmte Perspektiven können Hinweise auf unbewusste Dynamiken geben.
- In kreativen Settings (z. B. mit Stühlen, Symbolen oder Bildern) lassen sich Perspektivwechsel noch vertiefen.

Konkretes Praxisbeispiel:

Eine Klientin berichtet von starker Selbstkritik und innerer Unsicherheit nach einer beruflichen Fehlentscheidung. Die Berater:in fragt: „Wenn Ihre beste Freundin in derselben Lage wäre - was würden Sie ihr sagen?" Die Klientin antwortet nach kurzem Zögern: „Ich würde sagen, dass Fehler menschlich sind und dass sie sich nicht dafür fertig machen soll." Auf die Nachfrage „Und wie fühlt sich das an, wenn Sie diesen Satz auf sich selbst beziehen?" reagiert die Klientin mit Tränen - es ist der erste Moment im Gespräch, in dem Selbstmitgefühl spürbar wird. Diese neue Perspektive wird im weiteren Verlauf gestärkt und mit inneren Bildern vertieft.

Hypothetische Fragen

Hypothetische Fragen sind ein wirkungsvolles Werkzeug, um neue Handlungsmöglichkeiten zu denken, alternative Szenarien zu entwerfen und Entwicklungsspielräume zu erweitern. Sie beginnen häufig mit Wendungen wie „Angenommen, ...", „Was wäre, wenn ..." oder „Stellen Sie sich vor, ...". Durch den hypothetischen Charakter entsteht ein geschützter Raum, in dem Klient:innen frei experimentieren, ohne sich sofort festlegen zu müssen. Das macht hypothetische Fragen besonders hilfreich, wenn Blockaden, Ängste oder Ambivalenzen den Blick auf konkrete Handlungsschritte verstellen.

Diese Technik eröffnet neue Denkpfade, indem sie die Klient:in dazu einlädt, Möglichkeiten zuzulassen, die im Moment (noch) nicht real erscheinen. Dadurch wird ein Perspektivwechsel gefördert - und oft entsteht Bewegung an Stellen, an denen der Prozess vorher stagnierte. Hypothetische Fragen können Wünsche, Hoffnungen und noch unausgesprochene Bedürfnisse aktivieren. Sie fördern Kreativität, Vorstellungskraft und Zukunftsorientierung.

Im Gegensatz zu realitätsorientierten Fragen geht es hier nicht um die aktuelle Situation, sondern um das, was denkbar, wünschenswert oder innerlich vorstellbar ist. Gerade Menschen, die sehr im Problemdenken gefangen sind, finden durch hypothetische Fragen oft neue Energie, weil sie eine Realität entwerfen dürfen, in der Lösungen bereits wirken oder Schwierigkeiten überwunden sind - zumindest gedanklich.

Typische Beispielfragen:

- „Angenommen, Sie hätten schon eine Lösung gefunden - was wäre dann anders?"
- „Was würden Sie tun, wenn Sie keine Angst hätten?"
- „Stellen Sie sich vor, Sie wachen morgen auf, und das Problem ist gelöst - woran würden Sie das merken?"
- „Wenn Sie heute einen ersten mutigen Schritt gehen würden - wie könnte der aussehen?"
- „Was würden Sie Ihrer Tochter raten, wenn sie in dieser Lage wäre und alles möglich wäre?"

Besondere Hinweise für die Berater:in:

- Hypothetische Fragen wirken entlastend, weil sie das Hier und Jetzt nicht verändern müssen - das erzeugt Offenheit und Spielraum.

- Die Berater:in sollte genau hinhören, wie sich Klient:innen in ihren Antworten ausdrücken - oft kommen hier wichtige unbewusste Wünsche ans Licht.
- Je nach Fragestellung kann es hilfreich sein, die innere Szene gemeinsam zu vertiefen (z. B. durch Imagination, Nachfragen, Visualisierung).
- Diese Technik ist besonders geeignet in Phasen der Zielklärung, bei Entscheidungskonflikten oder bei innerer Lähmung.

Konkretes Praxisbeispiel:

Ein Klient ringt seit Wochen mit der Entscheidung, ob er sich von seinem Arbeitgeber trennen und sich selbstständig machen soll. Er wirkt blockiert, zweifelnd, erschöpft. Die Berater:in fragt: „Angenommen, Sie hätten die Entscheidung bereits getroffen - Sie wären jetzt selbstständig und schauen zurück: Wie hätten Sie sich entschieden?" Der Klient antwortet spontan: „Ich hätte mich früher entscheiden sollen." Dieser Gedankensprung bringt Klarheit. Er erkennt, dass seine Angst ihn lähmt, aber dass er innerlich bereits eine Tendenz spürt. Gemeinsam wird im nächsten Schritt erarbeitet, welche Voraussetzungen für eine realistische Umsetzung nötig wären.

Ressourcenorientierte Fragen

Ressourcenorientierte Fragen richten den Blick gezielt auf die Stärken, Fähigkeiten, Erfahrungen und inneren Kraftquellen der Klient:in. Sie bilden einen Gegenpol zur problemzentrierten Sichtweise und helfen dabei, Selbstvertrauen, Selbstwirksamkeit und Hoffnung zu stärken. In der psychosozialen Beratung sind sie ein zentrales Instrument, um die Aufmerksamkeit auf das zu lenken, was bereits da ist - und nicht nur auf das, was fehlt.

Oft erleben sich Menschen in Krisen als überfordert, geschwächt oder unfähig. In solchen Momenten ist es besonders hilfreich, durch gezielte Fragen Erinnerungen an bewältigte Herausforderungen, an persönliche Kompetenzen oder an unterstützende Beziehungen zu aktivieren.

Ressourcenorientierte Fragen eröffnen einen Raum, in dem die Klient:in wieder in Kontakt mit ihren Potenzialen kommt - nicht im Sinne von Optimierung, sondern im Sinne von Stärkung.

Diese Art der Fragestellung fördert nicht nur das Bewusstsein für vorhandene Fähigkeiten, sondern auch die Motivation zur Veränderung. Wer sich mit eigenen Erfolgen, Bewältigungsstrategien und unterstützenden Erfahrungen verbindet, fühlt sich handlungsfähiger und weniger ausgeliefert. Ressourcenorientierte Fragen sind besonders wirksam in Phasen der Stabilisierung, bei der Zielfindung oder zur Vorbereitung konkreter Veränderungsschritte.

Typische Beispielfragen:

- „Was hat Ihnen in ähnlichen Situationen früher geholfen?"
- „Worauf konnten Sie sich bisher immer verlassen - auch in schwierigen Zeiten?"
- „Welche Fähigkeiten haben Sie durch diese Herausforderung neu entdeckt?"
- „An welchen Moment in Ihrem Leben erinnern Sie sich gerne, weil Sie etwas geschafft haben?"
- „Gibt es Menschen oder Orte, bei denen Sie Kraft tanken können?"

Besondere Hinweise für die Berater:in:

- Ressourcenarbeit braucht ein wertschätzendes Klima - sie darf nicht als Verharmlosung von Problemen empfunden werden.
- Achten Sie darauf, auch „kleine" Ressourcen sichtbar zu machen - nicht nur außergewöhnliche Stärken zählen.
- Manche Klient:innen tun sich schwer, ihre eigenen Ressourcen zu benennen - hier können biografische Impulse, symbolische Arbeit oder Visualisierungen helfen.
- Ressourcenorientierte Fragen dürfen auch auf humorvolle, kreative Weise gestellt werden - z. B. mit Bildern, Metaphern oder Imaginationsübungen.

Konkretes Praxisbeispiel:

Ein Klient kommt mit dem Gefühl, seiner aktuellen Lebenssituation nicht gewachsen zu sein. Alles scheint ihm zu entgleiten. Die Berater:in fragt: „Gab es in Ihrem Leben schon einmal eine Phase, in der Sie sich ähnlich gefühlt haben - und wie sind Sie damals damit umgegangen?" Der Klient denkt nach und erzählt von einer schweren Prüfungszeit vor vielen Jahren, in der er sich durch kleine Rituale, einen Spaziergang am Morgen und einen festen Tagesplan stabilisiert hat. Gemeinsam werden diese früheren Strategien auf die heutige Situation übertragen - der Klient beginnt, erste Ideen für entlastende Alltagsstrukturen zu entwickeln.

Paradoxe Fragen

Paradoxe Fragen sind ein ungewöhnliches, oft überraschendes Mittel in der psychosozialen Beratung. Sie zielen darauf ab, durch Irritation festgefahrene Denk- und Handlungsmuster aufzubrechen. Anstatt direkt auf Lösungssuche zu gehen, fordern paradoxe Fragen dazu auf, das Problem zu verstärken, beizubehalten oder gar zu verteidigen - zumindest in der Vorstellung. Diese paradoxe Intervention bewirkt häufig, dass Klient:innen innehalten, staunen, lachen oder emotional berührt sind - und damit offen werden für neue Sichtweisen.

Der paradoxe Effekt besteht darin, dass die Klient:in durch die Einladung zum Festhalten am Problem plötzlich beginnt, sich davon innerlich zu distanzieren. Sie erkennt unbewusste Wirkmechanismen, entdeckt ihre Entscheidungsfreiheit oder entwickelt Widerstand gegen das, was sie vermeintlich „soll". Gerade bei blockierten Prozessen, Ambivalenzen oder unbewusster Vermeidung kann die paradoxe Frage den Knoten lösen.

Paradoxe Fragen wirken besonders gut, wenn sie mit feinem Humor, Respekt und achtsamer Haltung gestellt werden. Sie sind kein Sarkasmus und keine Provokation - sondern ein bewusst irritierender Impuls, der inneres Nachdenken auslöst. Wichtig ist, dass die Berater:in dabei empathisch bleibt und die Beziehungsebene stabil ist.

Typische Beispielfragen:

- „Was müssten Sie tun, damit sich an Ihrer Situation garantiert nichts ändert?"
- „Wie könnten Sie dafür sorgen, dass Sie sich noch schlechter fühlen?"
- „Was spricht dafür, das Problem unbedingt zu behalten?"
- „Wie schaffen Sie es, immer wieder in diese Dynamik hineinzukommen - das ist ja auch eine Fähigkeit?"
- „Was würde passieren, wenn Sie jetzt sofort alles ändern würden - und warum wäre das gefährlich?"

Besondere Hinweise für die Berater:in:

- Paradoxe Fragen eignen sich besonders bei chronifizierten Themen, bei Vermeidungsverhalten oder starker Ambivalenz.
- Die Beziehung zur Klient:in muss tragfähig sein - es braucht Vertrauen, damit die Irritation nicht als Angriff erlebt wird.
- Achten Sie auf die Reaktion der Klient:in: Irritation ist erwünscht, Abwehr oder Kränkung nicht - reagieren Sie flexibel.
- Paradoxe Fragen sollten sparsam und gezielt eingesetzt werden - sie sind ein starker Impuls, aber kein Dauerwerkzeug.

Konkretes Praxisbeispiel:

Ein Klient kommt mit dem Anliegen, endlich mutiger aufzutreten, fühlt sich aber immer wieder blockiert und klein. Die Berater:in fragt nach einigen Sitzungen: „Was müssten Sie tun, um ganz sicher weiterhin unsichtbar zu bleiben?" Der Klient lacht überrascht und antwortet: „Mich weiter kleinmachen, den Blick senken, keine Meinung sagen." Durch dieses Spiel mit dem Paradox erkennt er die Automatismen, mit denen er sich selbst zurückhält. In der Folge entsteht ein lebendiges Gespräch über Gewohnheiten, Schutzmechanismen - und neue Entscheidungsmöglichkeiten.

Die Wunderfrage

Die Wunderfrage ist eine der bekanntesten und zugleich wirkungsvollsten Techniken aus der lösungsorientierten Beratung. Sie wurde maßgeblich von Steve de Shazer und Insoo Kim Berg entwickelt und ist ein zentrales Instrument, um Menschen in eine konstruktive, zukunftsorientierte Haltung zu führen. Ihr besonderes Potenzial liegt darin, den Fokus radikal zu verschieben: weg vom Problem, hin zu einer inneren Vorstellung davon, wie es wäre, wenn das Problem nicht mehr existierte.

In der Anwendung wird die Klient:in eingeladen, sich vorzustellen, dass über Nacht - wie durch ein Wunder - das Problem verschwunden ist. Diese scheinbar einfache Hypothese löst oft tiefgreifende innere Prozesse aus. Denn indem die Klient:in beschreiben soll, woran sie das erkennen würde, entsteht ein konkretes Bild eines gewünschten Zustands. Das Denken wird geöffnet, neue Handlungsmöglichkeiten treten hervor, und die Distanz zum aktuellen Leiden kann größer werden.

Die Wunderfrage funktioniert nicht über Logik, sondern über Imagination, Hoffnung und die Aktivierung von Ressourcen. Sie ist besonders hilfreich, wenn Menschen in negativen Gedankenschleifen gefangen sind, keine Perspektive mehr sehen oder keinen Zugang zu ihren Wünschen und Zielen finden. Dabei wirkt sie nicht magisch - sondern ermöglicht durch den Perspektivwechsel eine Rückverbindung zur eigenen Gestaltungsfähigkeit.

Typische Beispielfragen:

- „Stellen Sie sich vor, heute Nacht geschieht ein Wunder, und das Problem, das Sie belastet, ist gelöst. Woran würden Sie morgen als Erstes merken, dass etwas anders ist?"
- „Was wäre das Erste, was Sie anders tun würden?"
- „Wie würden andere Menschen auf Sie reagieren - und woran würden sie merken, dass sich etwas verändert hat?"
- „Was würden Sie fühlen, denken, anders wahrnehmen?"
- „Was wäre an diesem Tag möglich, was bisher nicht möglich war?"

Besondere Hinweise für die Berater:in:

- Die Wunderfrage braucht Raum, Stille und eine tragfähige Beziehung - sie ist keine Technik für den schnellen Effekt.
- Es empfiehlt sich, nach der Einstiegsfrage mit vielen, möglichst konkreten Nachfragen weiterzuarbeiten, um das Bild zu vertiefen.
- Manchmal zeigt sich in der Antwort auf die Wunderfrage auch, dass Klient:innen gar kein Bild eines erfüllten Zustands entwickeln können - das ist ein wertvoller Hinweis auf Resignation oder innere Blockaden.
- Wichtig ist, die Antworten nicht zu interpretieren, sondern sie als Grundlage für die Weiterarbeit zu nehmen - z. B. durch Skalierung oder das Herausarbeiten erster Schritte.

Konkretes Praxisbeispiel:

Eine Klientin kämpft seit Jahren mit Ängsten im beruflichen Umfeld und fühlt sich völlig blockiert. Die Berater:in fragt: „Stellen Sie sich vor, über Nacht geschieht ein Wunder - Sie wachen auf, und Ihre Ängste sind verschwunden. Woran würden Sie es merken?" Die Klientin überlegt lange und sagt dann: „Ich würde mich morgens nicht mehr so schwer fühlen, vielleicht sogar mit einem kleinen Lächeln aufstehen." Nach und nach beschreibt sie, dass sie anders mit Kolleg:innen sprechen, sich aktiver einbringen und freier entscheiden würde. Das daraus entstandene Bild wird im weiteren Verlauf zum Kompass für den Veränderungsprozess - nicht als Maßstab, sondern als Richtung, in die erste Schritte führen können.

Evaluierende Fragen

Evaluierende Fragen dienen der Reflexion, Überprüfung und Einordnung von Fortschritten, Prozessen oder getroffenen Entscheidungen innerhalb der Beratung. Sie unterstützen die Klient:in dabei, innezuhalten und sich bewusst zu machen, was sich bereits verändert hat, was hilfreich war, was offen geblieben ist - und welche Erkenntnisse daraus gezogen werden können. Diese Fragen fördern die Selbstwirksamkeit und tragen zur Qualitätssicherung im Beratungsprozess bei.

Im Gegensatz zu skalierenden oder zielorientierten Fragen liegt der Fokus hier nicht auf dem „Wohin?" oder „Wie weit?", sondern auf dem „Was hat gewirkt?", „Was hat sich bewährt?" und „Was nehme ich mit?". Evaluierende Fragen eignen sich besonders am Ende einer Beratungseinheit, eines Beratungszyklus oder nach der Umsetzung eines konkreten Schrittes im Alltag. Sie dienen auch dazu, Ressourcen und funktionierende Strategien sichtbarer zu machen.

Evaluierende Fragen stärken die Eigenverantwortung der Klient:in: Sie lernt, sich selbst als Expert:in für den eigenen Entwicklungsprozess wahrzunehmen, Erfolge zu würdigen, aber auch Grenzen oder Hemmnisse bewusst zu benennen. Damit leisten sie einen Beitrag zur Selbstreflexion und nachhaltigen Integration von Beratungsergebnissen in den Alltag.

Typische Beispielfragen:

- „Was war in dieser Sitzung für Sie besonders hilfreich?"
- „Welche Gedanken oder Erkenntnisse nehmen Sie heute mit?"
- „Gab es etwas, das Sie überrascht hat - im Positiven oder Negativen?"
- „Was war anders als beim letzten Mal?"
- „Was möchten Sie bis zum nächsten Termin weiter beobachten oder ausprobieren?"

Besondere Hinweise für die Berater:in:

- Evaluierende Fragen sollten offen und neugierig gestellt werden - sie dienen nicht der Bewertung durch die Berater:in, sondern der Selbstbeobachtung der Klient:in.
- Achten Sie darauf, Lob oder Kritik nicht einzufordern, sondern Raum für ehrliche Rückmeldungen zu schaffen.
- Die Antworten können Hinweise darauf geben, welche Methoden gut anschließen, was verändert oder vertieft werden sollte - oder ob der Prozess stagniert.
- Auch kleine Erkenntnisse und unscheinbare Veränderungen verdienen Beachtung - sie sind oft ein Zeichen von Integration.

Konkretes Praxisbeispiel:

Ein Klient hat in mehreren Sitzungen daran gearbeitet, seine Konfliktscheu in beruflichen Situationen zu überwinden. Am Ende einer Beratungseinheit fragt die Berater:in: „Wenn Sie auf unser heutiges Gespräch zurückblicken - was war für Sie besonders nützlich oder bedeutsam?" Der Klient antwortet: „Dass ich erkannt habe, dass ich nicht unhöflich bin, wenn ich Nein sage. Das hat mir Mut gemacht." Diese Rückmeldung bildet die Grundlage, um im nächsten Termin gezielt an weiteren alltagstauglichen Formulierungen für Grenzsetzung zu arbeiten.

Sicherheitsfragen

Sicherheitsfragen - im Sinne systemischer Beratung - sind eine besondere Form von Abschluss- oder Zwischenfragen, die dazu dienen, den Beratungsprozess zu reflektieren, Leerstellen aufzudecken und der Klient:in die Möglichkeit zu geben, bisher Ungesagtes oder Unerfragtes zur Sprache zu bringen. Sie stellen eine Art „Sicherungsnetz" am Ende oder mitten im Prozess dar: Haben wir alles Wichtige angesprochen? Ist da noch etwas, das Raum braucht? Fehlt vielleicht eine entscheidende Frage?

Diese Art der Fragen ist besonders hilfreich, um verdeckte Erwartungen zu klären, Themen zu identifizieren, die sich noch nicht gezeigt haben, oder das Gefühl von Vollständigkeit und Abrundung zu ermöglichen. Gerade gegen Ende eines Beratungsprozesses, aber auch in Phasen, in denen das Gespräch ins Stocken geraten ist, können Sicherheitsfragen neue Impulse bringen. Sie signalisieren Offenheit, Interesse und die Bereitschaft, sich auch mit dem zu beschäftigen, was vielleicht übersehen wurde.

Sicherheitsfragen wirken oft wie ein Türöffner in letzter Minute. Sie laden die Klient:in ein, noch einmal innerlich zu überprüfen, ob das bisher Gesagte dem eigentlichen Anliegen gerecht wurde - oder ob es da noch eine andere Ebene gibt, die bislang nicht artikuliert wurde. Dabei sind sie keine Technik zur Kontrolle, sondern ein Angebot, das Beziehung und Prozess absichert und ergänzt.

Typische Beispielfragen:

- „Gibt es irgendetwas, das ich Sie noch hätte fragen sollen, was für Ihr Thema auch noch wichtig sein könnte?"
- „Auf welche Frage haben Sie bis jetzt gewartet?"
- „Wenn jetzt jemand hier sitzen würde, der Sie sehr gut kennt - welche Frage würde diese Person Ihnen in Bezug auf Ihr Thema noch stellen?"
- „Welche Frage würde Sie jetzt noch weiterbringen?"
- „Gibt es etwas, das Sie gehofft haben, in diesem Gespräch sagen zu können - und das vielleicht noch keinen Raum hatte?"

Besondere Hinweise für die Berater:in:

- Sicherheitsfragen setzen eine vertrauensvolle Gesprächsatmosphäre voraus - sie entfalten ihre Wirkung am besten, wenn die Klient:in sich gesehen und ernst genommen fühlt.
- Achten Sie auf nonverbale Reaktionen: Ein Zögern, ein kurzes Innehalten oder ein Aufatmen können Hinweise darauf sein, dass etwas Inneres in Bewegung kommt.
- Sicherheitsfragen sind keine Pflicht - sondern ein Angebot. Wenn die Klient:in nichts hinzuzufügen hat, ist auch das eine wertvolle Rückmeldung.
- Diese Fragen eignen sich gut zur Prozessreflexion, zur Vorbereitung eines Abschlusses oder zur Reaktivierung eines stockenden Gesprächsverlaufs.

Konkretes Praxisbeispiel:

Nach mehreren Sitzungen zur beruflichen Neuorientierung hat eine Klientin das Gefühl, eine wichtige Entscheidung getroffen zu haben. Die Berater:in fragt zum Ende der Stunde: „Gibt es etwas, das ich Sie heute noch hätte fragen sollen - etwas, das für Sie wichtig gewesen wäre?" Die

Klientin denkt kurz nach und sagt dann: „Ja - was, wenn ich damit scheitere?" Aus dieser letzten Wendung entwickelt sich ein weiteres Gespräch über Angst, Erwartungen und innere Bilder von Erfolg und Misserfolg. Ohne die Sicherheitsfrage wäre dieser zentrale Aspekt womöglich unbenannt geblieben - so aber konnte er in den weiteren Prozess integriert werden.

Fragen sind das Herzstück der psychosozialen Beratung. Sie strukturieren nicht nur Gespräche, sondern laden Menschen dazu ein, sich selbst in neuem Licht zu sehen - differenzierter, klarer, freier. Die hier vorgestellten Fragetechniken sind keine festen Werkzeuge, sondern lebendige Einladungen zu Dialog, Entwicklung und Selbsterkenntnis. Sie entfalten ihre Wirkung nicht durch technische Perfektion, sondern durch die Haltung, mit der sie gestellt werden: wertschätzend, offen, zugewandt.

Wenn es gelingt, die passende Frage im richtigen Moment zu stellen - eine Frage, die nicht nur den Verstand erreicht, sondern auch das Herz berührt - dann kann Beratung zu einem Raum werden, in dem nicht nur Probleme verhandelt, sondern Möglichkeiten entdeckt werden. Genau darin liegt die stille Kraft guter Fragen.

Aktives Zuhören

Wenn verstehen mehr ist als hören

Du weißt inzwischen, dass sich gute Berater:innen nicht nur durch kluge Fragen auszeichnen, sondern vor allem durch ihre Fähigkeit, aufmerksam zuzuhören. Wirklich zuzuhören - mit allen Sinnen, mit echtem Interesse, mit einer offenen inneren Haltung. In der Praxis zeigt sich jedoch immer wieder: Aktives Zuhören ist eine Herausforderung. Denn während dein Gegenüber spricht, beginnt dein eigener Verstand oft schon zu analysieren, zu interpretieren oder über die nächste Frage nachzudenken. Das ist ganz menschlich - und genau deshalb ist bewusstes, präsentes Zuhören eine professionelle Kernkompetenz in der psychosozialen Beratung. In einem Beratungsgespräch ist Zuhören mehr als der bloße Empfang akustischer Signale. Es ist ein innerer Vorgang der Verbindung, des Verstehens und des Respekts. Wenn du es schaffst, dich ganz auf den Menschen vor dir einzulassen, entsteht ein Raum, in dem sich Menschen gesehen, gehört und angenommen fühlen - oft zum ersten Mal seit Langem.

Was bedeutet „aktiv" zuhören?

Der Begriff „Aktives Zuhören", geprägt von Carl Rogers, meint das aufmerksame und einfühlsame Verfolgen dessen, was die Klientin oder der Klient mitteilt - auf inhaltlicher, emotionaler und nonverbaler Ebene. Aktives Zuhören heißt: Ich bin präsent. Ich höre nicht nur, ich nehme wahr - mit Augen, Ohren, Herz und Verstand.

Diese Präsenz zeigt sich auf mehreren Ebenen:

1. Inhaltsebene - Was wird gesagt?

Hier geht es um das Gesagte im engeren Sinn: Aussagen, Fakten, Erlebnisse. Du achtest auf Wortwahl, Satzbau, Reihenfolge - und machst dir ein Bild vom inneren Erleben der Person.

2. Emotionale Ebene - Wie wird es gesagt?

Welche Gefühle schwingen mit? Wie verändert sich die Stimme? Gibt es Brüche, Pausen, ein Zögern? Vielleicht sagt dein Gegenüber „Mir geht's gut", aber du hörst eine leise Unsicherheit, die dich aufhorchen lässt. Hier beginnt empathisches Zuhören: Du versuchst zu verstehen, was hinter den Worten steckt - ohne zu bewerten.

3. Nonverbale Ebene - Was wird nicht gesagt?

Die Körpersprache spricht oft deutlicher als Worte. Aktives Zuhören heißt auch, das Zusammenspiel von Mimik, Gestik, Haltung, Atmung und Blickverhalten wahrzunehmen. Die nonverbale Kommunikation liefert wertvolle Hinweise über das innere Erleben.

Beispiele für nonverbale Signale:

- **Gesichtsausdruck:** Stirnrunzeln, Lächeln, Erstarrung - all das gibt dir Hinweise auf emotionale Prozesse.
- **Körperhaltung:** Ist dein Gegenüber offen und zugewandt oder verschlossen und abgewandt?
- **Gestik:** Werden Aussagen durch Gesten unterstützt? Gibt es nervöse Bewegungen (z. B. Nesteln, Händereiben)?
- **Atmung:** Flach, schnell, angehalten - oder ruhig und gleichmäßig?
- **Augenkontakt:** Wird Blickkontakt gehalten, vermieden oder stark gesucht?

Achte auf Übereinstimmungen oder Widersprüche zwischen verbalen und nonverbalen Botschaften. Wenn Worte und Körpersprache nicht zusammenpassen, kann das ein Hinweis auf innere Konflikte oder ambivalente Gefühle sein.

Einstieg ins Gespräch - öffnende Fragen

Um beim Aktiven Zuhören methodisch vorzugehen, empfiehlt es sich, mit einer einzigen, offenen Frage in das Gespräch zu starten. Ziel ist es, einen möglichst unvoreingenommenen Raum zu schaffen, in dem dein Gegenüber frei erzählen kann - ohne durch Suggestionen oder Bewertungen gelenkt zu werden.

Beispiele für solche Einstiegsfragen:

- Was hat sich seit unserem letzten Treffen bei Ihnen getan?
- Was führt Sie heute zu mir?

Wichtig: Hinterfrage die Aussage deines Gegenübers zu Beginn nicht! In dieser Phase geht es ausschließlich darum, das Gespräch in Fluss zu bringen. Sobald dein:e Klient:in beginnt, sich zu öffnen, kannst du aktiv zuhören und gezielte Impulse setzen.

Verbale und nonverbale Techniken des Aktiven Zuhörens

Sobald dein Gegenüber zu sprechen begonnen hat, kannst du verschiedene Formen des Aktiven Zuhörens nutzen. Diese lassen sich grob in drei Gruppen einteilen:

- Du-Statements (Gefühls- und Bedürfniszuschreibungen)
- Paraphrasierende Spiegelungen (Satzteile aufnehmen)
- Emotionale Fragen (Vertiefung ermöglichen)

Du-Statements - Gefühle benennen

Reagiere auf die Aussagen deines Gegenübers mit klaren, empathischen Du-Botschaften. Wenn z. B. gesagt wird: „Momentan ist die Situation bei uns nicht gut", könntest du sagen:

- Das beschäftigt Sie.

- Das macht Ihen Sorgen.
- Das belastet Sie.
- Das fühlt sich für Sie schwer an.

Diese Aussagen sollten möglichst genau das wiedergeben, was deinem Gegenüber gerade wichtig erscheint. Du musst dafür nicht alles wissen - es genügt, dich in die Situation hineinzuversetzen.

Beispiele:

Aussage Klient:in	Statement Berater:in
„Im Betrieb gibt es vermehrt Kündigungen."	„Das beschäftigt Sie."
„Es wird immer schwieriger."	„Das beunruhigt Sie."
„Meine Ehe läuft schlecht."	„Das sorgt Sie."
„Das hat gut funktioniert."	„Das freut Sie!"

Dein Gegenüber hat nun zwei Möglichkeiten: Entweder es nimmt dein Statement an („Ja, genau!") - oder es lehnt es ab und ersetzt es durch eine eigene Beschreibung („Nein, eigentlich ist es eher so …"). In beiden Fällen ist dein Ziel erreicht: Du hast Resonanz erzeugt. Selbst ein „Nein" bedeutet, dass sich dein Gegenüber mit deinem Impuls auseinandersetzt - und sich gesehen fühlt.

Tipp: Achte beim Sprechen auf deine Stimme. Bei Du-Statements sollte deine Stimme ruhig, eher tief und gleichmäßig klingen - nicht wie bei einer Frage am Satzende nach oben gehen. Dadurch wirkst du sicher, ruhig und einladend. Selbst wenn du mit deinen Einschätzungen einmal daneben liegst, ist das kein Problem: Dein Gegenüber wird dich korrigieren - und du erhältst wichtige Informationen, ohne sie aktiv herauszufordern.

Emotionale Fragen ermöglichen Vertiefung

Mit emotionalen Fragen bietest du deinem Gegenüber die Möglichkeit, ein bereits benanntes Gefühl zu erforschen oder zu vertiefen. Du trittst einen Schritt zurück, übernimmst keine Deutung, sondern gibst Raum für Reflexion.

Beispiele:

- Was beschäftigt Sie daran am meisten?
- Was belastet Sie im Moment ganz besonders?
- Was ärgert Sie in dieser Situation?
- Was ist Ihnen dabei besonders wichtig?
- Was macht das mit Ihnen?
- Was fasziniert Sie daran?

Solche Fragen geben dem Gespräch Tiefe und Struktur. Sie zeigen deinem Gegenüber: *Ich interessiere mich nicht nur für Fakten - ich nehme dich als Mensch mit all deinen Gefühlen ernst.* Zugleich kannst du damit Klient:innen, die sich in Details verlieren, sanft unterbrechen und auf eine neue Ebene bringen - ohne dass es belehrend oder unhöflich wirkt.

Fazit: Zuhören ist eine Form von Zuwendung

Aktives Zuhören ist keine bloße Technik, sondern ein Ausdruck deiner inneren Haltung. Es erfordert Geduld, Empathie und echtes Interesse. Du musst nichts reparieren, nichts analysieren, nichts bewerten - du darfst einfach da sein. Wenn du mit deiner Präsenz, deiner Stimme, deiner Haltung und deiner Aufmerksamkeit ganz bei deinem Gegenüber bist, entsteht ein Raum, in dem Vertrauen wachsen kann.

Gerade in der psychosozialen Beratung ist das Zuhören nicht das Vorspiel für die eigentliche Arbeit - es ist die Arbeit.

Strukturierte Zielarbeit

Wenn in der psychosozialen Beratung an der Erreichung konkreter Ziele gearbeitet wird, lohnt es sich, bestimmte Kriterien gezielt zu berücksichtigen. Je klarer ein Ziel durchdacht, formuliert und in den Lebenskontext eingebettet ist, desto realistischer, erreichbarer und motivierender wirkt es. Strukturierte Zielarbeit stärkt die Selbstverantwortung der Klient:innen, unterstützt die Zielklarheit und erhöht die Wahrscheinlichkeit nachhaltiger Veränderung.

Wohlgeformte Ziele - hilfreiche Kriterien

Im Idealfall erfüllt ein Ziel die folgenden Merkmale:

- Es ist positiv formuliert.
- Es ist messbar und überprüfbar.
- Es ist spezifisch und konkret.
- Es orientiert sich an vorhandenen Ressourcen.
- Es liegt im Einflussbereich der Klientin bzw. des Klienten.
- Es berücksichtigt mögliche Auswirkungen und Konsequenzen.
- Es steht im Einklang mit der persönlichen Identität und Lebenshaltung.
- Es lässt sich in gut abgestimmte Teilziele gliedern.
- Es enthält klare Schritte zur Umsetzung.

Positive Formulierung

Ziele entfalten ihre motivierende Kraft, wenn sie auf einen erwünschten Zustand ausgerichtet sind. Problemorientierte Aussagen wie „nicht mehr streiten" oder „weniger rauchen" lenken den Fokus auf das Unerwünschte. Stattdessen sollte deutlich werden, was stattdessen angestrebt wird. Eine positive Formulierung richtet sich auf das, was aufgebaut werden soll: z. B. „Ich möchte in Konflikten ruhig und wertschätzend kommunizieren" oder „Ich möchte bewusst und gesund leben". Auch Konjunktive wie „würde gerne" oder „möchte vielleicht" schwächen die

Zielklarheit - wirkungsvoller sind klare, aktive Aussagen mit Zukunftsbezug.

Messbarkeit

Ziele sollen nicht nur formuliert, sondern auch überprüft werden können. Die Frage, woran Fortschritte oder Zielerreichung konkret erkennbar sein werden, ist dabei zentral. Mögliche unterstützende Fragen:

- Woran genau lässt sich erkennen, dass Fortschritte gemacht wurden?
- Was ist sichtbar, hörbar oder spürbar, wenn das Ziel erreicht ist?
- Welche Rückmeldungen würden andere Personen geben?

Spezifische Zielorientierung

Unklare oder vage formulierte Ziele bleiben häufig wirkungslos. Erst durch Konkretisierung wird ein Ziel handlungsleitend. Oft braucht es Geduld und gezielte Nachfragen, um Klarheit zu schaffen. Nützlich können folgende Fragen sein:

- In welchem Lebensbereich soll das Ziel erreicht werden?
- Was wird sich dadurch im Alltag konkret verändern?
- Bis wann soll das Ziel erreicht sein?
- Welche konkreten Schritte sind bis dahin vorgesehen?

Ressourcenorientierung

Zielarbeit basiert auf der Überzeugung, dass Menschen bereits über zahlreiche innere und äußere Ressourcen verfügen - auch wenn sie diese nicht immer bewusst wahrnehmen. Die Aufgabe in der Beratung besteht darin, diese Ressourcen zugänglich zu machen. Förderlich sind Fragen wie:

- Welche Personen spielen eine unterstützende Rolle?

- Wer kann zusätzlich helfen (z. B. Familie, Freundeskreis, Kolleg:innen)?
- Welche materiellen, sozialen oder finanziellen Ressourcen stehen zur Verfügung?
- Gibt es Vorbilder oder Erfahrungswerte aus ähnlichen Situationen?
- Welche persönlichen Stärken, Fähigkeiten oder Eigenschaften können genutzt werden - und welche sollen noch weiterentwickelt werden?

Eigenverantwortung und Kontrolle

Ziele sollten grundsätzlich aus eigener Kraft erreichbar sein. Nur dann ist echte Selbstwirksamkeit möglich. Gleichzeitig hilft diese Perspektive dabei, Überforderung zu vermeiden und Abhängigkeiten zu reduzieren. Hilfreiche Fragen sind:

- Kann mit der Umsetzung bereits begonnen werden - oder fehlt noch etwas Entscheidendes?
- Lässt sich das Ziel unabhängig von anderen erreichen?
- Was liegt im eigenen Einflussbereich - und wo ist Unterstützung erforderlich?
- Welche Verantwortung liegt bei anderen - und welche beim Klienten bzw. bei der Klientin?

Auswirkungen und Konsequenzen

Jedes Ziel hat direkte und indirekte Folgen - für die Zielperson selbst, aber auch für das Umfeld. Die Auseinandersetzung mit möglichen Auswirkungen macht das Ziel stabiler und realistischer. Zudem hilft es, mit möglichen Widerständen besser umzugehen. Nützliche Fragen sind:

- Welche kurzfristigen und langfristigen Veränderungen gehen mit dem Ziel einher?
- Wie viel Zeit, Energie oder Geld wird es voraussichtlich kosten?
- Was verändert sich in privaten, beruflichen oder sozialen Beziehungen?

- Welche Reaktionen könnten im Umfeld auftreten - und wie wird damit umgegangen?
- Gibt es etwas, das dafür aufgegeben werden muss - und ist man bereit dazu?
- Was ist trotz allem am gegenwärtigen Zustand gut - und soll bewusst erhalten bleiben?

Identitätsbezug

Ein Ziel ist dann nachhaltig, wenn es im Einklang mit der Persönlichkeit, dem Wertesystem und dem Lebensentwurf steht. Ein Ziel, das äußerlich attraktiv wirkt, aber innerlich zu Unstimmigkeit führt, kann langfristig schaden. Um diesen Aspekt zu klären, können folgende Fragen hilfreich sein:

- Passt dieses Ziel wirklich zur eigenen Person?
- Welche Rolle oder Identität geht mit dem Ziel einher?
- Wird es sich stimmig, sinnvoll und erfüllend anfühlen, wenn es erreicht ist?
- Ist das Ziel Ausdruck eigener Überzeugung - oder eher von äußeren Erwartungen geprägt?
- Was soll mit dem Ziel im eigenen Leben gestärkt oder ermöglicht werden?

Teilziele

Große Ziele wirken oft überfordernd - kleine, aufeinander abgestimmte Schritte erhöhen hingegen die Motivation. Daher ist es hilfreich, langfristige Vorhaben in Etappen zu strukturieren. Unterstützend wirken Fragen wie:

- Welche Zwischenschritte führen zum übergeordneten Ziel?
- Was hat Priorität - was kann warten?
- Welche Schritte bauen aufeinander auf?
- Ist die Reihenfolge sinnvoll gewählt?
- Sind die Teilziele untereinander stimmig?

Konkrete Umsetzungsschritte

Am Ende jeder Zielarbeit steht die Frage nach der Umsetzung. Planung ist wichtig - aber Handeln bringt die Veränderung. Sinnvoll ist es daher, die nächsten Schritte klar zu benennen:

- Was ist der nächste konkrete Schritt?
- Bis wann soll dieser umgesetzt sein?
- Was geschieht danach?
- Gibt es Fristen oder Voraussetzungen, die zu berücksichtigen sind?
- Wie wird die Zielverfolgung überprüft?

Metaprogramme (NLP)

Der Meister hob hervor, dass die Welt, wie sie die meisten Leute sehen, nicht die Welt der Wirklichkeit ist, sondern eine Welt, die ihr Kopf hervorgebracht hat. Als ein Schüler das in Frage stellen wollte, nahm der Meister zwei Stöcke und legte sie in Form eines T auf den Boden. Dann fragte er den Schüler: „Was siehst du?". „Den Buchstaben T", antwortete er. „Genauso habe ich es mir vorgestellt", sagte der Meister. „Es gibt von sich aus keinen Buchstaben T; das T ist die Bedeutung, die du ihm gibst. Was du vor dir siehst, sind zwei abgebrochene Äste in Form von Stöcken." - Antony de Mello

Metaprogramme - auch bekannt als „Sorting Styles" - zählen zu den bekanntesten Mustern des Neurolinguistischen Programmierens (NLP). Der Begriff „Meta" verweist bereits darauf, dass es sich um übergeordnete, meist unbewusste Denk- und Wahrnehmungsmuster handelt. Diese Programme beeinflussen wesentlich, wie du Informationen aufnimmst, verarbeitest, bewertest - und letztlich, wie du handelst.

Du kannst dir Metaprogramme wie innere Filter vorstellen. Sie entscheiden mit darüber, worauf du deine Aufmerksamkeit richtest. Deshalb gelten sie als einflussreiche Bausteine unserer Persönlichkeit. Im Laufe deiner persönlichen Entwicklung führen sie häufig zu bestimmten Verallgemeinerungen - über dich selbst, über andere Menschen oder über die Welt. Diese Muster prägen deine Sprache, deine Gewohnheiten und dein Verhalten.

Die heutige Arbeit mit Metaprogrammen knüpft an die Typenlehre von C. G. Jung an, der davon ausging, dass jeder Mensch bestimmte Wahrnehmungs- und Beurteilungsvorlieben hat. Später entwickelten Isabel Briggs-Myers und ihre Mutter Katherine Myers daraus den bekannten Myers-Briggs-Typenindikator (MBTI). In den 1980er Jahren griffen Richard Bandler, Mitbegründer des NLP, und Leslie-Cameron Bandler diese Ideen auf und formulierten gezielte Metaprogrammfragen für den

Coachingbereich. Tad James und Wyatt Woodsmall stellten sie 1988 erstmals einer breiteren Öffentlichkeit vor.

Gerade für psychosoziale Berater:innen bietet die Beschäftigung mit Metaprogrammen einen großen praktischen Mehrwert. Sie ermöglichen es dir, typische Denk- und Entscheidungsmuster deiner Klient:innen gezielter wahrzunehmen und besser zu verstehen. Das hilft dir nicht nur, Verhaltensweisen richtig einzuordnen, sondern auch, passende Interventionen auszuwählen - individuell abgestimmt auf das innere Bezugssystem deines Gegenübers.

Wenn du beispielsweise erkennst, dass jemand stark problemorientiert denkt, kannst du durch gezielte Fragen einen Perspektivwechsel in Richtung Lösung ermöglichen. Oder du bemerkst, dass eine Klientin bevorzugt extern orientiert ist - also stark auf Rückmeldungen von außen achtet - und kannst gezielt daran arbeiten, ihr inneres Bewertungssystem zu stärken. Du lernst, wie jemand „tickt", ohne vorschnell zu urteilen - und entwickelst dadurch ein feineres Gespür für Kommunikationsdynamiken.

Zugleich unterstützen dich Metaprogramme dabei, deine eigene Sprache wirksamer zu gestalten. Wenn du weißt, wie dein Gegenüber Informationen verarbeitet, kannst du deine Formulierungen so wählen, dass sie besser ankommen, besser verstanden werden - und mehr bewirken. Du sprichst nicht einfach nur *über* Veränderung, sondern *arbeitest* gezielt an den dahinterliegenden Mustern, die Veränderung überhaupt erst möglich oder blockierend machen.

Metaprogramme sind jedoch keine starren Kategorien. Sie hängen auch vom aktuellen Gefühlszustand ab: In ressourcenarmen Momenten nutzt du sie womöglich anders als in stabilen, kraftvollen Phasen. Zudem zeigen sich bestimmte Muster oft nur in einem bestimmten Lebensbereich deutlich - in einem anderen spielen sie kaum eine Rolle. Auch hier gilt: keine vorschnellen Bewertungen, sondern ein achtsames Hinschauen, was in welchem Kontext unterstützend wirkt.

Es kann durchaus sein, dass du in unterschiedlichen Lebensbereichen aus ganz unterschiedlichen Motiven heraus Entscheidungen triffst. In der Familie entscheidest du vielleicht aus dem Bauch heraus, ohne lange zu hinterfragen - während du im beruflichen Umfeld stark darauf achtest, wie Kolleg:innen oder Vorgesetzte über eine Sache denken, bevor du dich festlegst. Je stärker ein Metaprogramm jedoch in einem bestimmten Bereich ausgeprägt ist, desto mehr beeinflusst es dein Denken, deine Entscheidungen und dein Handeln insgesamt.

Leslie-Cameron Bandler hat insgesamt 60 verschiedene Metaprogramme beschrieben. Im Rahmen dieses Buches konzentrieren wir uns auf eine gezielte Auswahl - jene Programme, die für die psychosoziale Beratung besonders relevant und praxisnah erscheinen.

Wenn wir uns im nächsten Schritt einige dieser Metaprogramme näher anschauen, denke bitte daran: Die Beschreibungen orientieren sich an einer idealtypischen Ausprägung. Tatsächlich bewegen sich Metaprogramme wie auf einem Kontinuum - sie können sich je nach Kontext, Lebensphase oder emotionalem Zustand verändern und verschieben.

Primäre Interessen: Menschen - Orte - Dinge - Informationen

1. Kurze Definition

Dieses Metaprogramm beschreibt, worauf sich die Aufmerksamkeit eines Menschen bevorzugt richtet. Es geht darum, was für jemanden im Alltag, bei Entscheidungen oder in Gesprächen besonders relevant oder bedeutsam ist: andere Menschen, bestimmte Orte, konkrete Dinge oder abstrakte Informationen.

2. Typische Merkmale und Ausprägungen

Die vier Ausprägungen dieses Metaprogramms sind:

- **Menschenorientierung**: Der Fokus liegt auf zwischenmenschlichen Beziehungen, Kontakt, Kooperation, Empathie.
- **Ortsorientierung**: Orte, Umgebungen, Settings sind zentral. Es geht um Atmosphäre, Raumgefühl, Sicherheit am „richtigen Ort".
- **Dingorientierung**: Konkrete Objekte, Technik, Produkte oder materielle Aspekte stehen im Vordergrund.
- **Informationsorientierung**: Interesse gilt Daten, Fakten, Theorien oder Systemen. Wissen und Struktur sind besonders wichtig.

Menschen haben in der Regel eine Hauptpräferenz, können aber - je nach Kontext - auch zwischen den Bereichen wechseln.

3. Bedeutung für die psychosoziale Beratung

Das Wissen um das primäre Interesse hilft dir, deine Kommunikation und Intervention passgenau zu gestalten. Du kannst deine Sprache so ausrichten, dass sie wirklich *ankommt*.

Beispiel:

- Bei menschenorientierten Klient:innen lohnt es sich, auf Beziehungen und persönliche Bezüge einzugehen.

- Ortsorientierte Menschen reagieren stärker auf Fragen zu ihrem Umfeld oder Setting.
- Dingorientierte Klient:innen erreichst du mit konkreten, greifbaren Beispielen.
- Informationsorientierte Menschen brauchen Struktur, Modelle und Erklärungen.

Außerdem kann es dir helfen, Motivationsquellen zu erkennen und gezielter Ressourcen zu aktivieren.

4. Typische Sprachmuster

- *Menschen*: „Mir ist wichtig, wie es den anderen damit geht." / „Ich schätze gute Zusammenarbeit."
- *Ort*: „Ich brauche einen Ort, an dem ich mich sicher fühle." / „Das Ambiente war einfach nicht stimmig."
- *Dinge*: „Das war ein starkes Auto." / „Ich habe eine Schwäche für schöne Möbel."
- *Informationen*: „Ich habe das erst einmal recherchiert." / „Das muss für mich logisch nachvollziehbar sein."

5. Praktische Hinweise für die Gesprächsführung

- Höre aufmerksam auf sprachliche Hinweise - sie verraten oft die primäre Orientierung.
- Nutze die bevorzugte Richtung als Einstieg: So kannst du schneller Vertrauen aufbauen.
- Passe Metaphern, Visualisierungen und Interventionen an:
  - Bei Menschenorientierung: Arbeit mit Beziehungslandkarten oder Aufstellungen.
  - Bei Ortsorientierung: Veränderung des realen oder inneren Raumes.
  - Bei Dingorientierung: Arbeit mit Symbolen oder konkreten Objekten.
  - Bei Informationsorientierung: Psychoedukation, Modelle, strukturierende Methoden.

6. Reflexionsimpuls für deine Praxis

Worauf achtest du selbst in Gesprächen oder bei Entscheidungen zuerst? Wie äußert sich dein eigenes primäres Interesse in der Art, wie du berätst? Und: Wo liegt das deiner typischen Klient:innen?

Motivationale Grundrichtung: Weg-von- vs. Hin-zu-Orientierung

1. Kurze Definition

Dieses Metaprogramm beschreibt, wie ein Mensch motiviert ist: durch das Vermeiden von Problemen (*Weg-von*) oder durch das Erreichen von Zielen (*Hin-zu*). Es zeigt also die bevorzugte Richtung, in die sich jemand innerlich bewegt - weg von Schmerz oder hin zu Freude, weg vom Problem oder hin zur Lösung.

2. Typische Merkmale und Ausprägungen

- **Weg-von-Orientierung**:
  Menschen mit dieser Ausprägung erkennen vor allem, was sie *nicht* wollen. Sie reagieren sensibel auf Probleme, Defizite, Risiken oder unangenehme Zustände. Ihre Sprache ist oft problemzentriert, ihr Handeln darauf ausgerichtet, unangenehme Situationen zu vermeiden.
  Typisch: „Ich will endlich raus aus diesem Stress." / „Das halte ich nicht mehr aus."
- **Hin-zu-Orientierung**:
  Diese Personen denken lösungs- und zielorientiert. Sie richten ihre Aufmerksamkeit auf das, was sie erreichen möchten. Die Motivation entsteht durch attraktive Vorstellungen einer besseren Zukunft.
  Typisch: „Ich will mehr Leichtigkeit in meinem Leben." / „Ich möchte wieder Freude empfinden."

3. Bedeutung für die psychosoziale Beratung

Für dich als Berater:in ist es essenziell, die motivationale Richtung deines Gegenübers zu erkennen.

Warum? Weil du dadurch:

- Widerstände besser verstehst (z. B. bei klassischen Zielsetzungsproblemen),
- deine Sprache effektiver anpassen kannst,
- realistische und anschlussfähige Interventionen entwickelst.

Ein „Hin-zu-Ziel" klingt für dich vielleicht stimmiger - aber für jemanden mit starker Weg-von-Orientierung ist es unter Umständen nicht greifbar. Hier braucht es oft zuerst eine wertschätzende Arbeit mit dem Schmerz, bevor neue Perspektiven entstehen können.

4. Typische Sprachmuster

- *Weg-von*:
  „Ich möchte das endlich loswerden."
  „Ich will nicht mehr so traurig sein."
  „Es muss sich dringend etwas ändern."
- *Hin-zu*:
  „Ich wünsche mir mehr Selbstvertrauen."
  „Ich möchte eine erfüllende Beziehung."
  „Ich sehe mich in einem neuen Lebensabschnitt."

5. Praktische Hinweise für die Gesprächsführung

- Höre aufmerksam zu: Achte auf Formulierungen, in welche Richtung sich dein:e Klient:in bewegt.
- Nimm die Ausgangssprache ernst - und zwinge niemanden zu einer Zielformulierung, bevor die Weg-von-Bedürfnisse gesehen und gewürdigt wurden.
- Eine sanfte Umwandlung kann hilfreich sein:
  „Was möchten Sie stattdessen erleben?"

„Wie wäre es, wenn das Problem nicht mehr da wäre - was wäre dann anders?"

- Nutze Visualisierungsmethoden (z. B. Timeline-Arbeit oder Skalierungen), um Bewegung und Richtung sichtbar zu machen.
- Reflektiere, ob du selbst eher hin-zu oder weg-von kommunizierst - und ob das zur Klientin oder zum Klienten passt.

6. Reflexionsimpuls für deine Praxis

Erwischst du dich manchmal dabei, dass du Klient:innen in eine Zielorientierung drängst, obwohl sie eigentlich noch im „Weg-von"-Modus sind? Und wie sieht deine eigene Motivationsrichtung aus - in der Arbeit, in Krisen, in Veränderungsprozessen?

Entscheidungsorientierung: Internale vs. Externale Referenz

1. Kurze Definition

Dieses Metaprogramm beschreibt, wo ein Mensch seine Maßstäbe für Richtig und Falsch, Gut und Schlecht, Erfolg und Misserfolg verankert hat - *in sich selbst* (internale Referenz) oder *außerhalb* (externale Referenz). Es geht darum, wer oder was das Urteil fällt: die eigene innere Stimme oder äußere Rückmeldungen.

2. Typische Merkmale und Ausprägungen

- **Internale Referenz**:
  Entscheidungen werden aufgrund der eigenen Überzeugungen, Werte oder Erfahrungen getroffen. Die Person vertraut auf ihr inneres Urteil, braucht keine Bestätigung von außen.
  Typisch: „Ich spüre einfach, was richtig für mich ist." / „Ich treffe meine Entscheidungen selbst."
- **Externale Referenz**:
  Entscheidungen werden stark an der Meinung anderer, an Normen oder Feedback orientiert. Sicherheit entsteht durch Rückmeldung,

Anerkennung oder Zustimmung.
Typisch: „Was würden Sie an meiner Stelle tun?" / „Ich brauche jemanden, der mir sagt, ob das richtig ist."

3. Bedeutung für die psychosoziale Beratung
Für psychosoziale Berater:innen ist dieses Metaprogramm von besonderer Bedeutung. Es zeigt dir:

- wie jemand zu Entscheidungen kommt,
- wie stabil oder abhängig das Selbstbild ist,
- ob Rückmeldung als Unterstützung oder als Notwendigkeit erlebt wird.

Externale Personen neigen dazu, Verantwortung abzugeben oder sich stark an Erwartungen zu orientieren. Internale Menschen hingegen können manchmal beratungsresistent wirken - weil sie nur auf sich hören. Beide Pole haben Stärken und Herausforderungen.

Du kannst gezielt fördern, was im jeweiligen Kontext hilfreich ist:

- Internale stärken darin, auch andere Perspektiven anzunehmen.
- Externale begleiten auf dem Weg zu mehr Eigenständigkeit.

4. Typische Sprachmuster

- *Internale*:
  „Ich wusste einfach, das ist mein Weg."
  „Ich habe ein gutes Bauchgefühl bei dieser Entscheidung."
  „Ich brauche keine Ratschläge, nur Zeit zum Nachdenken."
- *Externale*:
  „Was würden Sie an meiner Stelle tun?"
  „Ich bin mir unsicher, was andere darüber denken."
  „Ohne Feedback weiß ich nicht, ob ich auf dem richtigen Weg bin."

5. Praktische Hinweise für die Gesprächsführung

- Erkenne den Referenzrahmen und arbeite mit ihm, statt dagegen.
- Frage bei externalen Klient:innen sanft nach dem Eigenanteil:
  „Was sagt Ihnen Ihre innere Stimme dazu?"
  „Wie würden Sie entscheiden, wenn niemand Ihnen reinreden würde?"
- Unterstütze internale Personen darin, Rückmeldungen zu prüfen, ohne sich gleich davon bedroht zu fühlen.
- Achte auf mögliche Abhängigkeiten bei externalen Mustern - und stärke die Selbstverantwortung in kleinen Schritten.

6. Reflexionsimpuls für deine Praxis

Neigst du selbst eher zu einer internalen oder externalen Referenz? Wie gehst du damit um, wenn eine Klientin dich in eine Entscheidungsrolle drängen möchte - obwohl du professionell keine Ratschläge gibst? Und: Wie gut gelingt es dir, Rückmeldung anzunehmen, ohne dich darin zu verlieren?

Handlungsstil: Optionen- vs. Prozedurenorientierung

1. Kurze Definition

Dieses Metaprogramm beschreibt, wie Menschen mit Aufgaben, Zielen und Veränderungen umgehen: orientieren sie sich lieber an *Vielfalt und Wahlmöglichkeiten* (Optionen), oder bevorzugen sie *klare Abläufe und bewährte Strukturen*(Prozeduren)? Es geht also um das Verhältnis zwischen Freiheit und Struktur im Denken und Handeln.

2. Typische Merkmale und Ausprägungen

- **Optionenorientierung**:
  Menschen mit dieser Ausprägung denken gerne in Alternativen. Sie schätzen Wahlfreiheit, entdecken gern neue Möglichkeiten, und sind offen für Abwechslung. Planung bedeutet für sie, mehrere

Wege offen zu halten.
Typisch: „Ich könnte das so oder so machen." / „Vielleicht probiere ich auch etwas ganz Neues."

- **Prozedurenorientierung**:
Diese Menschen bevorzugen feste Abläufe und klar definierte Schritte. Sie folgen gerne bewährten Routinen oder klaren Anleitungen. Sicherheit entsteht durch Struktur und Ordnung - nicht durch ständige neue Optionen.
Typisch: „Wie ist der nächste Schritt?" / „Ich brauche einen klaren Plan."

3. Bedeutung für die psychosoziale Beratung

Das Wissen um diesen Unterschied ist in Veränderungsprozessen besonders wertvoll. Denn:

- Optionenorientierte Klient:innen kommen schnell in Bewegung - bleiben aber oft im Stadium des Ausprobierens stecken. Sie haben viele Ideen, aber Schwierigkeiten mit der Umsetzung.
- Prozedurenorientierte Personen handeln strukturiert - neigen aber dazu, Veränderungen zu vermeiden, wenn keine klaren Abläufe erkennbar sind.

Hier kannst du gezielt ansetzen:

- Optionenorientierten Menschen hilft es, konkrete Schritte zu definieren.
- Prozedurenorientierten Menschen gibst du Sicherheit, indem du Veränderungen in klare Abläufe verpackst.

4. Typische Sprachmuster

- *Optionen*:
„Ich habe da ein paar Ideen, was ich machen könnte."
„Ich will mich nicht festlegen - mal schauen, was sich ergibt."
„Es gibt viele Wege, das anzugehen."

- *Prozeduren*:
  „Wie läuft das normalerweise ab?"
  „Ich brauche eine Schritt-für-Schritt-Anleitung."
  „Was ist der erste konkrete Schritt?"

5. Praktische Hinweise für die Gesprächsführung

- Erkenne, wo dein:e Klient:in steht - im offenen Feld der Möglichkeiten oder auf der Suche nach einem klaren Weg.
- Nutze jeweils passende Interventionsformen:
  - *Bei Optionen:* Eingrenzen, Priorisieren, in Handlungsschritte übersetzen.
  - *Bei Prozeduren:* Strukturieren, Planen, Sicherheit durch Verlässlichkeit vermitteln.
- Sei achtsam bei deiner eigenen Sprache - sie wirkt stark auf die innere Orientierung deiner Klient:innen.
- Hilfreiche Fragen:
  - *Für Optionenorientierte:* „Welche dieser Möglichkeiten möchtest du jetzt konkret ausprobieren?"
  - *Für Prozedurenorientierte:* „Wie könnte ein erster kleiner Schritt aussehen, den du sicher gehen kannst?"

6. Reflexionsimpuls für deine Praxis
Wo erkennst du dich wieder - mehr in der Vielfalt oder mehr im Strukturdenken? Und wie reagierst du, wenn Klient:innen ganz anders „ticken" als du selbst? Wie kannst du deine Methodenwahl flexibel auf die jeweilige Orientierung abstimmen?

Bezugsrahmen: Selbstorientierung vs. Fremdorientierung

1. Kurze Definition

Dieses Metaprogramm beschreibt, worauf sich das Handeln einer Person bezieht: orientiert sich jemand vorrangig an den eigenen Bedürfnissen, Werten und Zielen (*Selbstorientierung*), oder stehen die Erwartungen, Gefühle und Anforderungen anderer Menschen im Vordergrund (*Fremdorientierung*)?

2. Typische Merkmale und Ausprägungen

- **Selbstorientierung**:
  Die Aufmerksamkeit ist auf das eigene Erleben, die eigenen Bedürfnisse und Ziele gerichtet. Entscheidungen werden primär danach getroffen, was sich stimmig und richtig *für einen selbst* anfühlt. Typisch: „Ich mache das, weil es mir wichtig ist." / „Ich brauche gerade Zeit für mich."
- **Fremdorientierung**:
  Der Fokus liegt auf dem Außen: auf den Erwartungen, Reaktionen und Bedürfnissen anderer. Entscheidungen sind oft darauf ausgerichtet, niemanden zu enttäuschen oder Konflikte zu vermeiden. Typisch: „Was denken die anderen wohl darüber?" / „Ich möchte niemandem zur Last fallen."

3. Bedeutung für die psychosoziale Beratung

Dieses Metaprogramm ist zentral für die Arbeit mit Rollenmustern, Abgrenzung und Selbstfürsorge.

- Klient:innen mit starker **Fremdorientierung** neigen zu Überanpassung, chronischer Rücksichtnahme oder Helfer:innenverhalten - oft bis zur Selbstverleugnung.
- Menschen mit starker **Selbstorientierung** wirken dagegen manchmal unnahbar oder egozentrisch - auch wenn sie einfach nur klar ihre Grenzen setzen.

Für dich als Berater:in ist es wichtig zu erkennen:

- Was ist echtes Bedürfnis - und was eine erlernte Überanpassung?
- Wie kann jemand wieder Zugang zu seinen eigenen Bedürfnissen bekommen - oder soziale Rücksichtnahme integrieren, ohne sich selbst zu verlieren?

4. Typische Sprachmuster

- *Selbstorientierung*:
  „Ich habe entschieden, was für mich passt."
  „Mir ist wichtig, dass ich mich damit wohlfühle."
  „Ich tue das für mich - nicht für andere."
- *Fremdorientierung*:
  „Ich kann doch nicht einfach Nein sagen."
  „Was, wenn sie dann enttäuscht sind?"
  „Ich weiß gar nicht mehr, was ich eigentlich will."

5. Praktische Hinweise für die Gesprächsführung

- Achte auf feine Unterschiede in Sprache und Körpersprache - Fremdorientierte sagen oft „man" statt „ich".
- Ermögliche einen sicheren Raum, in dem fremdorientierte Menschen ihre *eigenen* Bedürfnisse überhaupt wieder spüren dürfen.
- Unterstütze selbstorientierte Klient:innen dabei, ihre Wirkung auf andere zu reflektieren - ohne sie zu verunsichern.
- Hilfreiche Fragen:
  - *Für Fremdorientierte*: „Was wäre dir selbst in dieser Situation wichtig?" / „Was brauchst du - unabhängig davon, was andere erwarten?"
  - *Für Selbstorientierte*: „Wie könnte dein Anliegen mit den Bedürfnissen anderer in Einklang gebracht werden?"

6. Reflexionsimpuls für deine Praxis

Wo ordnest du dich selbst ein - eher fremd- oder eher selbstorientiert? Wie beeinflusst das deine Haltung in der Beratung? Und wie reagierst du auf Klient:innen, deren Muster deiner eigenen Ausrichtung entgegenstehen?

Bewertungsmuster: Gleichheit vs. Unterschied

1. Kurze Definition

Dieses Metaprogramm beschreibt, worauf ein Mensch beim Wahrnehmen und Bewerten seine Aufmerksamkeit richtet: auf *Ähnlichkeiten* (Gleichheit) oder auf *Unterschiede*. Es bestimmt, wie jemand Veränderungen wahrnimmt, ob eher Stabilität oder Abwechslung geschätzt wird - und ob Vertrautes beruhigt oder langweilt.

2. Typische Merkmale und Ausprägungen

- **Gleichheitsorientierung:**
  Menschen mit dieser Ausprägung erkennen vor allem das, was gleich geblieben ist. Sie mögen Stabilität, Kontinuität, Wiederholung und Vertrautheit. Veränderungen erscheinen oft als Störung. Typisch: „Eigentlich hat sich gar nicht viel verändert." / „Ich mag es, wenn Dinge gleichbleiben."
- **Unterschiedsorientierung:**
  Diese Personen fokussieren auf das, was sich verändert hat oder anders ist. Sie reagieren schnell auf Neues, erkennen Abweichungen sofort - was sie entweder begeistert oder irritiert. Typisch: „Das ist ganz anders als früher." / „Ich brauche immer wieder etwas Neues."

Zwischen diesen Polen gibt es auch Mischformen:

- **Unterschied innerhalb eines Rahmens:** Veränderung ist willkommen - solange die Grundstruktur erhalten bleibt.
- **Gleichheit trotz Variation:** Trotz sichtbarer Veränderungen wird das Verbindende betont.

3. Bedeutung für die psychosoziale Beratung

Dieses Metaprogramm ist hilfreich, um Veränderungsbereitschaft und Reaktionsmuster auf Neues einzuschätzen:

- **Gleichheitsorientierte** Klient:innen brauchen Sicherheit, Wiedererkennbarkeit und langsame Schritte - sonst kippt die Veränderung ins Bedrohliche.
- **Unterschiedsorientierte** Personen haben oft viele Ideen, werden aber schnell unruhig, wenn sich nichts bewegt - oder verlieren bei zu viel Routine das Interesse.

Du kannst dieses Wissen gezielt nutzen, um deine Sprache, dein Tempo und deine Interventionen an das Wahrnehmungsmuster deiner Klient:innen anzupassen.

4. Typische Sprachmuster

- *Gleichheit*:
  „Das ist wie beim letzten Mal."
  „Es läuft alles wie immer."
  „Ich fühle mich wohl, wenn ich weiß, was mich erwartet."
- *Unterschied*:
  „Diesmal war alles ganz anders."
  „Ich merke sofort, wenn sich etwas verändert."
  „Ich brauche regelmäßig neue Impulse."

5. Praktische Hinweise für die Gesprächsführung

- Nutze das Metaprogramm, um gezielt zu motivieren und Widerstände besser zu verstehen:
  - *Bei Gleichheitsorientierten*: Zeige, was *gleich bleibt*, selbst wenn Veränderung notwendig ist. Betone Kontinuität und Verlässlichkeit.
  - *Bei Unterschiedsorientierten*: Hebe hervor, was sich verändert hat, welche neuen Chancen sich eröffnen - und wie Bewegung möglich ist.

- Verwende angepasste Sprache:
  - „Das kennen Sie schon - und wir bauen jetzt sanft darauf auf." (für Gleichheit)
  - „Hier gehen wir ganz bewusst einen neuen Weg." (für Unterschied)
- Unterstütze Gleichheitsorientierte bei der Erweiterung ihrer Komfortzone.
- Hilf Unterschiedsorientierten, zwischen Reizsuche und echter Veränderung zu unterscheiden.

6. Reflexionsimpuls für deine Praxis
Was fällt dir in Gesprächen schneller auf - das Vertraute oder das Neue? Wie wirkt sich deine eigene Tendenz auf deinen Umgang mit Wiederholungen, Routinen und Veränderungen aus - in der Beratung und im Alltag?

Zeitorientierung: Vergangenheit - Gegenwart - Zukunft

1. Kurze Definition
Die Zeitorientierung beschreibt, auf welche zeitliche Ebene ein Mensch bevorzugt Bezug nimmt: *Vergangenheit*, *Gegenwart* oder *Zukunft*. Sie beeinflusst, wie jemand über sich, seine Erfahrungen und Möglichkeiten denkt - und damit auch, wie Veränderungen eingeschätzt und Ziele entwickelt werden.

2. Typische Merkmale und Ausprägungen

- **Vergangenheitsorientierung**:
  Der Blick ist stark auf das Erlebte gerichtet - auf Erfahrungen, Erinnerungen, Erfolge oder auch Traumata. Die Vergangenheit wird als prägend erlebt, oft auch als unveränderlich oder identitätsstiftend. Typisch: „Früher war alles besser." / „Ich kann das nicht, weil ich das schon einmal erlebt habe."

- **Gegenwartsorientierung**:
  Der Fokus liegt auf dem Hier und Jetzt - auf aktuellen Bedürfnissen, Gefühlen, Zuständen. Veränderungen werden eher spontan angestoßen. Langfristige Planung fällt oft schwer.
  Typisch: „Ich weiß nur, wie es mir jetzt gerade geht." / „Was später ist, kann ich jetzt noch nicht sagen."
- **Zukunftsorientierung**:
  Aufmerksamkeit und Energie richten sich auf Visionen, Ziele und Möglichkeiten. Die Gegenwart wird als Zwischenschritt auf dem Weg zum gewünschten Zustand gesehen.
  Typisch: „Ich will in einem Jahr ein ganz anderes Leben führen." / „Ich brauche ein Ziel, sonst verliere ich mich."

3. Bedeutung für die psychosoziale Beratung
Die Kenntnis der Zeitorientierung hilft dir dabei:

- Den Erzählstil und die Argumentationslogik deiner Klient:innen besser zu verstehen,
- Widerstände gegen Veränderung nachvollziehbarer zu machen,
- den Gesprächsverlauf gezielter zu steuern.
- *Vergangenheitsorientierte* Klient:innen brauchen oft Raum für Verarbeitung, bevor sie Neues denken können.
- *Gegenwartsorientierte* brauchen Unterstützung in der Strukturierung und Zielsetzung.
- *Zukunftsorientierte* brauchen gelegentlich Erdung, um nicht an der Realität vorbeizuplanen.

Zudem kannst du gezielt zeitliche Interventionen wählen - z. B. Biografiearbeit, Achtsamkeit oder Zukunftsreisen.

4. Typische Sprachmuster

- *Vergangenheit*:
  „Das war damals so schwer für mich."
  „Ich bin so geworden, weil ich früher ..."
  „Ich erinnere mich oft daran."

- *Gegenwart*:
  „Ich spüre das jetzt ganz deutlich."
  „Im Moment geht es mir gut."
  „Ich will nur schauen, was jetzt dran ist."
- *Zukunft*:
  „Ich habe klare Pläne."
  „Ich will in den nächsten Monaten etwas verändern."
  „Ich denke in Perspektiven."

5. Praktische Hinweise für die Gesprächsführung

- Höre aktiv zu und spiegle die Zeitorientierung - das schafft Vertrauen und Anschlussfähigkeit.
- Nutze passende Methoden:
  - *Vergangenheit*: Biografiearbeit, innere Kind-Arbeit, Ressourcen aus der Vergangenheit.
  - *Gegenwart*: Achtsamkeit, Körperarbeit, emotionale Zustandsregulation.
  - *Zukunft*: Zielarbeit, Skalierungen, Zukunftsvisualisierungen.
- Fördere bei Bedarf eine Erweiterung der Perspektive:
  - *„Was davon wirkt heute noch nach - und was hat sich bereits verändert?"* (für Vergangenheitsorientierte)
  - *„Was würde dir helfen, um über den Moment hinaus zu denken?"* (für Gegenwartsorientierte)
  - *„Wie kannst du dein Ziel mit deinem heutigen Leben in Einklang bringen?"* (für Zukunftsorientierte)

6. Reflexionsimpuls für deine Praxis

Wo verortest du dich selbst im Zeitkontinuum - Vergangenheit, Gegenwart oder Zukunft? Wie beeinflusst das deinen Stil in der Beratung? Und wie gehst du damit um, wenn deine eigene Orientierung von jener deiner Klient:innen stark abweicht?

Informationsgröße: Überblick vs. Detailorientierung

1. Kurze Definition

Dieses Metaprogramm beschreibt, auf welcher Abstraktionsebene ein Mensch bevorzugt denkt, spricht und Informationen verarbeitet: auf der Ebene des *Überblicks* oder des *Details*. Es zeigt sich darin, ob jemand eher das große Ganze braucht - oder sich in den Feinheiten zuhause fühlt.

2. Typische Merkmale und Ausprägungen

- **Überblickorientierung (global):**
  Menschen mit dieser Orientierung brauchen zuerst einen Gesamtrahmen. Sie wollen das große Ganze verstehen, bevor sie sich mit Einzelheiten befassen. Zu viele Details wirken auf sie schnell überfordernd oder langweilig.
  Typisch: „Gib mir zuerst mal das große Bild." / „Ich muss wissen, worum es grundsätzlich geht."
- **Detailorientierung (spezifisch):**
  Diese Personen achten auf Einzelheiten, Nuancen und konkrete Informationen. Sie fühlen sich wohl, wenn Dinge gründlich und genau erklärt werden - und verlieren bei zu viel Abstraktion schnell den Anschluss.
  Typisch: „Was genau meinen Sie damit?" / „Wie war das im Einzelnen?"

3. Bedeutung für die psychosoziale Beratung

Die Informationsgröße beeinflusst stark, wie Klient:innen Inhalte aufnehmen und wie du als Berater:in sinnvoll strukturieren solltest:

- **Überblickorientierte** Klient:innen verlieren sich schnell, wenn du zu tief ins Detail gehst - sie brauchen erst Struktur, dann Inhalt.
- **Detailorientierte** Menschen hingegen fühlen sich oft unsicher, wenn die Informationen zu allgemein bleiben - sie brauchen Klarheit, Genauigkeit und Schritt-für-Schritt-Erklärungen.

Wenn du das erkennst, kannst du:

- deine Sprache gezielter anpassen,
- deine Interventionen strukturieren,
- und Missverständnisse oder Ungeduld vermeiden.

4. Typische Sprachmuster

- *Überblick*:
  „Ich will zuerst verstehen, worum es im Großen und Ganzen geht."
  „Wie hängt das alles zusammen?"
  „Ich brauche eine Orientierung."
- *Detail*:
  „Können Sie das genauer erklären?"
  „Welche Schritte gehören dazu?"
  „Ich hätte gern ein konkretes Beispiel."

5. Praktische Hinweise für die Gesprächsführung

- Beginne bei global orientierten Personen mit dem *Warum* oder *Worum geht es grundsätzlich?*, bevor du in die Tiefe gehst.
- Bei detailorientierten Menschen starte lieber mit dem *Wie genau?*, *Was passiert konkret?* und *Welche Schritte folgen daraus?*
- Passe auch dein methodisches Vorgehen an:
  - *Überblick*: Visualisierungen, Modelle, Zusammenfassungen, Metaphern.
  - *Detail*: Arbeitsblätter, strukturierte Fragen, Protokolle, Prozessanalysen.
- Hilfreiche Fragen zur Kalibrierung:
  „Brauchst du gerade mehr Überblick oder lieber ein konkretes Beispiel?"
  „Wäre es hilfreich, wenn wir das erst grob skizzieren oder direkt ins Detail gehen?"

6. Reflexionsimpuls für deine Praxis

Wie ist dein eigener Informationsstil - brauchst du erst den Überblick oder gehst du gern ins Detail? Wie spiegelt sich das in deiner Sprache und Methodik wider? Und: Wie reagierst du, wenn dein Gegenüber eine völlig andere Informationsgröße bevorzugt?

Aktivitätsmuster: Proaktiv - Reaktiv - Inaktiv

1. Kurze Definition

Dieses Metaprogramm beschreibt, wie Menschen auf ihre Umwelt und innere Impulse reagieren - ob sie eher *aktiv handelnd* auf Situationen zugehen (*proaktiv*), *reagierend* auf äußere Auslöser agieren (*reaktiv*), oder eher in einem Zustand des *Abwartens oder Nicht-Handelns* bleiben (*inaktiv*). Es geht um die Frage: Wer oder was initiiert Bewegung?

2. Typische Merkmale und Ausprägungen

- **Proaktiv**:
  Menschen mit dieser Orientierung gehen von sich aus in Aktion. Sie setzen Impulse, gestalten aktiv, übernehmen Verantwortung und treffen Entscheidungen ohne äußeren Druck.
  Typisch: „Ich habe das selbst in die Hand genommen." / „Ich will das jetzt verändern."
- **Reaktiv**:
  Diese Personen warten auf äußere Reize oder Auslöser, bevor sie handeln. Sie reagieren gut auf Herausforderungen, benötigen aber häufig einen Anstoß, um in Bewegung zu kommen.
  Typisch: „Ich hab's gemacht, weil die Situation es erfordert hat." / „Erst als XY passiert ist, habe ich gehandelt."
- **Inaktiv**:
  Inaktive Personen bleiben häufig im Stillstand, zögern Entscheidungen hinaus, vermeiden Verantwortung oder fühlen sich gelähmt. Oft ist dieser Zustand mit Überforderung, Resignation oder Hoffnungslosigkeit verbunden.

Typisch: „Ich weiß einfach nicht, was ich tun soll." / „Es bringt eh nichts."

3. Bedeutung für die psychosoziale Beratung
Das Aktivitätsmuster beeinflusst wesentlich, wie Veränderung möglich ist - und wo du als Berater:in gezielt ansetzen kannst:

- **Proaktive** Klient:innen sind oft initiativ, brauchen aber manchmal Unterstützung beim Reflektieren und Priorisieren.
- **Reaktive** benötigen Impulse, passende Fragen oder neue Blickwinkel, um ins Tun zu kommen.
- **Inaktive** Menschen brauchen vor allem Stabilisierung, ressourcenorientierte Arbeit und das Wiedererleben von Selbstwirksamkeit.

Dieses Metaprogramm ist auch ein guter Indikator für Krisendynamik, Burnout oder depressive Muster - gerade die *inaktive* Ausprägung kann Hinweis auf tieferliegende Themen sein.

4. Typische Sprachmuster

- *Proaktiv*:
  „Ich habe entschieden, dass ..."
  „Ich wollte nicht länger warten."
  „Ich habe mir einen Plan gemacht."
- *Reaktiv*:
  „Nachdem XY passiert ist, musste ich reagieren."
  „Ich habe gewartet, was sich ergibt."
  „Ich handle, wenn es nötig wird."
- *Inaktiv*:
  „Ich weiß nicht, wie ich anfangen soll."
  „Ich kann mich zu nichts aufraffen."
  „Vielleicht regelt sich das von selbst."

5. Praktische Hinweise für die Gesprächsführung

- Erkenne das Muster früh - und passe deinen Stil entsprechend an:
  - *Proaktive*: auf Augenhöhe begleiten, nicht zu sehr steuern, Selbstwirksamkeit würdigen.
  - *Reaktive*: gezielte Impulse setzen, aber Freiraum lassen; Arbeit mit Entscheidungsfindung und innerer Motivation.
  - *Inaktive*: entlasten, stärken, kleine Schritte aufzeigen, Sicherheit aufbauen.
- Nutze passende Methoden:
  - *Proaktiv*: Ziel- und Strukturarbeit, Priorisierung, Rollenreflexion.
  - *Reaktiv*: Skalierungsfragen, Arbeit mit Triggern und Auslösern, Ressourcenaktivierung.
  - *Inaktiv*: Stabilisierung, Selbstempathie, innere Anteile sichtbar machen.
- Formulierungsbeispiele:
  - *„Was könnte dein nächster Schritt sein?"* (für Proaktive)
  - *„Was würde dich ins Handeln bringen?"* (für Reaktive)
  - *„Was bräuchtest du, um dich überhaupt wieder bewegen zu können?"* (für Inaktive)

6. Reflexionsimpuls für deine Praxis
Wie gehst du mit verschiedenen Aktivitätsmustern in der Beratung um? Was fällt dir leichter - mit proaktiven, reaktiven oder inaktiven Klient:innen zu arbeiten? Und wie sieht dein eigener Aktivitätsstil aus - auch in herausfordernden Situationen?

Beziehungsorientierung: Ich für mich - Ich für andere - Ich für uns

1. Kurze Definition

Dieses Metaprogramm beschreibt, wie sich ein Mensch in sozialen Beziehungen positioniert: im Zentrum steht entweder *das eigene Selbst* („Ich für mich"), *die Bedürfnisse anderer* („Ich für andere") oder *das gemeinsame Wir* („Ich für uns"). Es geht also um die innere Grundhaltung zur eigenen Rolle in zwischenmenschlichen Systemen.

2. Typische Merkmale und Ausprägungen

- **Ich für mich:**
  Die Person handelt aus einer klaren Selbstorientierung heraus. Die eigenen Wünsche, Werte und Grenzen stehen im Vordergrund. Entscheidungen basieren primär auf dem persönlichen Wohlbefinden.
  Typisch: „Ich mache das, weil es für mich stimmt." / „Ich gehe meinen Weg, unabhängig davon, was andere sagen."
- **Ich für andere:**
  Die Aufmerksamkeit liegt auf den Bedürfnissen und Erwartungen anderer. Entscheidungen werden häufig im Sinne von Anpassung oder Fürsorge getroffen.
  Typisch: „Ich will niemanden enttäuschen." / „Ich tue das, damit es den anderen gut geht."
- **Ich für uns:**
  Die Orientierung ist auf das Miteinander gerichtet. Es geht um Ausgleich, Gemeinsinn und wechselseitige Verantwortung. Entscheidungen werden unter dem Gesichtspunkt getroffen, was der Beziehung dient.
  Typisch: „Ich denke an uns beide." / „Was ist für unsere Verbindung gut?"

3. Bedeutung für die psychosoziale Beratung

Diese Unterscheidung ist enorm hilfreich, um Rollenbilder, Beziehungsdynamiken und Selbstkonzepte besser zu verstehen.

- **Ich-für-mich-orientierte** Klient:innen brauchen manchmal Unterstützung dabei, Nähe zuzulassen oder gemeinsame Perspektiven zu entwickeln.
- **Ich-für-andere-orientierte** Personen stehen oft in Gefahr, sich selbst zu verlieren oder auszubrennen - hier ist Selbstfürsorge zentral.
- **Ich-für-uns-orientierte** Menschen können Konflikte besser aushalten, wenn sie lernen, auch sich selbst genug Raum zu geben.

Für dich als Berater:in eröffnet dieses Metaprogramm neue Perspektiven in der Arbeit mit Beziehungskonflikten, Abgrenzung, Schuldgefühlen oder Loyalitätsfragen.

4. Typische Sprachmuster

- *Ich für mich*:
  „Ich ziehe meine Grenzen."
  „Ich brauche das gerade für mich."
  „Ich entscheide unabhängig."
- *Ich für andere*:
  „Ich kann das nicht tun, das wäre egoistisch."
  „Ich bin für sie da, egal was ist."
  „Ich stelle meine Bedürfnisse zurück."
- *Ich für uns*:
  „Mir ist wichtig, dass wir beide gut durchkommen."
  „Ich will, dass es für alle passt."
  „Ich denke an unsere gemeinsame Zukunft."

5. Praktische Hinweise für die Gesprächsführung

- Kläre die innere Positionierung deiner Klient:innen in ihren Beziehungsfragen.
- Achte auf Überidentifikation oder Selbstverleugnung - besonders bei stark fremdorientierten Menschen.
- Unterstütze bei Bedarf eine gesunde Balance:
  - Selbstfürsorge ermöglichen bei *Ich-für-andere*.

- o Beziehungsperspektiven entwickeln bei *Ich-für-mich*.
- o Eindeutigkeit fördern bei *Ich-für-uns*, wenn Unklarheit über die eigene Rolle besteht.
- Mögliche Fragen:
  - o *„Wofür tust du das - für dich, für andere oder für euch?"*
  - o *„Wo bleibst du selbst in dieser Dynamik?"*
  - o *„Wie sieht ein Gleichgewicht zwischen deinen Bedürfnissen und denen der anderen aus?"*

6. Reflexionsimpuls für deine Praxis

Wie positionierst du dich selbst in Beziehungen - eher Ich-für-mich, Ich-für-andere oder Ich-für-uns? Wie zeigt sich das in deiner Beratungsarbeit? Und wie gelingt es dir, deine Klient:innen zu einer stimmigen Beziehung zu sich selbst *und* zu anderen zu begleiten?

Übersicht: Metaprogramme:

Metapro-gramm	Ausprägungen	Typische Merkmale	Hinweise für die Beratung
Primäre Interessen	Menschen, Orte, Dinge, Informationen	Fokus auf Personen, Settings, Objekten oder Wissen	Sprache & Methoden gezielt anpassen; Motivationen erkennen
Motivations-richtung	Weg-von, Hin-zu	Problemvermeidung vs. Zielorientierung	Perspektivwechsel ermöglichen, Sprache anpassen
Referenzrahmen	Internale, Externale Referenz	Entscheidungen aus dem Inneren oder durch äußere Rückmeldung	Selbstwirksamkeit fördern, Abhängigkeiten erkennen
Handlungsstil	Optionen-, Prozedurenorientierung	Freiheitsdrang vs. Strukturbedürfnis	Entweder Klarheit schaffen oder kreative Spielräume ermöglichen
Beziehungsorientierung	Ich für mich, Ich für andere, Ich für uns	Selbstzentrierung, Fürsorge, Gemeinschaftsdenken	Rollenmuster klären, Selbstfürsorge stärken, Balance fördern
Bewertungs-muster	Gleichheit, Unterschied	Fokus auf Stabilität oder Veränderung	Veränderungsbereitschaft erkennen, passend kommunizieren
Fokusausrich-tung	Rahmenbedingungen, Möglichkeiten	Einschränkungs- vs. Chancenblick	Vision vs. Realismus in Balance bringen
Zeitorientie-rung	Vergangenheit, Gegenwart, Zukunft	Rückblickend, präsent oder zukunftsgerichtet	Zeitliche Perspektive nutzen: Biografiearbeit, Achtsamkeit oder Zielarbeit

Informations-größe	Überblick, Detail	Globales Denken vs. Bedürfnis nach Genauig-keit	Sprache und Me-thodik entspre-chend struktu-rieren
Aktivitätsmus-ter	Proaktiv, Reak-tiv, Inaktiv	Selbstinitiativ, reagierend oder blockiert	Bewegung er-möglichen, Ver-antwortung stär-ken, Überforderung vermeiden

Anwendungshinweise für Berater:innen:

- Verwende die Metaprogramme als **Beobachtungsinstrument**, nicht zur Kategorisierung.
- Passe deine **Kommunikation und Interventionen flexibel** an das erkannte Muster an.
- Nutze sie als Grundlage für **Reflexion und Gesprächsstrukturie-rung** - besonders bei Stagnation oder Zielarbeit.
- Lass Raum für **Kontextabhängigkeit**: Metaprogramme können sich je nach Lebensbereich oder emotionalem Zustand verändern.